쉽게 배우고
생활에 바로 쓰는

능력
향상
SEASON 6

(주)지아이에듀테크 오상열 저

컴퓨터 활용 윈도우11

쉽게 배우고 생활에 바로 쓰는
컴퓨터활용 윈도우11

초판 1쇄 인쇄 2025년 9월 1일
초판 1쇄 발행 2025년 9월 10일

지은이 (주)지아이에듀테크 오상열
펴낸이 한준희
펴낸곳 (주)아이콕스

디자인 프롬디자인, 홍정현
영업 김남권, 조용훈, 문성빈
경영지원 김효선, 이정민

Education by Sympathy

주소 경기도 부천시 조마루로 385번길 122 삼보테크노타워 2002호
홈페이지 www.icoxpublish.com
쇼핑몰 www.baek2.kr (백두도서쇼핑몰)
이메일 icoxpub@naver.com
전화 032-674-5685
팩스 032-676-5685
등록 2015년 7월 9일 제 386-251002015000034호
ISBN 979-11-6426-271-7 (13000)

※ 정가는 뒤표지에 있습니다.
※ 잘못된 책은 구입하신 서점에서 교환해드립니다.

이 책은 저작권법에 따라 보호받는 저작물이므로 무단전재 및 복제를 금하며, 책의 내용을 이용하려면 반드시 저작권자와 ㈜아이콕스의 서면동의를 받아야 합니다. 내용에 대한 의견이 있는 경우 홈페이지에 내용을 기재해 주시면 감사하겠습니다.

저자의 말

36년째 컴퓨터와 스마트폰 강의를 하면서 늘 고민합니다. "더 간단하고 쉽게 교육할 수는 없을까? 더 빠르게 마음대로 사용하게 할 수는 없을까?" 스마트폰에 대한 지식이 없으며 한글도 영어도 모르는 서너 살 아이가 컴퓨터와 스마트폰을 사용하는 것을 보고 어른들은 감탄합니다.

무엇을 배울 때 노트에 연필로 적어가며 공부하던 아날로그적 방식으로 첨단 기기를 배우는 것보다, 어린 아이들처럼 직접 사용해 보면서 경험적으로 습득하는 것이 가장 빠른 배움의 방식입니다. 본 도서는 저의 다년간 현장 교육의 경험을 살려 꼭 필요한 방식으로 쉽게 접근할 수 있도록 했으며, 책만 보고 무작정 따라하다 발생할 수 있는 실수와 오류를 바로잡았습니다. 컴퓨터를 활용하는 데 꼭 필요한 핵심 내용을 중심으로 집필했기 때문에 예제를 반복해서 학습하다 보면 어느새 원리를 이해하고 활용할 수 있는 단계에 오르게 될 것입니다.

쉽게 배우고 생활에 바로 쓸 수 있게 집필된 본 도서로 여러분들의 능력이 향상되기를 바랍니다. 물론 본 도서는 여러분의 컴퓨터 능력을 향상시킬 수 있는 수많은 방법 중 한 가지라는 말씀도 드리고 싶습니다.

교육 현장에서 늘 하는 말이 있습니다.
"컴퓨터는 종이다. 종이는 기록하기 위함이다."
"단순하게, 무식하게, 지겹도록, 반복하세요. 단.무.지.반! 하십시오."
처음부터 완벽하지는 않겠지만 차근차근 익히다 보면 어느새 만족할 만한 수준의 사용자로 우뚝 서게 될 것입니다.

끝으로 이 책이 나올 수 있도록 도움을 주신 지아이에듀테크, ㈜아이콕스의 임직원 여러분들께 감사의 마음을 전합니다.

㈜지아이에듀테크 오상열

QR 코드 사용법

★ 각 CHAPTER 마다 동영상으로 더 쉽게 학습할 수 있도록 QR 코드를 담았습니다. QR 코드로 학습 동영상을 시청하는 방법은 다음과 같습니다.

01 Play스토어에서 네이버 앱을 ❶**설치**한 후 ❷**열기**를 누릅니다.

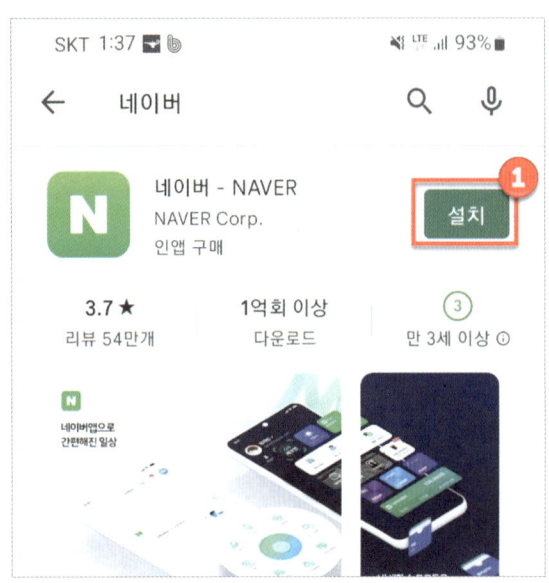 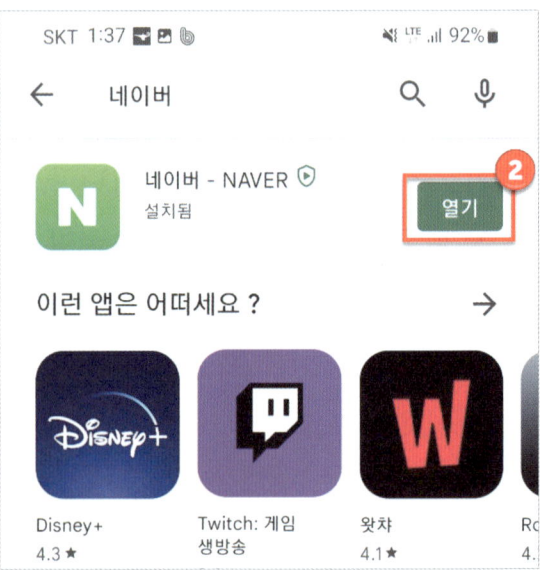

02 네이버 앱이 실행되면 검색상자의 ❸**동그라미(그린닷)** 버튼을 누른 후 ❹**QR바코드** 메뉴를 선택합니다.

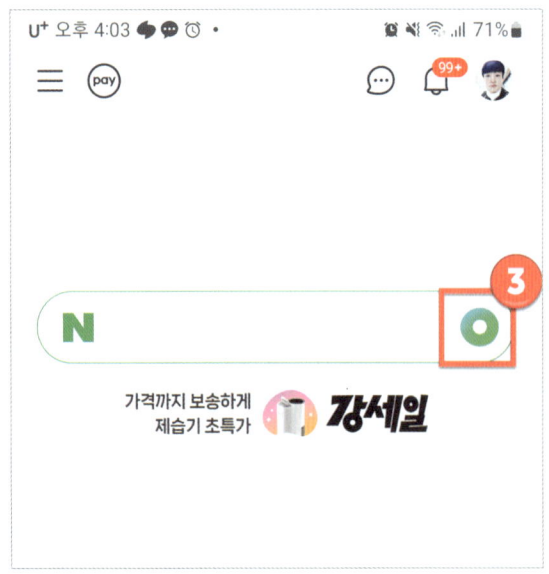 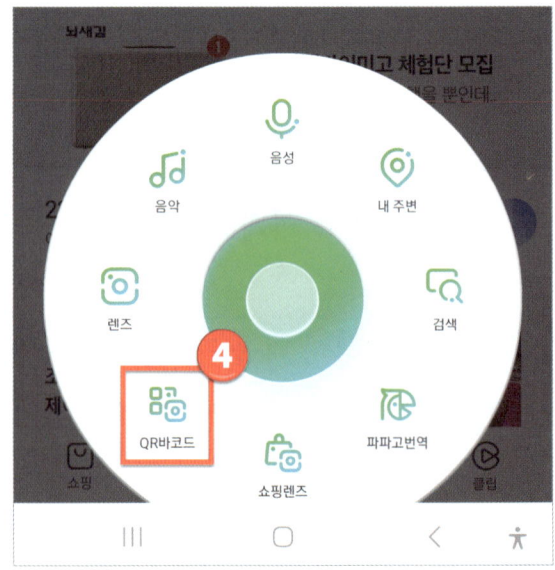

03 본 도서에서는 **Chapter**별로 상단 제목 왼쪽에 ❺**QR 코드**가 있습니다. 스마트폰의 화면에 QR 코드를 사각형 영역에 맞춰 보이도록 하면 QR 코드가 인식되고, 상단에 동영상 강의 링크 주소가 나타납니다. ❻**동영상 강의 링크 주소**를 눌러 스마트폰으로 학습할 수 있습니다.

※ 유튜브에서 동영상 강의 찾기

유튜브(www.youtube.com)에 접속하거나, **유튜브 앱**을 사용하고 있다면 **지아이에듀테크**를 검색하여 동영상 강의를 들을 수 있습니다. **재생목록** 탭을 누르면 과목별로 강의를 찾아볼 수 있습니다.

목 차

CHAPTER 01 — 파일 빠르게 찾기

STEP 1	앱 빠르게 찾기	010
STEP 2	파일 탐색기 화면구성 살펴보기	012
STEP 3	즐겨찾기에서 제거하기	013
STEP 4	즐겨찾기에 고정하기	014
STEP 5	아이콘 보기 방식 변경하기	015
STEP 6	자주 가는 폴더를 즐겨찾기에 추가하기	017
STEP 7	폴더 숨기기	019
STEP 8	숨겨진 항목 나타내기	021

CHAPTER 02 — 파일/폴더 관리하기

STEP 1	폴더 만들기	024
STEP 2	관련 폴더 관리하기(폴더 이동)	026
STEP 3	웹(인터넷) 사진 저장하기	029
STEP 4	파일 형식 보기	035
STEP 5	탐색기 탭을 이용한 폴더 이동	040

CHAPTER 03 — 듣고 보고 즐겁게 놀기

STEP 1	영화 및 TV 앱으로 감상하기	044
STEP 2	미디어 플레이어 이용하기	049
STEP 3	재생 목록 사용하기	053
STEP 4	클립다운 설치하기	056
STEP 5	유튜브 영상 다운로드하기	061

CHAPTER 04 파일 압축과 해제하기

STEP 1	반디집 다운로드와 설치하기	066
STEP 2	압축 파일의 압축 해제하기	070
STEP 3	특정 위치에 압축 해제하기	074
STEP 4	유형별 압축하기	076

CHAPTER 05 내 PC 최적화하기

STEP 1	디스크 정리하기	081
STEP 2	관리자 권한으로 디스크 정리하기	083
STEP 3	드라이브 조각 모음 및 최적화	085
STEP 4	전원 설정을 균형으로 변경한 최적화	087
STEP 5	저장 공간 자동으로 정리하기	089
STEP 6	바이러스 및 위협 방지	091
STEP 7	윈도우 11 완전 종료하기	093

CHAPTER 06 PC Manager로 관리하기

STEP 1	PC 매니저 앱 설치하기	096
STEP 2	PC 매니저 앱 사용하기	099
STEP 3	PC 매니저로 보호하기	102
STEP 4	PC 매니저로 저장소 관리하기	103
STEP 5	PC 매니저로 앱 관리하기	105

CHAPTER 07 USB 메모리 사용하기

STEP 1	USB 메모리 연결하기	108
STEP 2	USB 메모리 포맷하기	109
STEP 3	USB 메모리에 파일 보내기	111
STEP 4	내 PC로 파일 가져오기	113
STEP 5	PC에서 USB 메모리 제거하기	115

CHAPTER 08 엣지 브라우저 활용하기

STEP 1	엣지 브라우저 페이지 설정하기	117
STEP 2	빠른 링크 연결하기	119
STEP 3	홈 버튼 활용하기	121
STEP 4	새 탭에 코파일럿 연결하기	123
STEP 5	시작 페이지 추가 및 변경하기	126
STEP 6	개인 정보와 초기화하기	128

CHAPTER 09 윈도우 업데이트와 보안

STEP 1	윈도우 보안 작업하기	131
STEP 2	바이러스 및 위협 방지 설정	134
STEP 3	윈도우 업데이트 사용하기	136
STEP 4	알림 센터 설정하기	137
STEP 5	개인 정보 및 보안	141

CHAPTER 10 기타 윈도우 기능 활용하기

STEP 1	더욱 좋아진 클립보드 기능	144
STEP 2	사진에서 텍스트 추출하기	146
STEP 3	마우스 크기와 색상 설정하기	150
STEP 4	마우스 더블클릭 속도 설정하기	152

CHAPTER 01
파일 빠르게 찾기

컴퓨터는 어떠한 내용을 기록하여 보관하기 위해서 만들어졌으며, 저장된 자료를 빠르게 찾기 위해 윈도우가 제작되었습니다. 여기서는 파일 탐색기의 화면 구성과 파일 및 폴더를 관리하는 방법에 대해 알아보겠습니다.

결과화면 미리보기

무엇을 배울까?

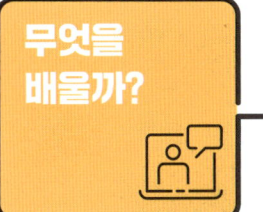

❶ 앱 빠르게 찾기
❷ 파일 탐색기 화면구성 살펴보기
❸ 즐겨찾기에서 제거하기
❹ 즐겨찾기에 고정하기
❺ 아이콘 보기 방식 변경하기
❻ 자주 가는 폴더를 즐겨찾기에 추가하기
❼ 폴더 숨기기
❽ 숨겨진 항목 나타내기

STEP 1 - 앱 빠르게 찾기

01 화면 아래 작업 표시줄에 돋보기가 있는 **검색상자를 클릭**한 후 원하는 앱 또는 파일 이름을 입력합니다. 모든 글자를 입력하지 않고 1글자 또는 2글자를 입력하면 찾아줍니다.

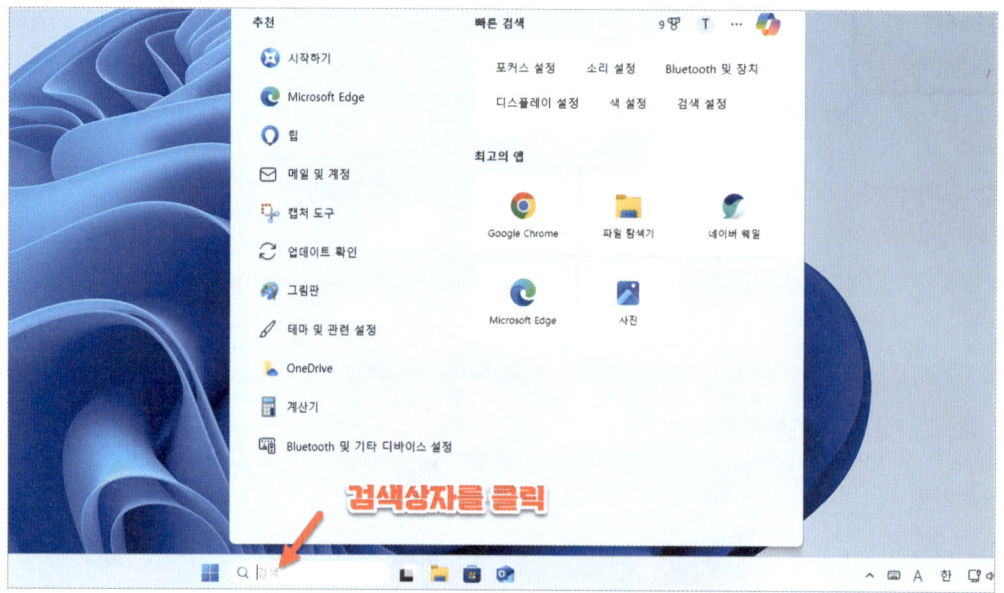

02 **그림판**을 실행하기 위해 검색상자를 클릭한 후, 트레이에서 ❶**한/영 상태**를 확인한 다음 ❷**"그"를 입력**하여 ❸**그림판**을 클릭합니다. 만약 영어 입력 상태라면 한/영 키를 눌러 전환한 후 글자를 입력합니다.

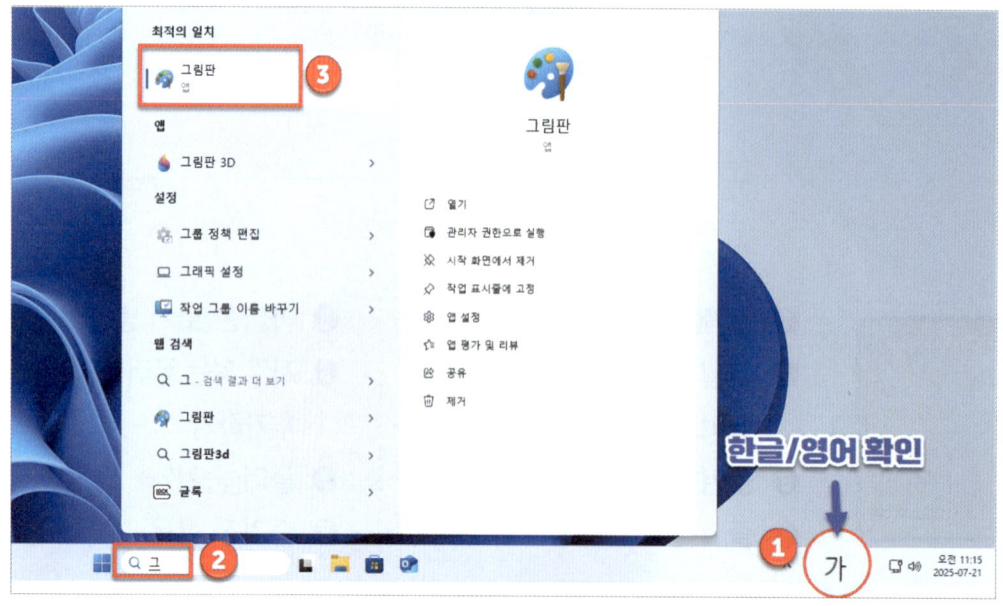

03 같은 방법으로 **계산기**를 실행한 후 **84㎡는 몇 평**인지 계산해 보고(면적), **표준 계산기**로 되돌린 후 닫기를 합니다.

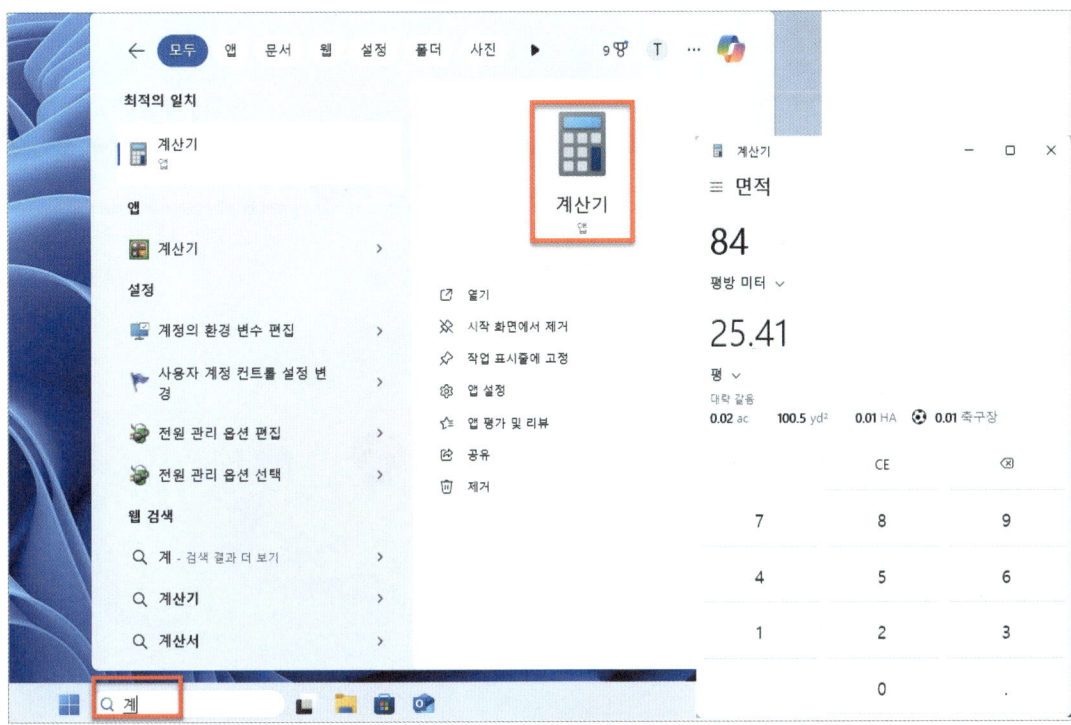

04 시작 메뉴를 누르거나 검색상자에 **"스"**를 입력하여 **스티커 메모**를 찾아 실행한 후 아래와 같이 구성해 보세요.

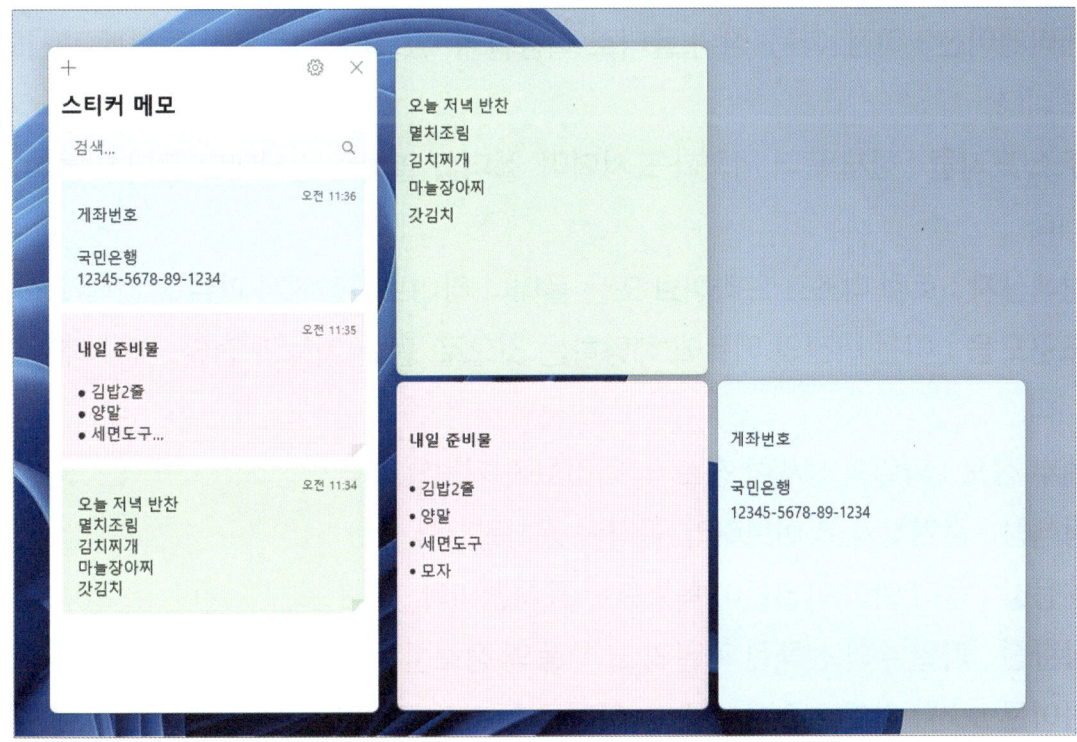

STEP 2 ▶ 파일 탐색기 화면구성 살펴보기

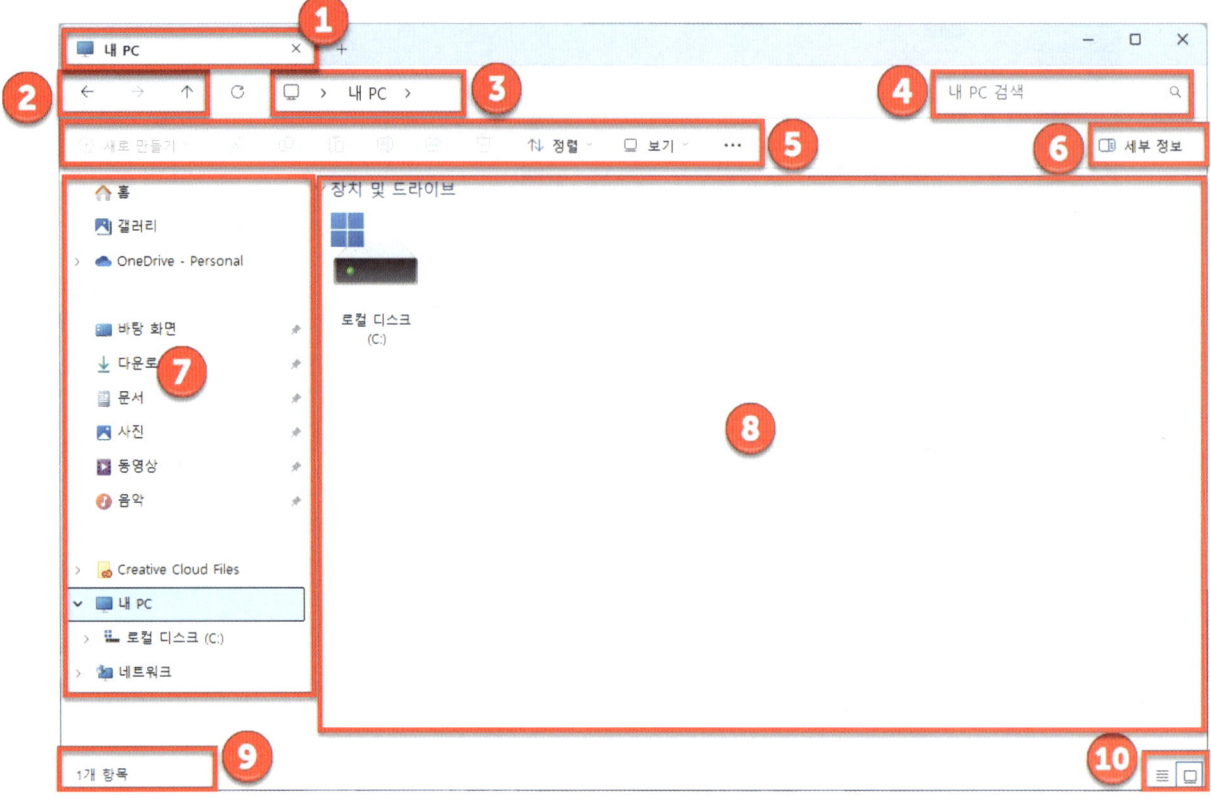

❶ **현재 탭** : 윈도우 11에서는 이전 버전과 다르게, 폴더를 탭으로도 열어서 볼 수 있습니다.

❷ **내비게이션** : 이전, 다음, 상위 폴더로 이동할 수 있으며, 새로고침도 함께 표시되어 있습니다.

❸ **주소 표시줄** : 현재 폴더 위치가 표시되며, 폴더를 열어준 순서대로 폴더 이름이 표시됩니다.

❹ **검색상자** : 로컬 디스크 드라이브 또는 폴더나 라이브러리에서 파일을 검색해 줍니다.

❺ **도구모음** : 이전 버전의 메뉴에 해당하는 것으로, 편집 기능과 정렬, 기타 메뉴가 있습니다.

❻ **세부 정보** : 파일의 상세한 정보 및 미리보기 기능입니다.

❼ **탐색창** : 즐겨찾기, 라이브러리, 폴더가 표시됩니다.

❽ **내용창** : 폴더 안의 파일들이 목록으로 표시됩니다.

❾ **상황선** : 파일 수와 선택한 파일의 크기 등의 정보를 표시합니다.

❿ **아이콘 보기** : 아이콘을 자세히, 큰 아이콘 등으로 표시할 수 있습니다.

STEP 3 › 즐겨찾기에서 제거하기

01 파일 탐색기의 탐색창에서 자주 사용하지 않는 즐겨찾기는 제거할 수 있습니다. ❶[음악]을 마우스 우클릭하여 ❷[즐겨찾기에서 제거]를 선택합니다.

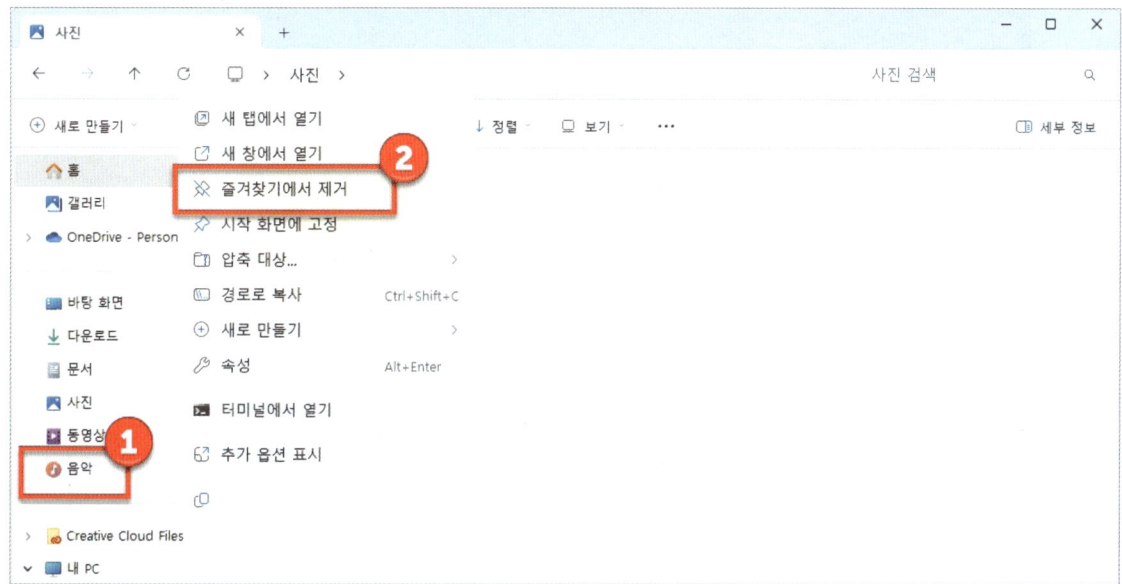

02 ❶[사진]을 마우스 우클릭한 후 ❷[즐겨찾기에서 제거]를 선택합니다. 즐겨찾기 항목에서 제거만 할 뿐으로 완전히 제거되는 것은 아닙니다.

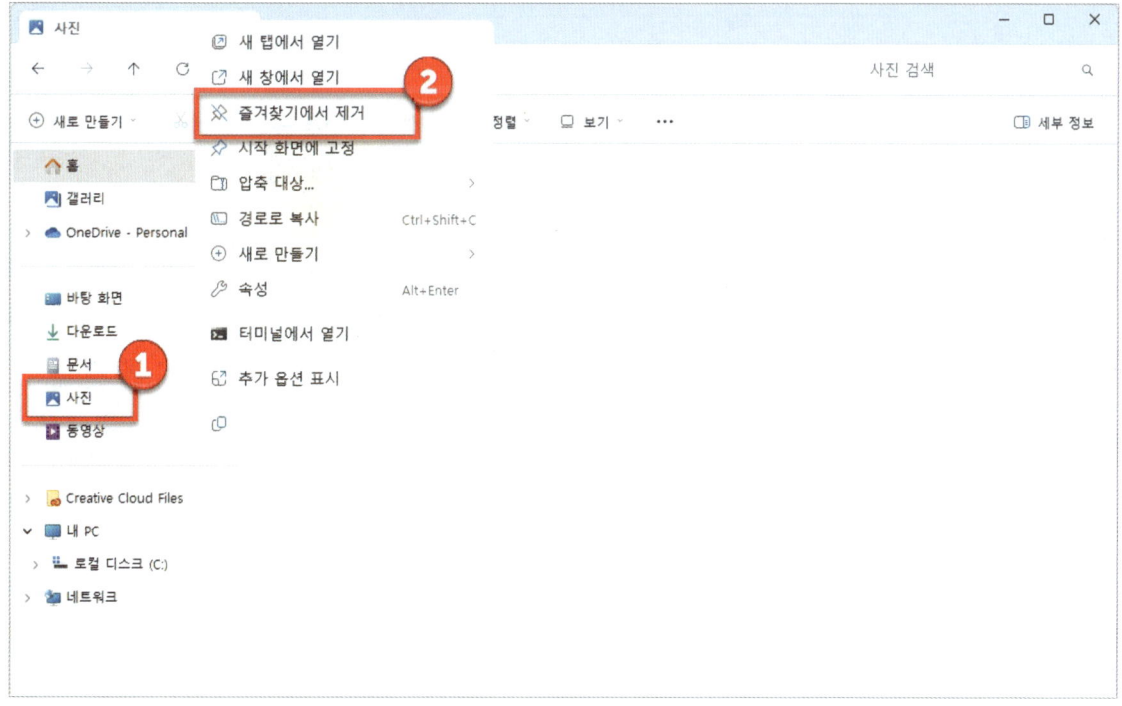

STEP 4 › 즐겨찾기에 고정하기

01 바탕 화면에서 [User] 또는 [사용자명] 폴더를 더블클릭합니다. 윈도우 11을 설치할 때 입력했던 사용자명으로 폴더가 보여집니다.

02 즐겨찾기에 고정할 ❶[사진] 라이브러리를 **마우스 우클릭**한 후 ❷[즐겨찾기에 고정]을 선택합니다. 같은 방법으로 [음악] 라이브러리도 즐겨찾기에 고정합니다.

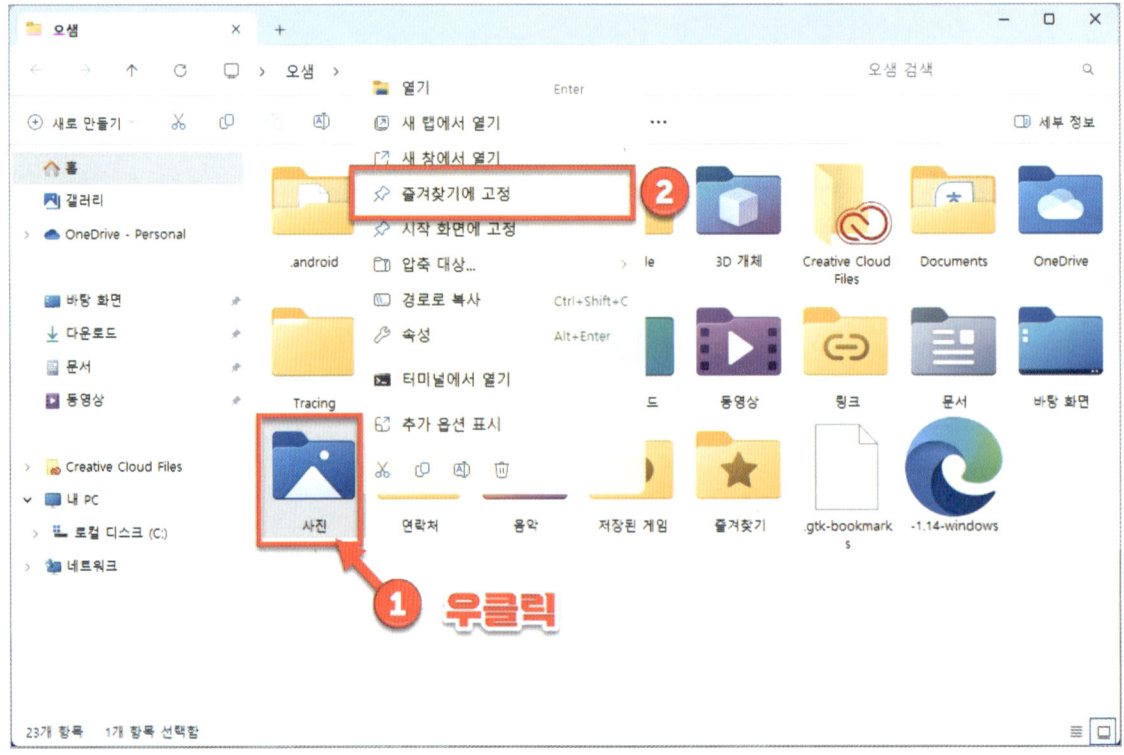

STEP 5 ▶ 아이콘 보기 방식 변경하기

01 ❶[내 PC]를 클릭합니다. 아이콘 보기 방식을 변경하려면 ❷[보기]를 클릭한 후 ❸[큰 아이콘]을 선택합니다.

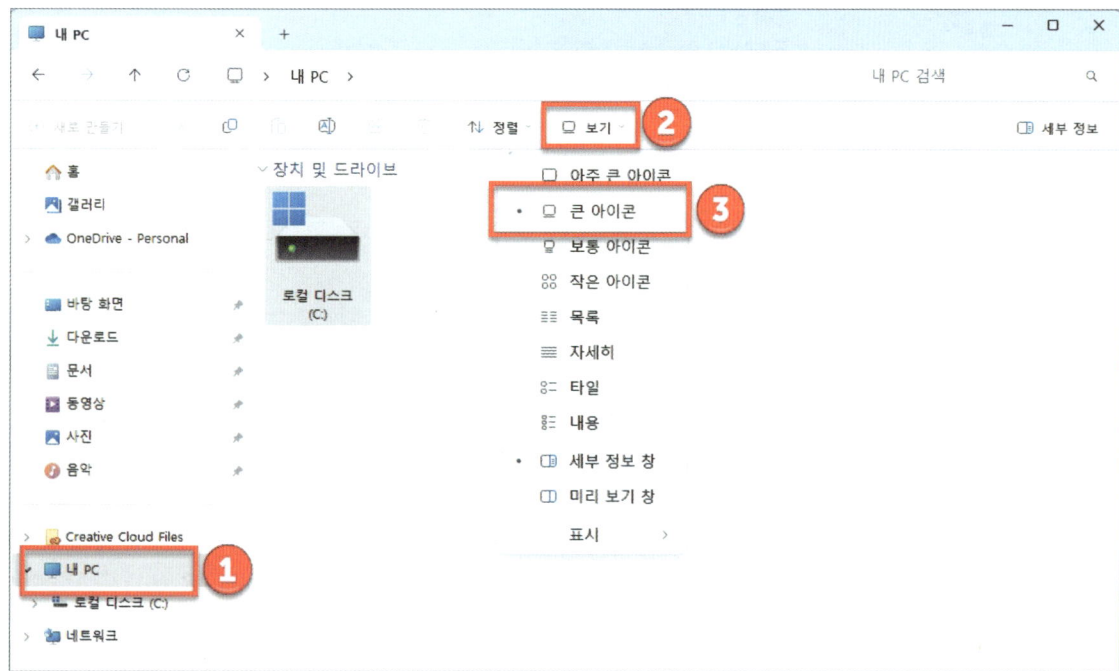

02 아이콘 보기 방식을 아주 큰 아이콘, 보통 아이콘, 작은 아이콘, 목록, 자세히, 타일, 내용 순서로 바꿔보며 어떻게 표시되는지 확인하세요.

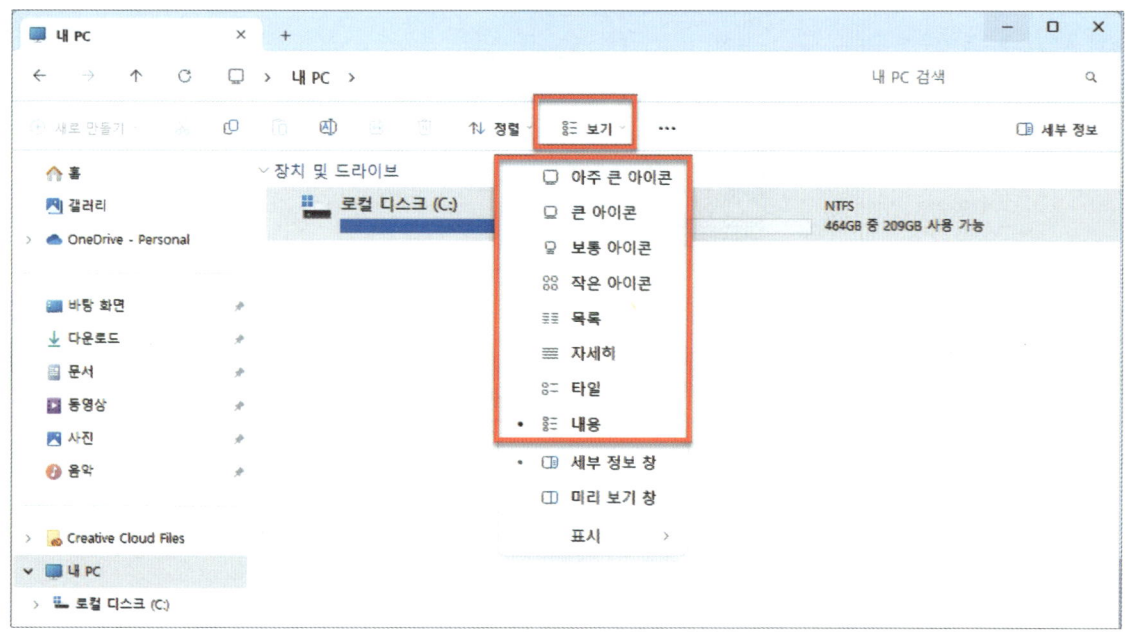

03 [내 PC] 창의 우측 하단에 있는 **자세히**와 **큰 아이콘**을 클릭해서 보는 방식을 변경할 수 있습니다.

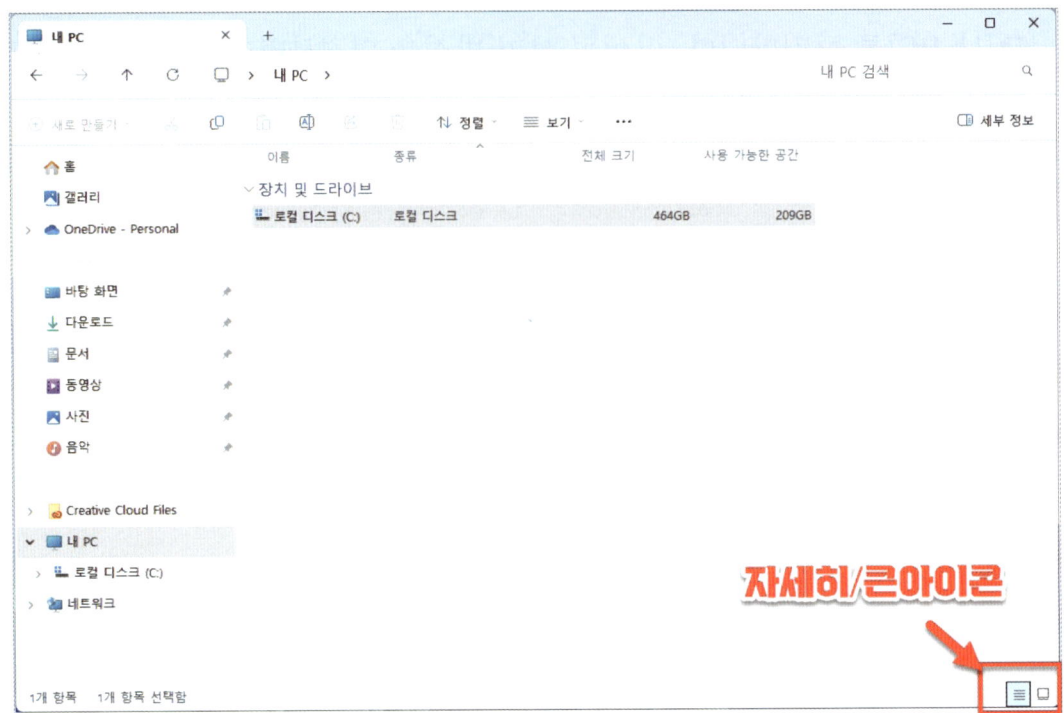

키보드 Ctrl을 누른 상태에서 마우스 휠을 위/아래로 굴리면 아이콘 보기 방식이 아주 큰 아이콘, 큰 아이콘, 보통 아이콘, 작은 아이콘, 목록, 자세히, 타일, 내용 순서로 변경됩니다.

STEP 6 ▶ 자주 가는 폴더를 즐겨찾기에 추가하기

01 **바탕 화면에 아이콕스라는 폴더를 생성**한 후 해당 폴더 안에 **스마트폰, 컴퓨터, 인공지능** 폴더를 각각 만들어 줍니다.

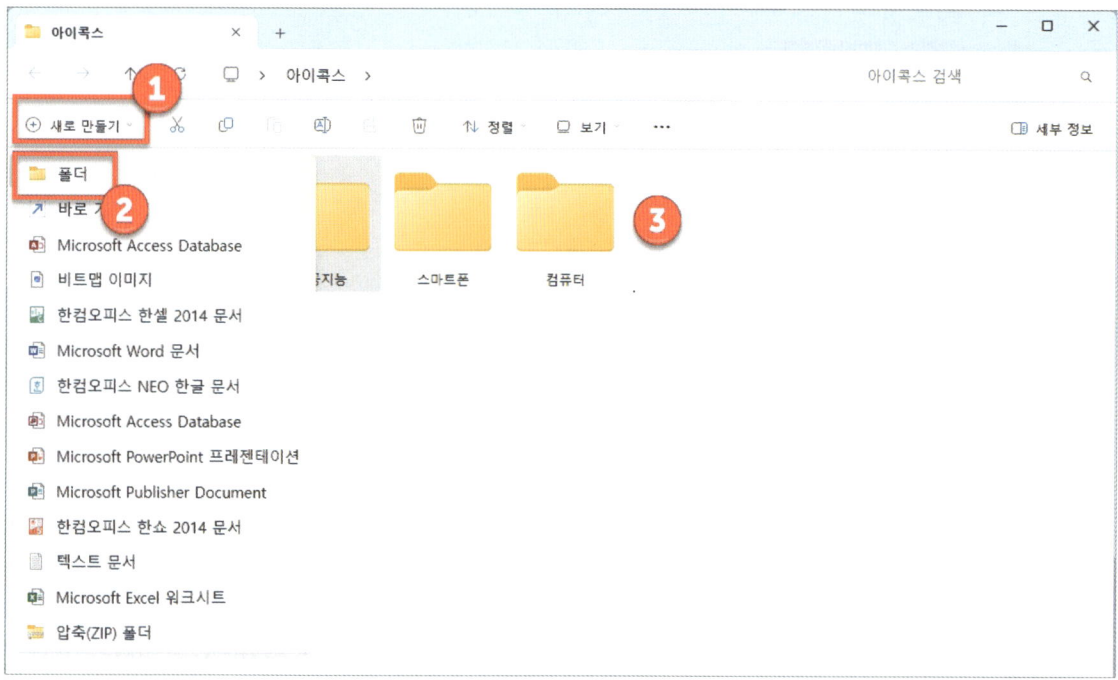

02 **컴퓨터** 폴더를 더블클릭해서 열어준 후, 도구모음에서 ❶**…(자세히보기)**를 클릭한 후 ❷**[즐겨찾기에 고정]**을 선택합니다.

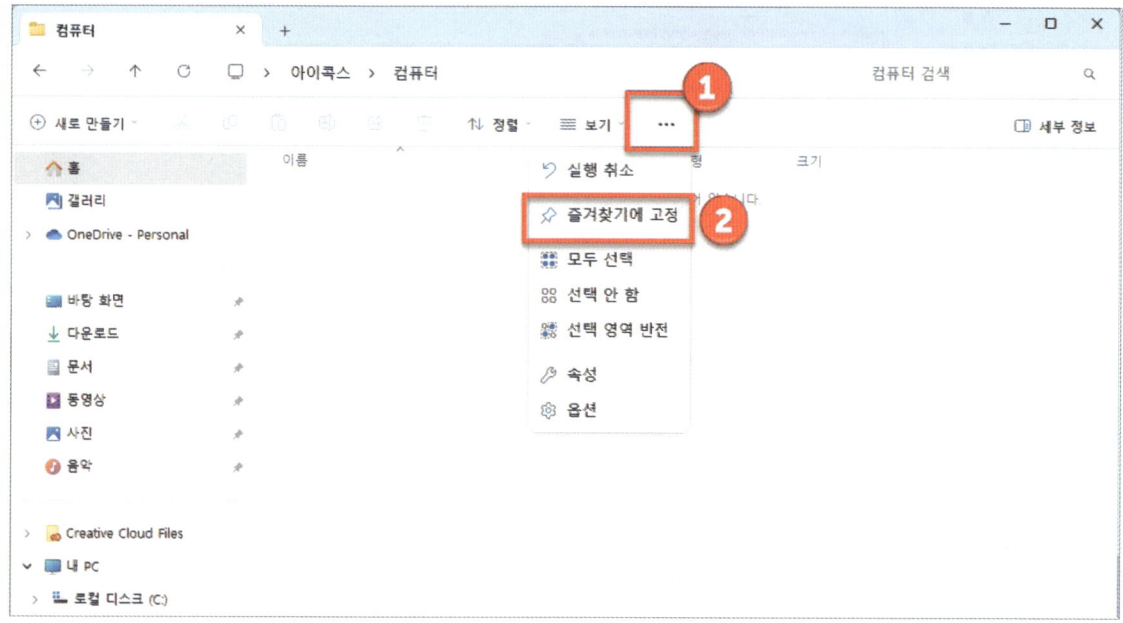

03 아래 그림과 같이 **컴퓨터** 폴더가 즐겨찾기에 추가된 것을 확인할 수 있습니다.

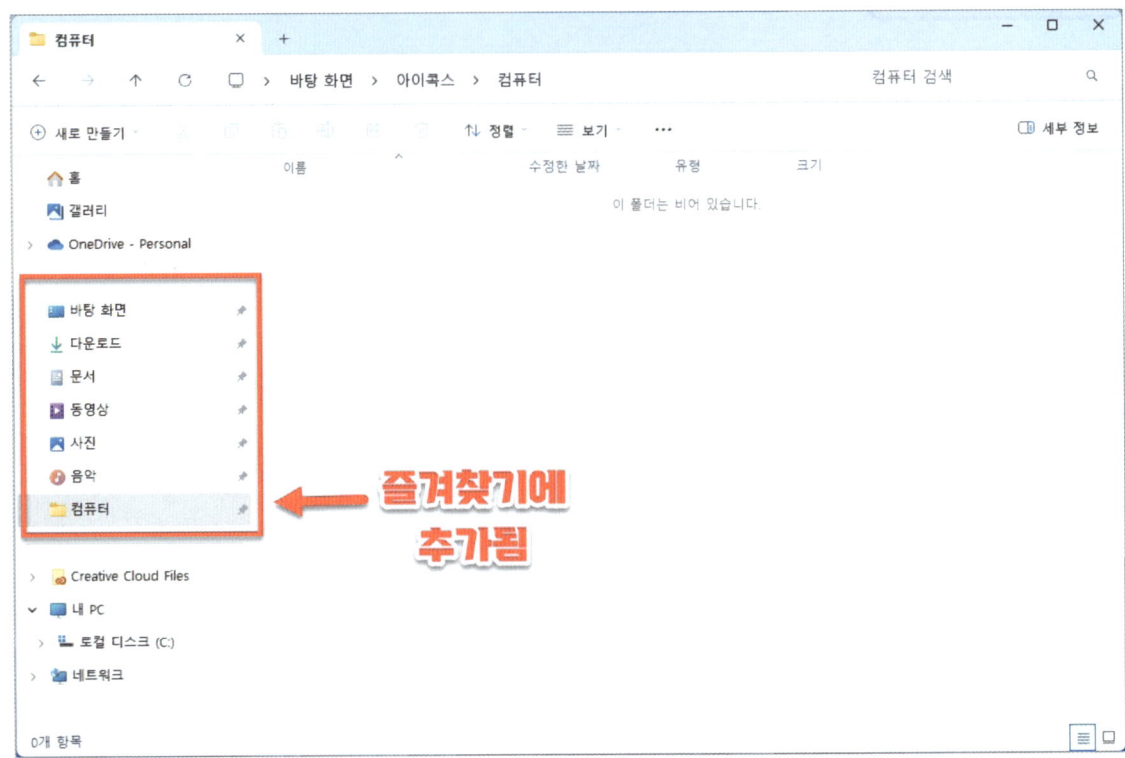

04 즐겨찾기에 추가된 컴퓨터 폴더를 제거하기 위해 ❶**컴퓨터** 폴더를 우클릭한 후 ❷**[즐겨찾기에서 제거]**를 선택합니다.

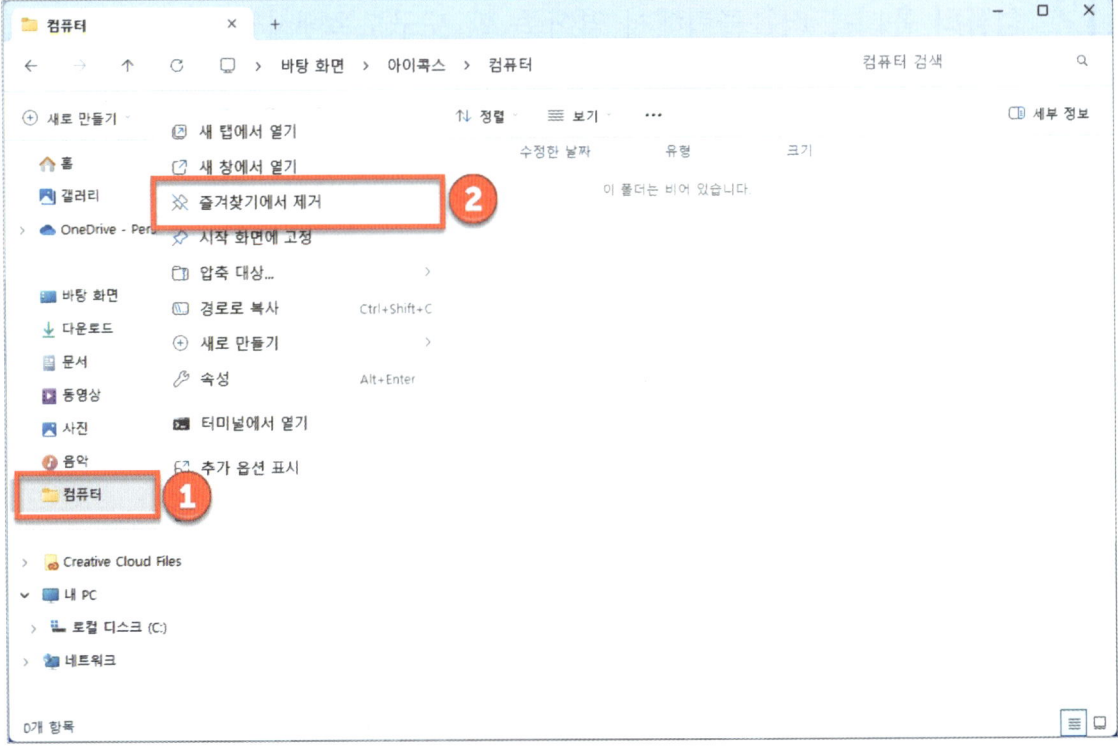

STEP 7 ▶ 폴더 숨기기

01 다른 사람이 볼 수 없도록 중요한 폴더를 숨길 수 있습니다. 바탕 화면에서 ❶**아이콕스** 폴더를 마우스 우클릭한 후 ❷**[속성]**을 선택합니다

02 해당 폴더의 속성 대화상자가 나오면 ❶**[숨김]** 항목의 옵션버튼을 클릭해서 체크한 후 ❷**[확인]**을 클릭합니다.

03 하위 폴더와 파일에도 적용이 되어야 하므로, 여기서는 **[이 폴더, 하위 폴더 및 파일에 변경 사항 적용]**이 선택된 상태에서 **[확인]**을 클릭합니다.

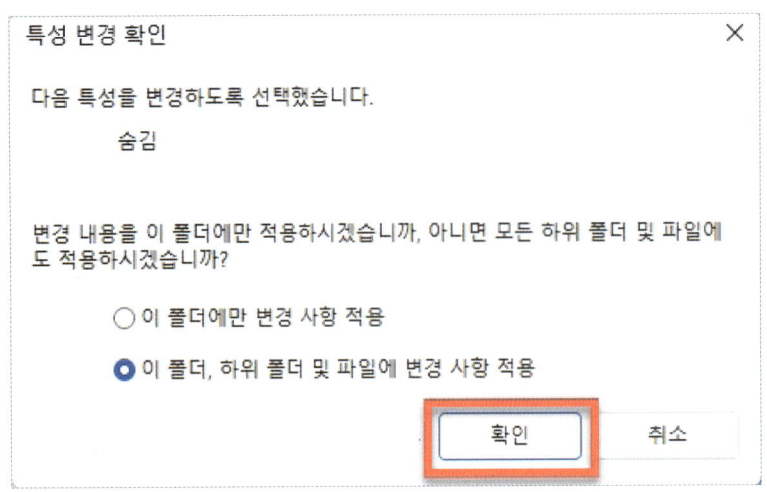

04 바탕 화면에 보이던 아이콕스 폴더가 사라진 것을 확인할 수 있습니다. 물론 바탕 화면에 중요한 것을 보관하는 것은 올바른 사용 방법은 아닙니다. 다른 곳에 있는 중요한 폴더들을 이런 방법으로 숨길 수 있다는 점을 알아 두세요.

STEP 8 ▶ 숨겨진 항목 나타내기

01 ❶내 PC를 더블클릭해서 열고, ❷[보기]에서 ❸[표시]를 클릭한 후 ❹[숨긴 항목]을 선택합니다.

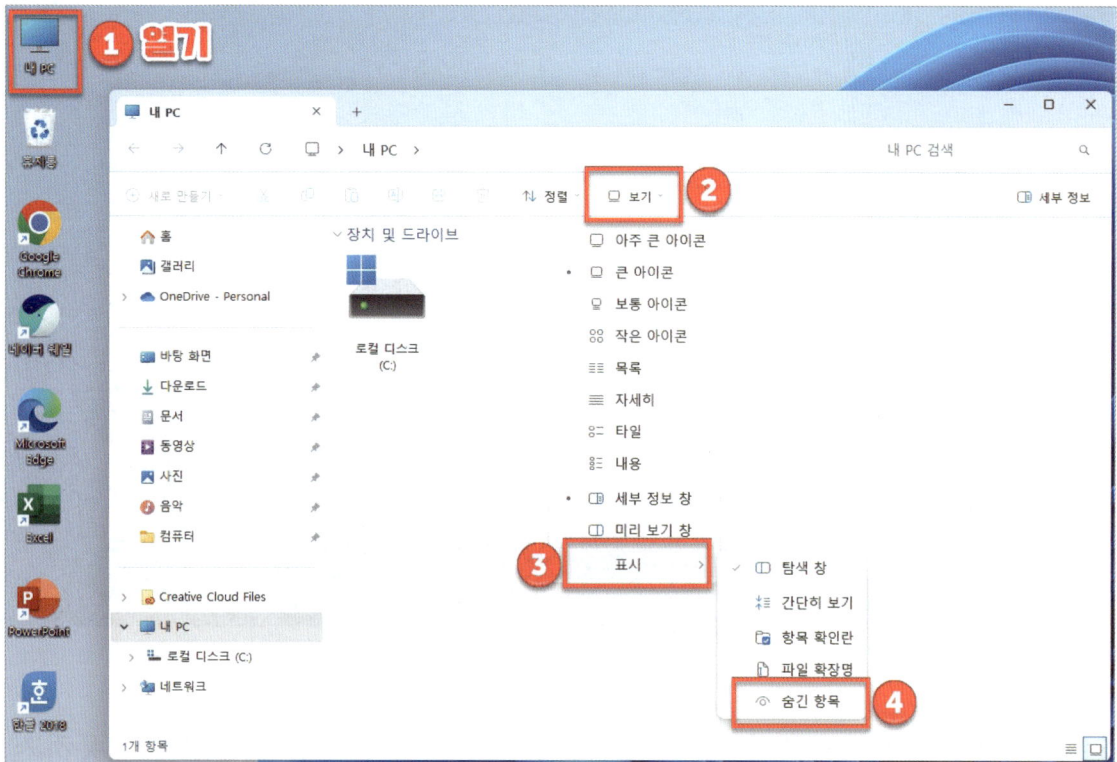

02 파일 탐색기에서 **창 닫기**를 한 후, 바탕 화면에 흐리게 나오는 ❶**아이콕스 폴더**에 마우스 우클릭을 한 후 ❷[속성]을 클릭합니다.

03 속성 대화상자가 나오면 특성 그룹의 **[숨김]** 항목이 체크되어 있어서 표시가 안 되는 것이므로, 이 ❶**[숨김]** 옵션 버튼을 클릭해서 체크를 해제한 후 ❷**[확인]**을 클릭합니다.

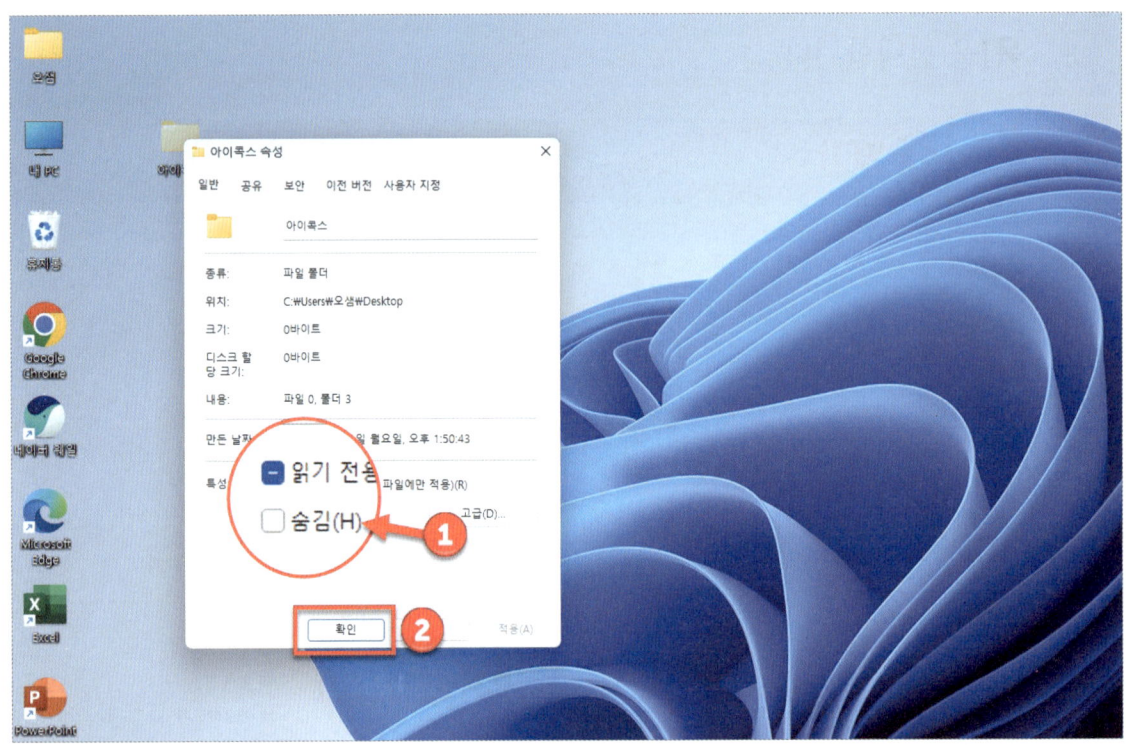

04 숨길 때와 마찬가지로 해제할 때도 하위 폴더와 파일에도 모두 적용하기 위해서 **[이 폴더, 하위 폴더 및 파일에 변경 사항 적용]**이 선택된 상태에서 **[확인]**을 클릭하면 바탕 화면에 숨겼던 폴더가 나타납니다.

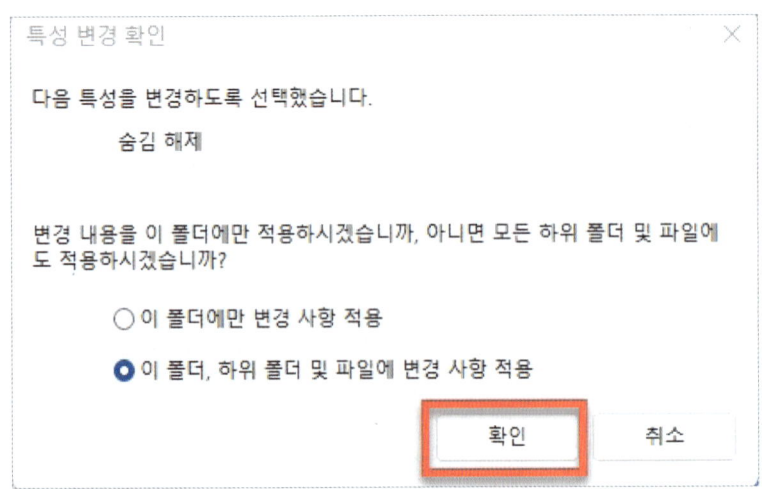

CHAPTER 02
파일/폴더 관리하기

폴더를 만들고 파일을 정리해 놓으면 좀더 체계적으로 파일을 관리할 수 있습니다. 여기서는 파일을 정리하고 폴더를 정돈할 수 있도록, 파일/폴더 관리 방법과 복사 및 이동하는 방법까지 함께 살펴보겠습니다.

결과화면 미리보기

무엇을 배울까?

1. 폴더 만들기
2. 관련 폴더 관리하기(폴더 이동)
3. 웹(인터넷) 사진 저장하기
4. 파일 형식 보기
5. 탐색기 탭을 이용한 폴더 이동

STEP 1 > 폴더 만들기

01 바탕 화면에 있는 **아이콕스** 폴더에서 새로 만들기를 이용하여 **설악산, 백두산, 한라산, 지리산, 월악산** 폴더를 순서대로 만들어 줍니다.

02 폴더를 새로 만들 때마다 자동으로 **가,나,다 순서대로** 자동으로 정렬이 안되면, 마우스 우클릭한 후 ❶[정렬 기준] > ❷[이름] > ❸[오름차순]을 차례대로 클릭하면 정렬이 됩니다.

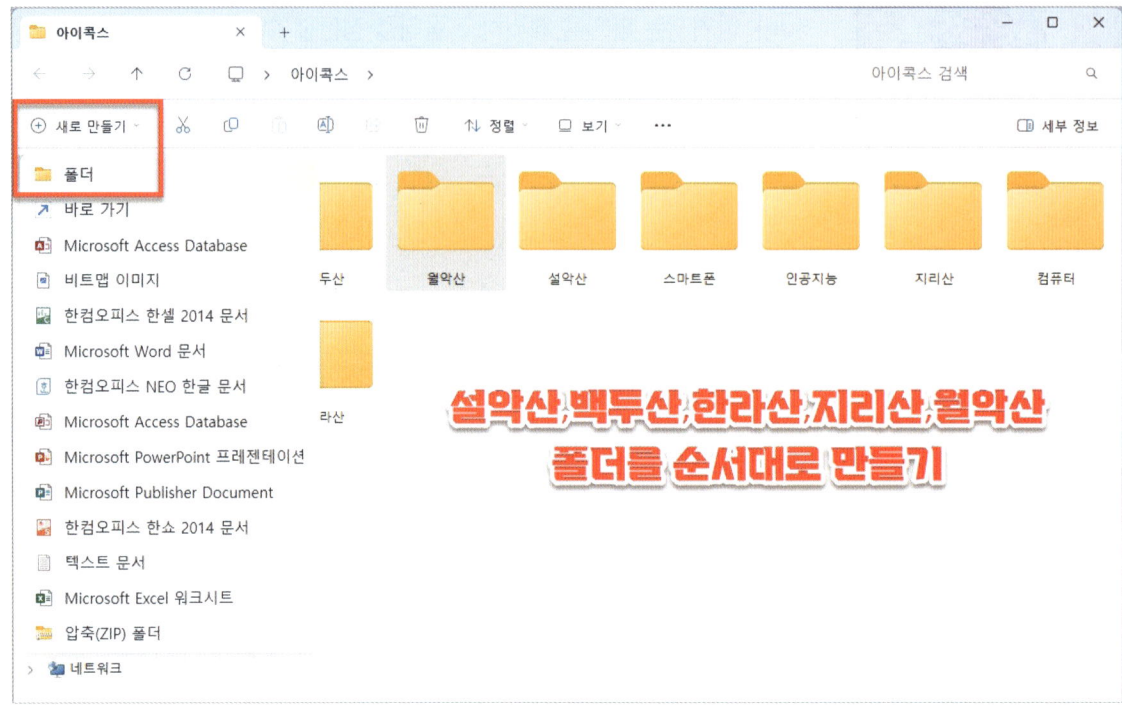

03 이번에는 **아이콕스** 폴더의 ❶**바탕 빈 곳**에 마우스 우클릭한 후 ❷**[새로 만들기]** > ❸**[폴더]**를 차례대로 클릭합니다.

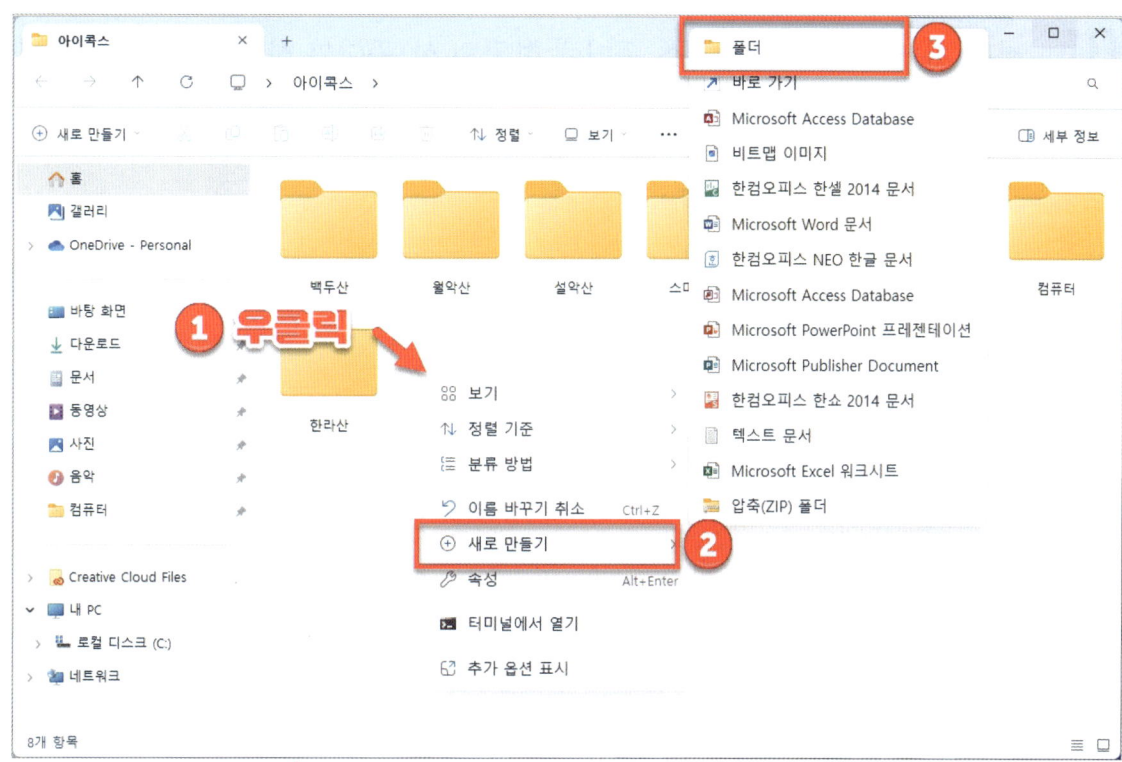

04 새로운 폴더를 추가로 생성합니다. **소양강, 낙동강, 금강, 영산강** 폴더를 차례대로 생성해서 아래와 같이 정렬되도록 합니다.

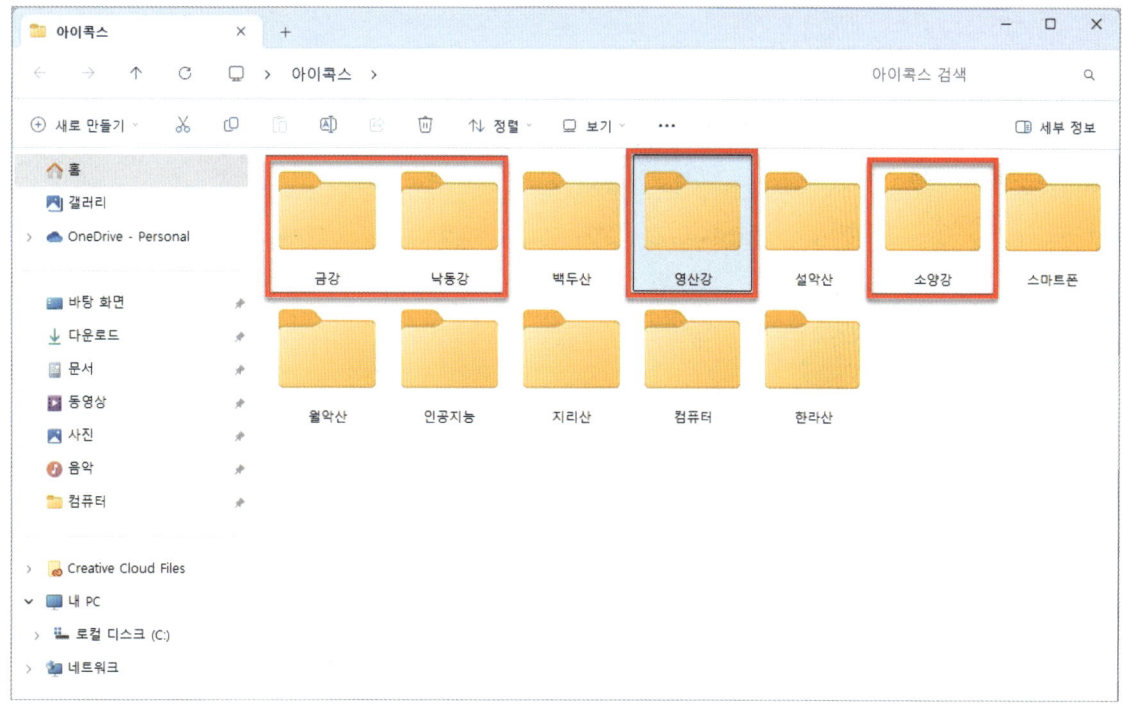

STEP 2 관련 폴더 관리하기(폴더 이동)

01 바탕 화면에 있는 **아이콕스** 폴더에 **한국의 산** 폴더와 **한국의 강** 폴더를 새로 만들어 줍니다.

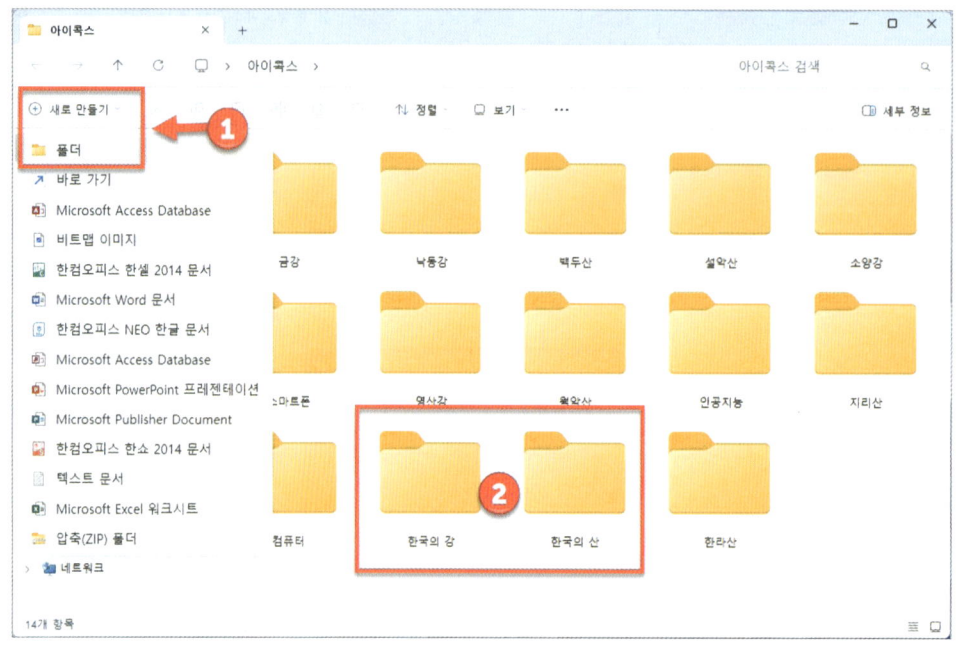

02 **백두산, 설악산, 월악산, 지리산, 한라산** 폴더를 각각 **[한국의 산]** 폴더로 **드래그**해서 이동시켜 줍니다.

03 **금강, 낙동강, 소양강, 영산강** 폴더를 Ctrl 키를 누른 상태에서 차례대로 하나씩 클릭해 선택한 후 **[한국의 강]** 폴더로 한꺼번에 **드래그**하여 이동시킵니다.

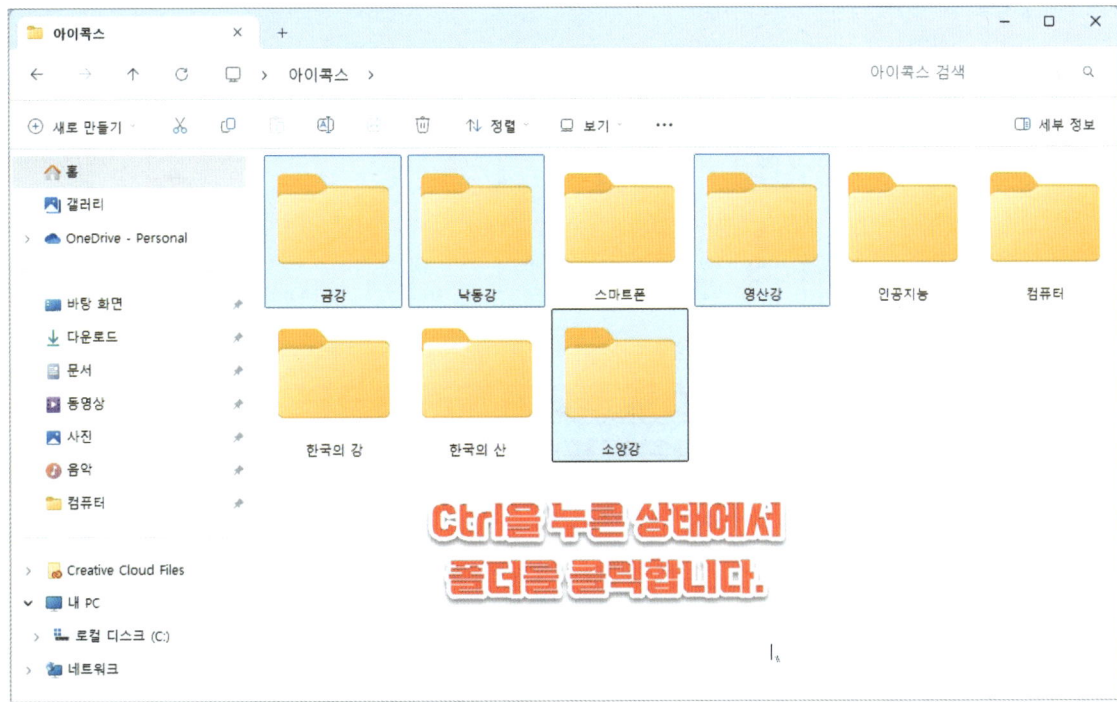

04 여러 폴더를 선택하는 다른 방법을 알아보겠습니다. ❶[보기]를 클릭한 후 ❷[표시] > ❸[항목 확인란]을 선택합니다.

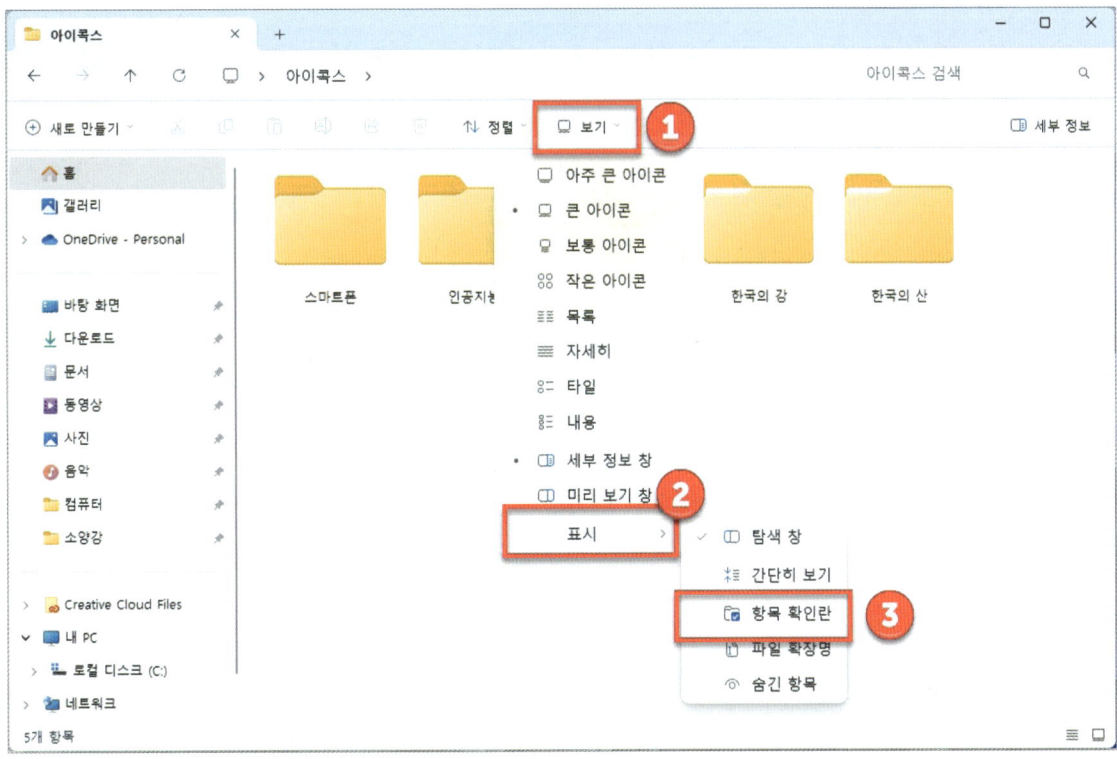

05 선택하려는 폴더에 마우스를 올려 놓으면 체크 박스가 나타납니다. 폴더 상단에 체크 박스를 클릭해서 **3개의 폴더를 선택**합니다.

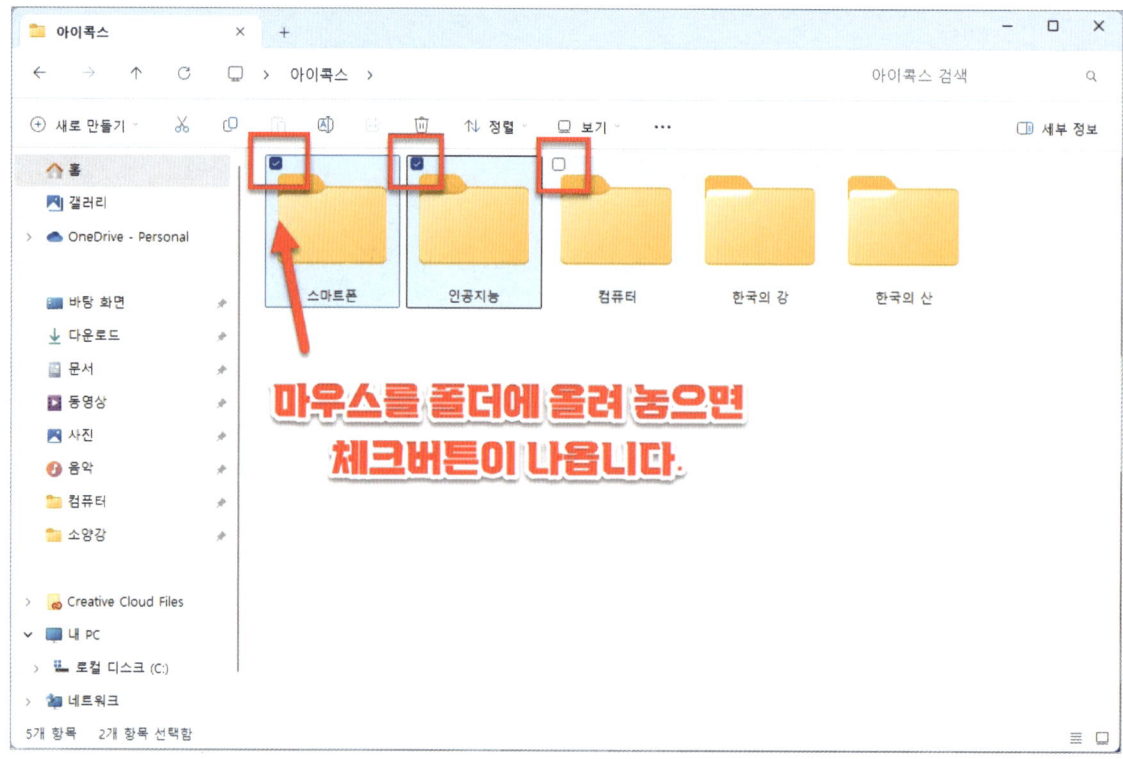

06 **휴지통** 버튼을 클릭하여 선택한 3개의 폴더를 삭제할 수 있습니다. 이제 **[항목 확인란]**은 해제합니다. 이후에 필요할 때 다시 표시하면 됩니다.

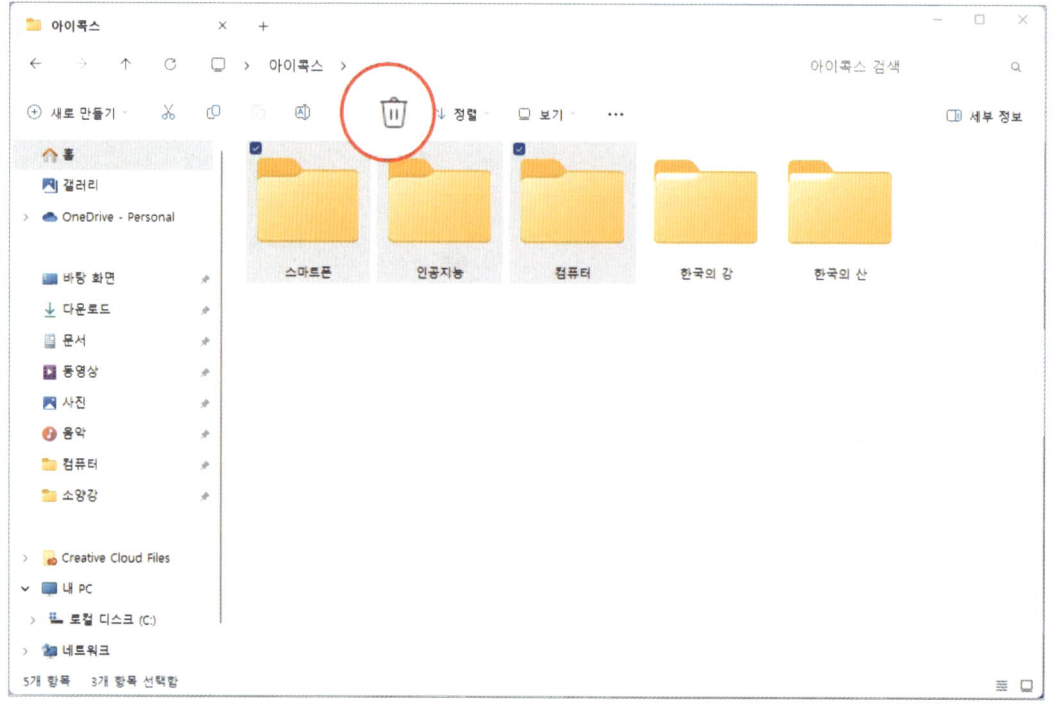

STEP 3 ▸ 웹(인터넷) 사진 저장하기

01 바탕 화면에 있는 **Microsoft Edge(엣지 브라우저)**를 실행한 후, 검색상자에 **"구글"을 입력**합니다.

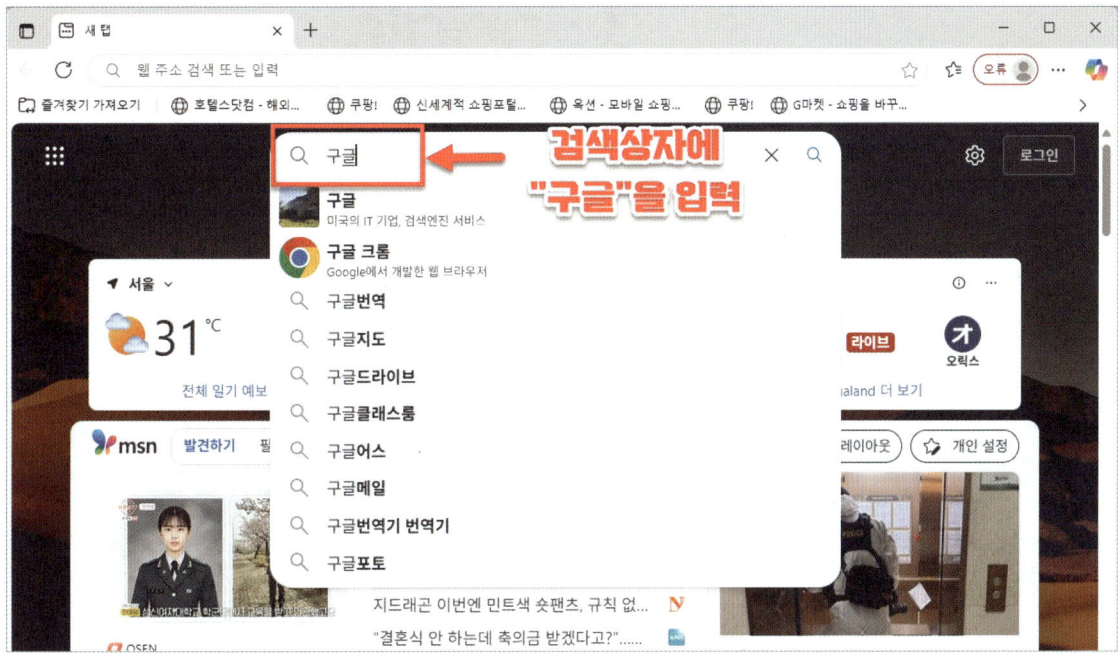

02 검색 결과가 아래와 같이 나오는데, 상단에는 광고나 이벤트 같은 사이트 연결이 나오므로 **정확한 링크**를 선택하는 습관이 중요합니다.

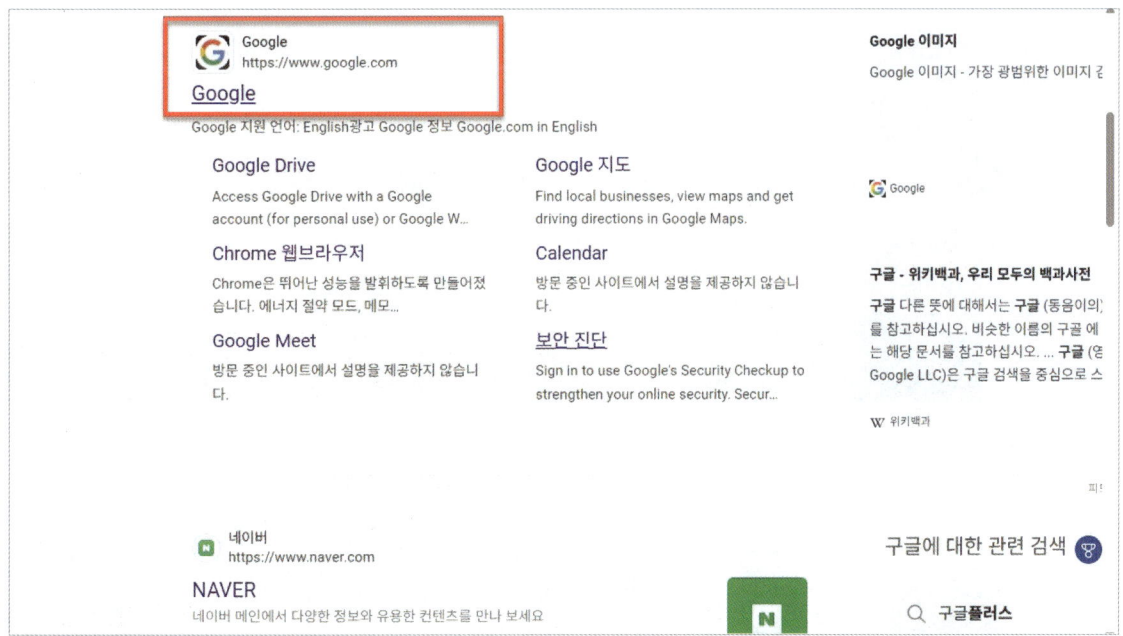

03 구글 사이트가 열리면 **"설악산"**을 입력한 후 Enter 를 누릅니다. 아래 목록에 표시되는 것들은 관련 검색어로 많이 검색된 내용들입니다.

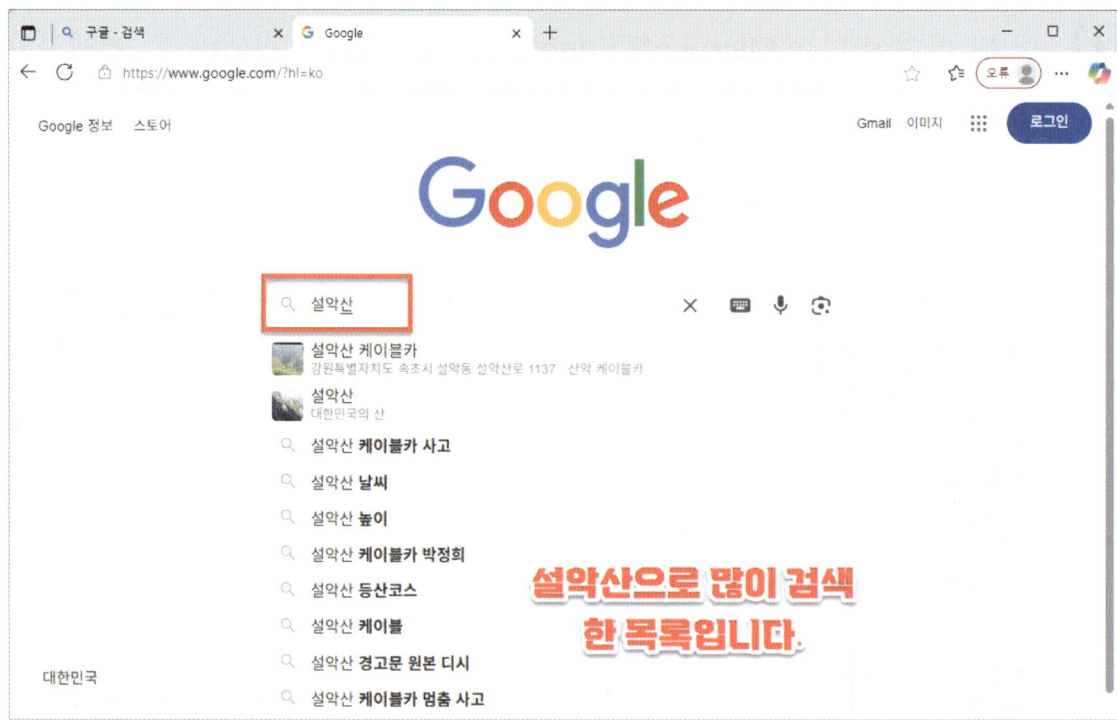

04 ❶**[이미지]**를 클릭하면 검색 결과에서 사진들만 보여줍니다. 아래와 같이 ❷**저장하고 싶은 이미지**를 클릭합니다.

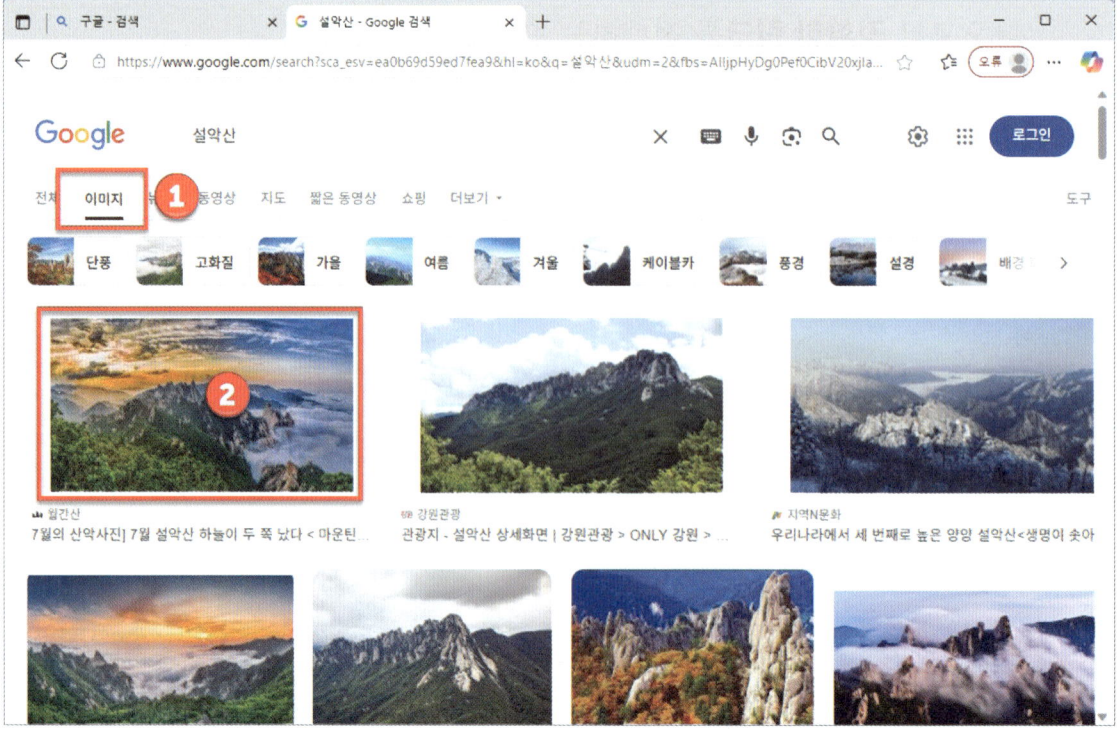

05 오른쪽에 크게 나온 ❶결과 이미지에 마우스 우클릭해서 ❷[다른 이름으로 사진 저장]을 클릭합니다.

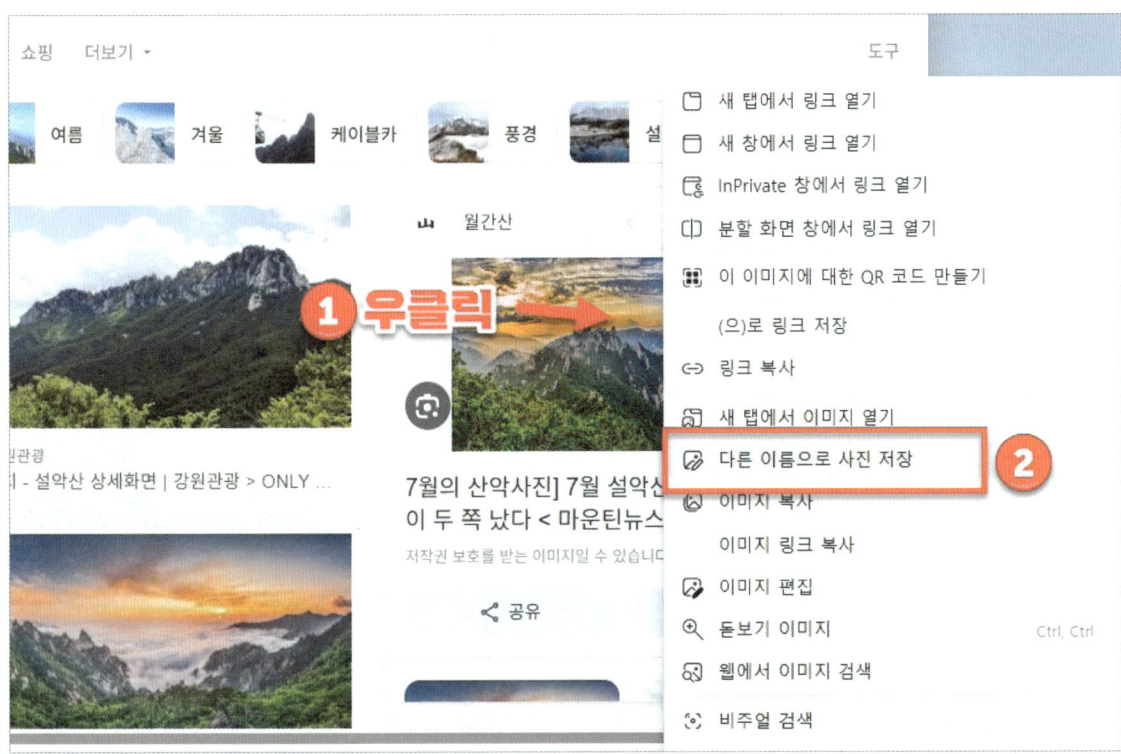

06 탐색 창에서 ❶바탕 화면을 클릭한 후 아이콕스 폴더를 열어줍니다. 계속해서 ❷ 한국의 산 폴더를 더블클릭해서 열어줍니다.

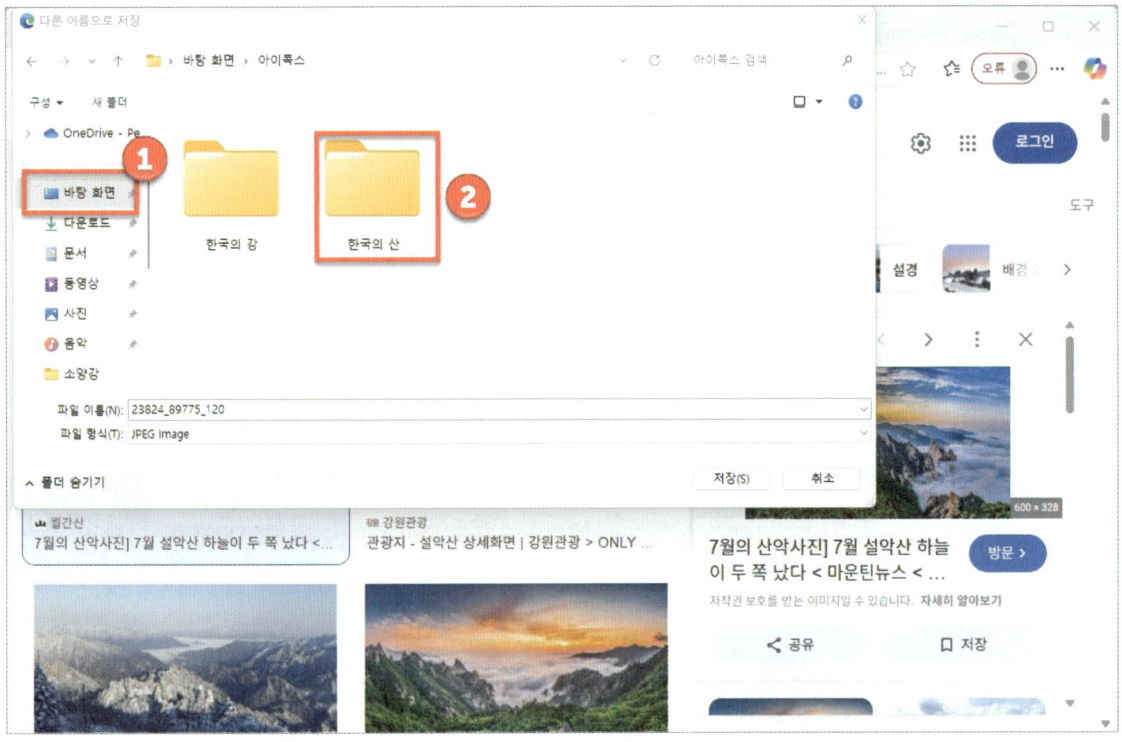

CHAPTER 02 파일/폴더 관리하기

07 산 이름의 폴더가 보이면, 여기서는 설악산 이미지를 저장할 것이므로 **설악산** 폴더를 더블클릭해서 열어줍니다.

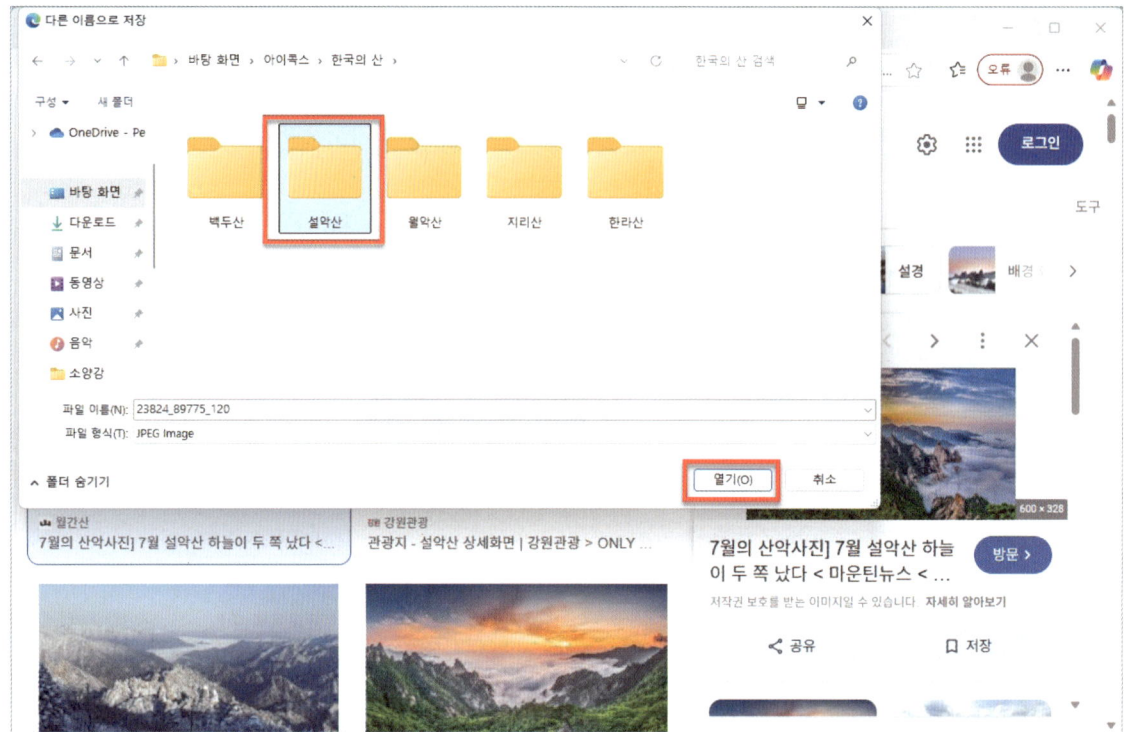

08 파일 이름에 ❶"설악산의 아침"을 입력한 후 ❷[저장]을 클릭하여 해당 폴더에 저장합니다.

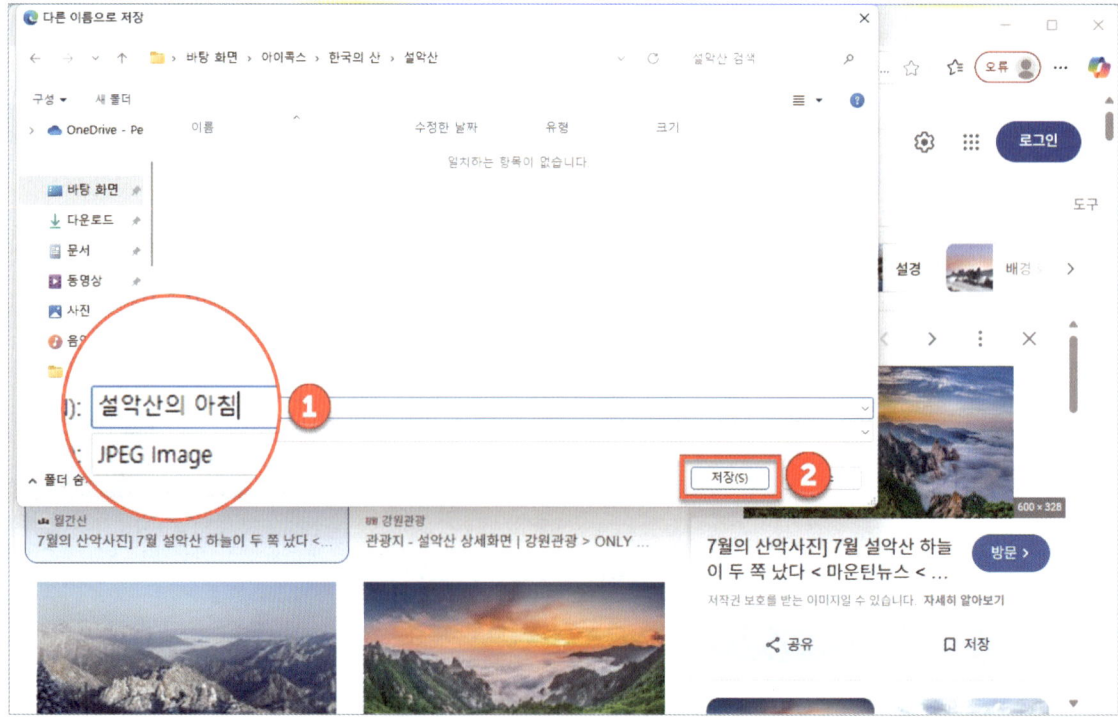

09 다운로드 진행 장면이 오른쪽 상단에 보이며, 다운로드가 완료되면 잠깐 대화상자가 보였다가 사라집니다. **백두산, 지리산, 한라산, 월악산, 금강, 낙동강, 영산강, 소양강**을 차례대로 검색해서 동일한 방법으로 각 폴더에 저장해 보세요.

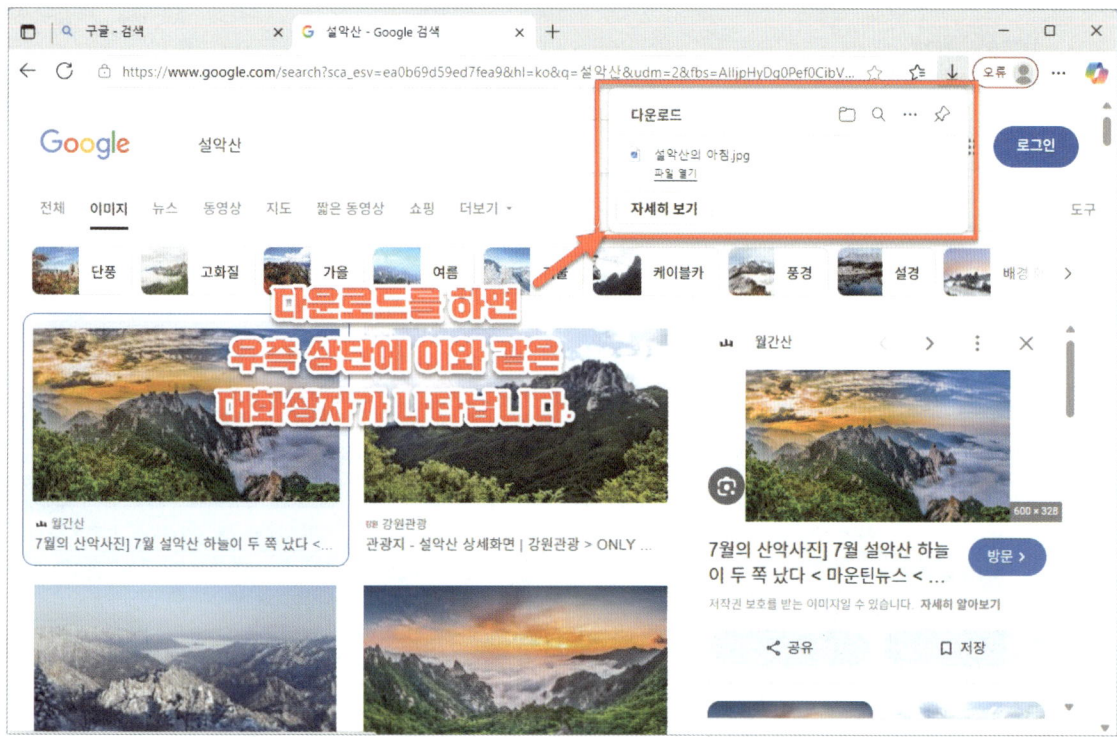

10 저장 폴더를 변경할 때는 이렇게 합니다. 예를 들어 지리산 관련 사진을 저장한다고 하면, 먼저 상위 폴더인 **[한국의 산]**을 클릭합니다.

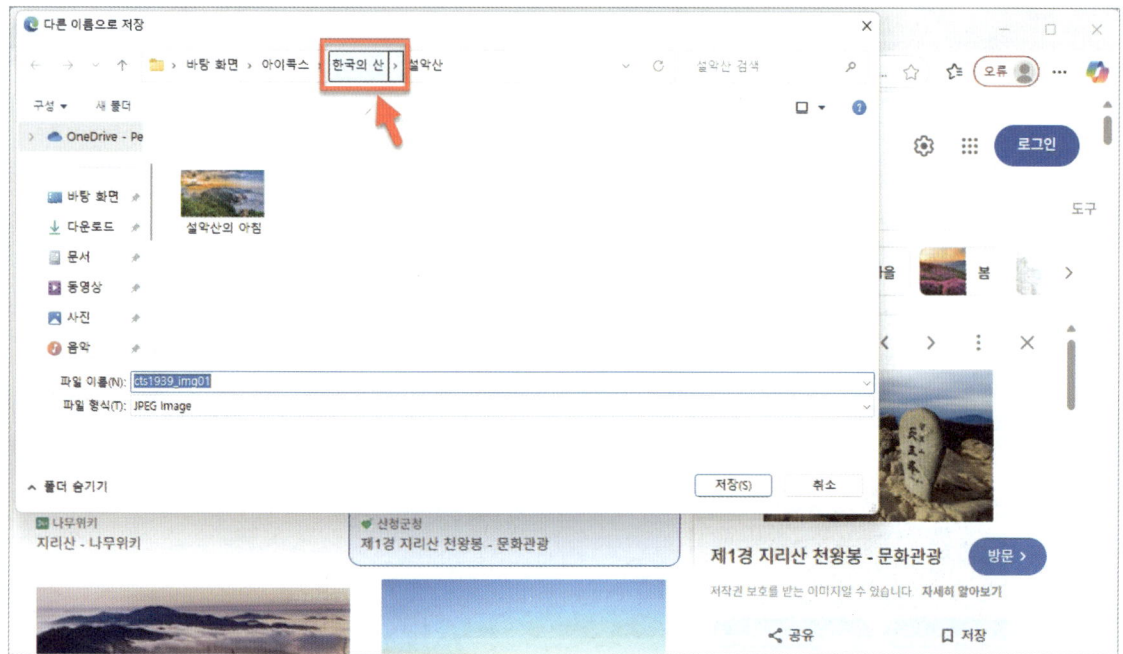

11 상위 폴더로 이동하면 산 이름이 나오는데, 그 중 원하는 폴더를 더블클릭해서 열어줍니다.

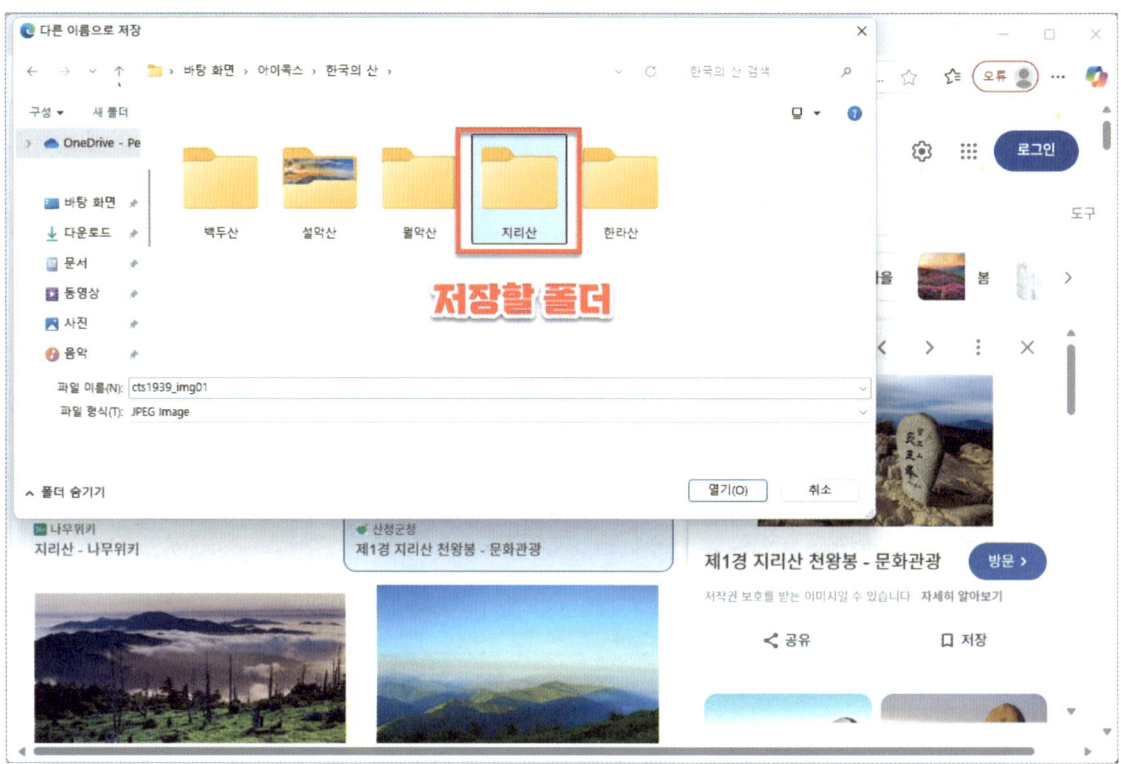

12 사진에 어울리는 파일 이름을 입력한 후 [저장]을 클릭합니다.

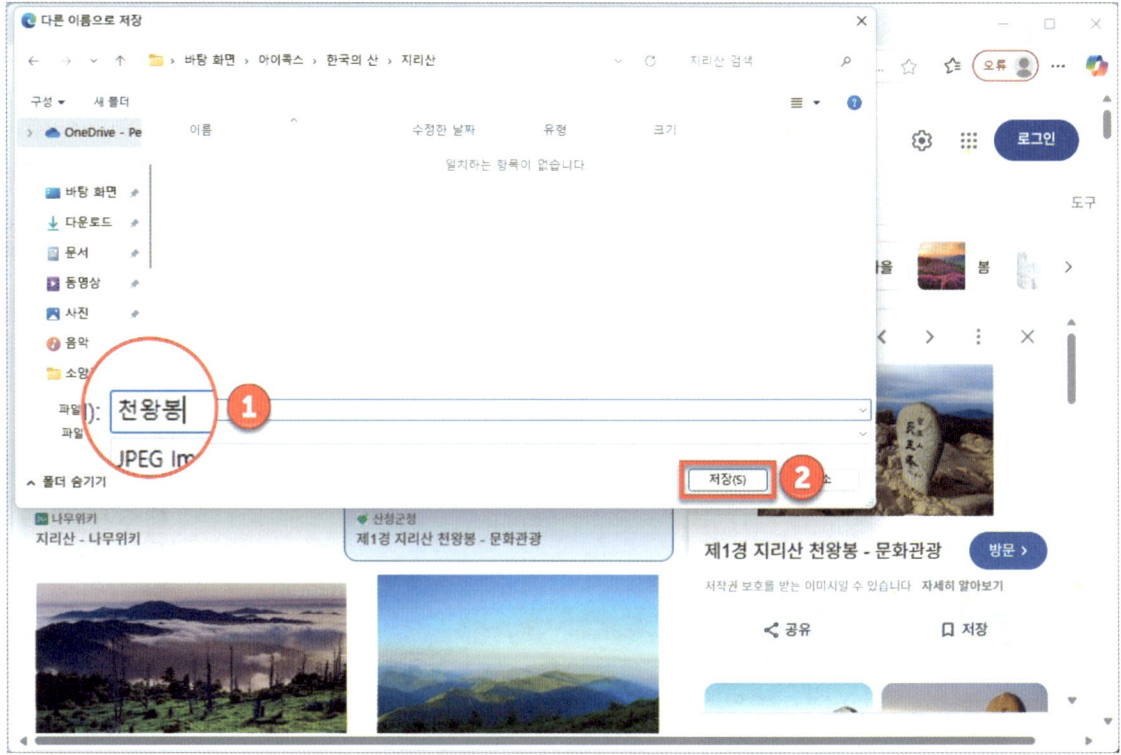

STEP 4 ▶ 파일 형식 보기

01 바탕 화면의 **아이쿡스** 폴더에서 **[한국의 산] > [설악산]** 폴더를 차례대로 열어서 **큰 아이콘**으로 이미지를 표시해 줍니다. 주소 표시줄을 보면 어떤 단계로 폴더가 열렸는지 확인할 수 있습니다.

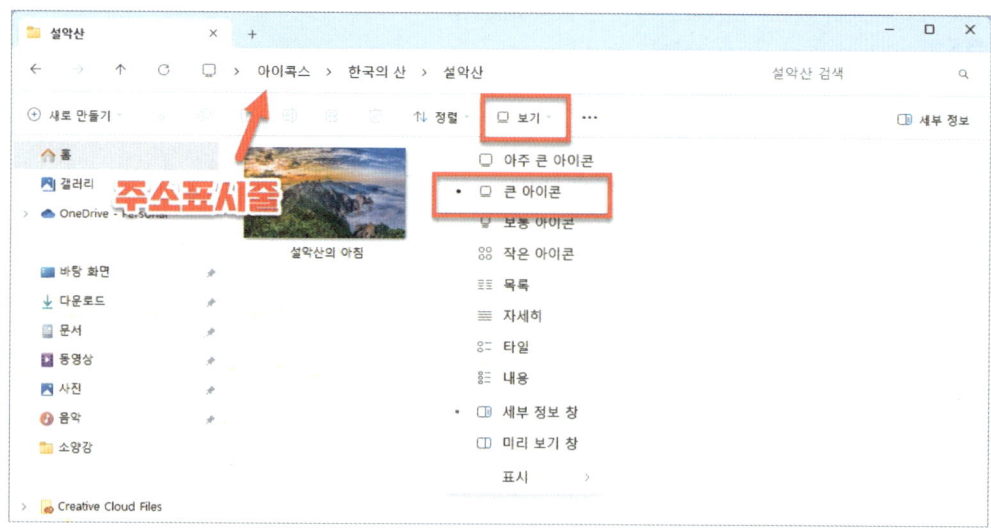

02 ❶[보기]를 클릭한 후 ❷[표시] > ❸[파일 확장명]을 체크하면 파일형식이 보이게 됩니다.

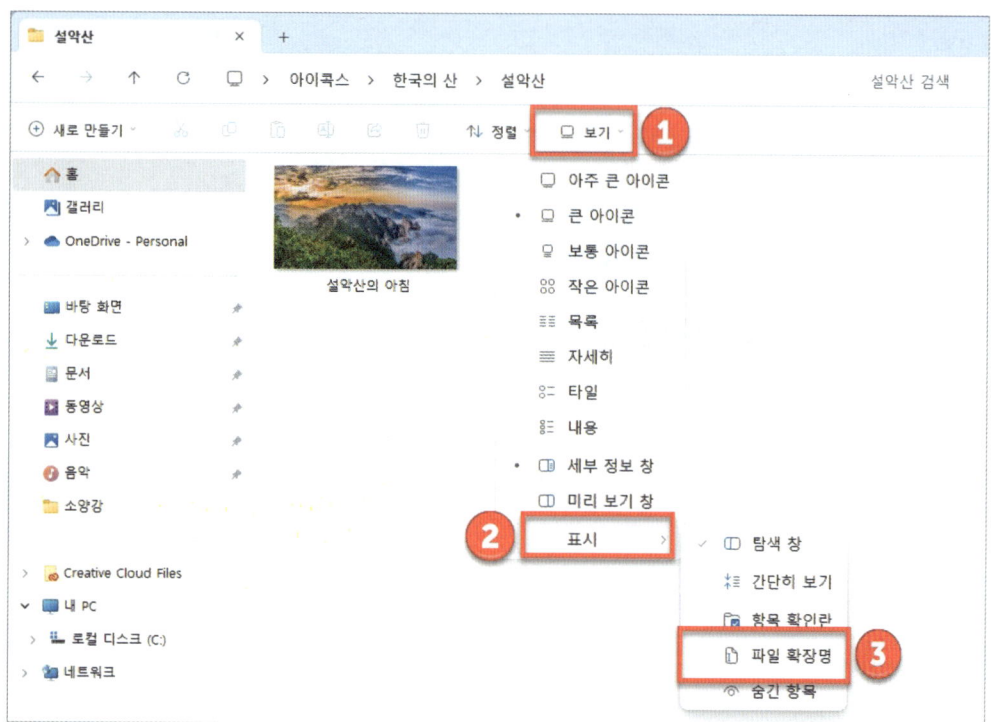

03 파일을 선택한 후 도구모음에서 **[이름 바꾸기]**를 클릭하면, 파일형식은 블록이 지정되지 않습니다. 말 그대로 이름 바꾸기를 하는 기능이지만, 잘못해서 파일 형식을 지워보도록 하겠습니다.

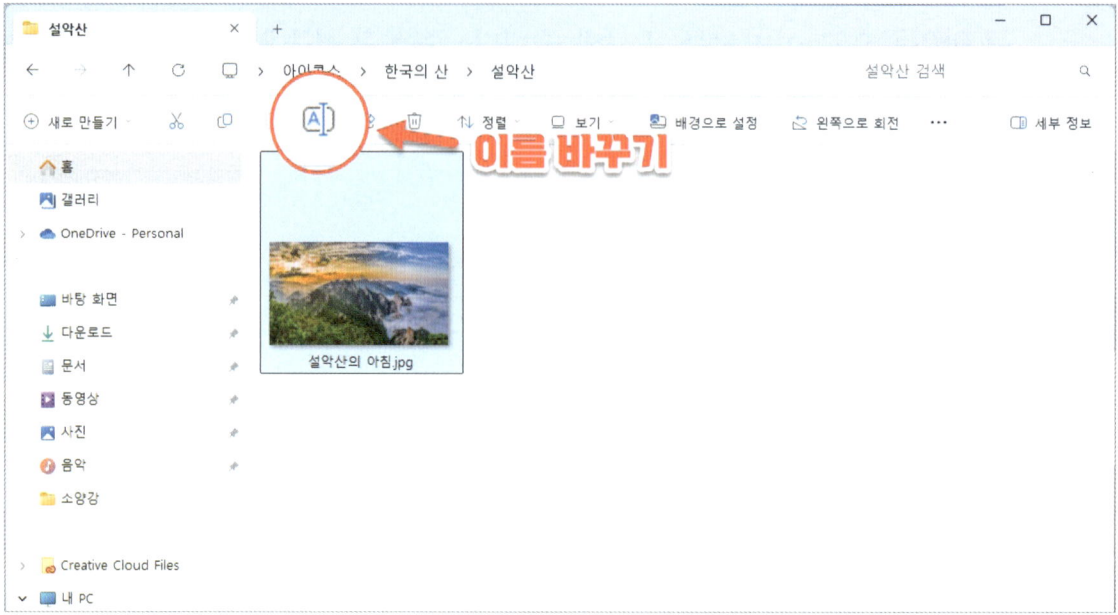

04 아래와 같이 커서를 **가장 뒤**에 위치시킨 후 파일 형식인 **.jpg**를 지워준 후 Enter 를 누릅니다. 실수로 파일 형식을 지웠을 때 어떻게 되는지 확인하기 위해서입니다.

05 변경하면 사용할 수 없게 될 수도 있다는 경고 대화상자가 나오면 **[예]**를 클릭합니다.

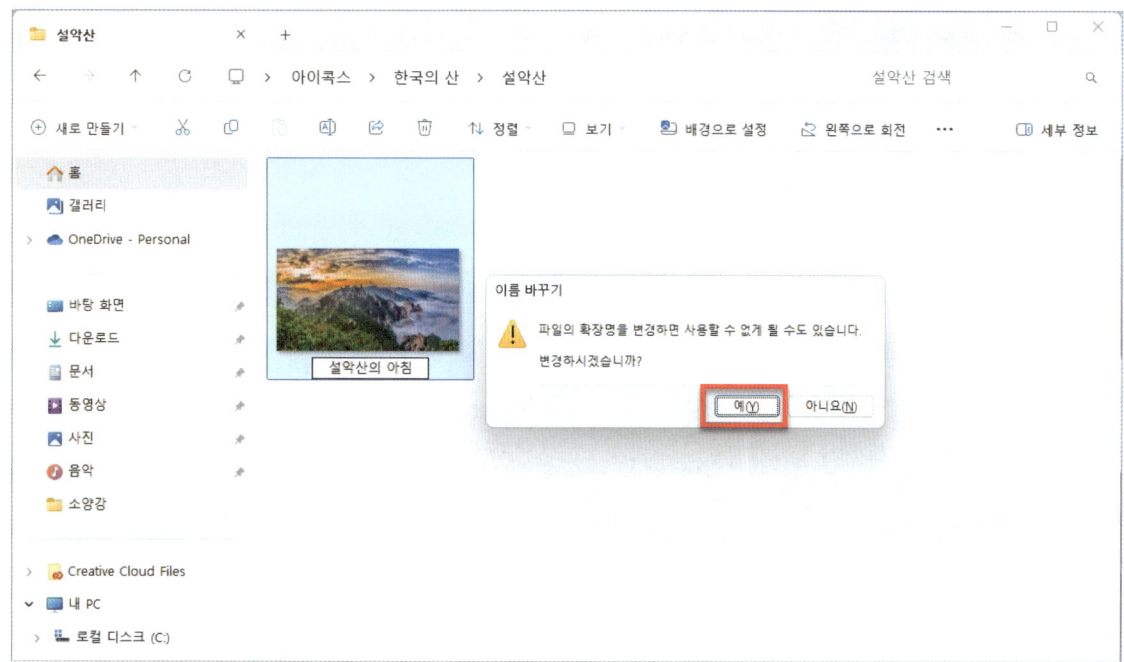

06 아래와 같이 이미지가 보이지 않게 되고, **빈 종이** 모양 아이콘으로 변경되어 열어볼 수 없는 파일로 변경됩니다.

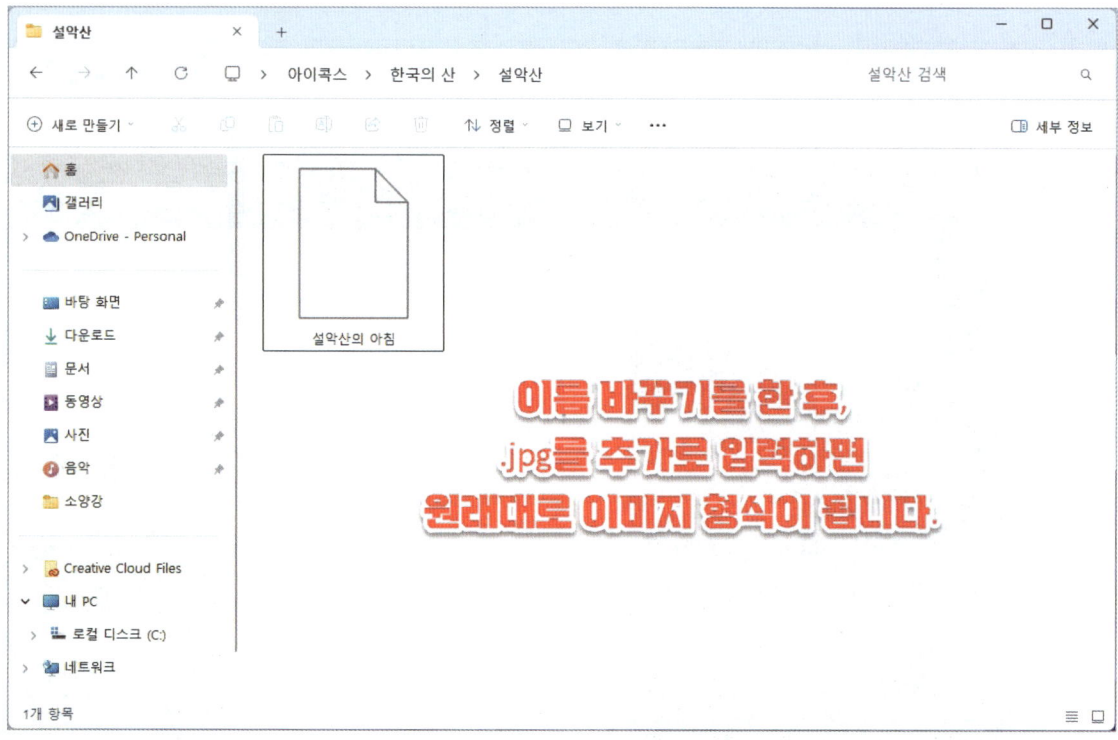

07 바탕 화면에서 **Microsoft Edge**를 실행하여 **"백록담"**을 검색한 후, **이미지** 카테고리를 선택합니다.

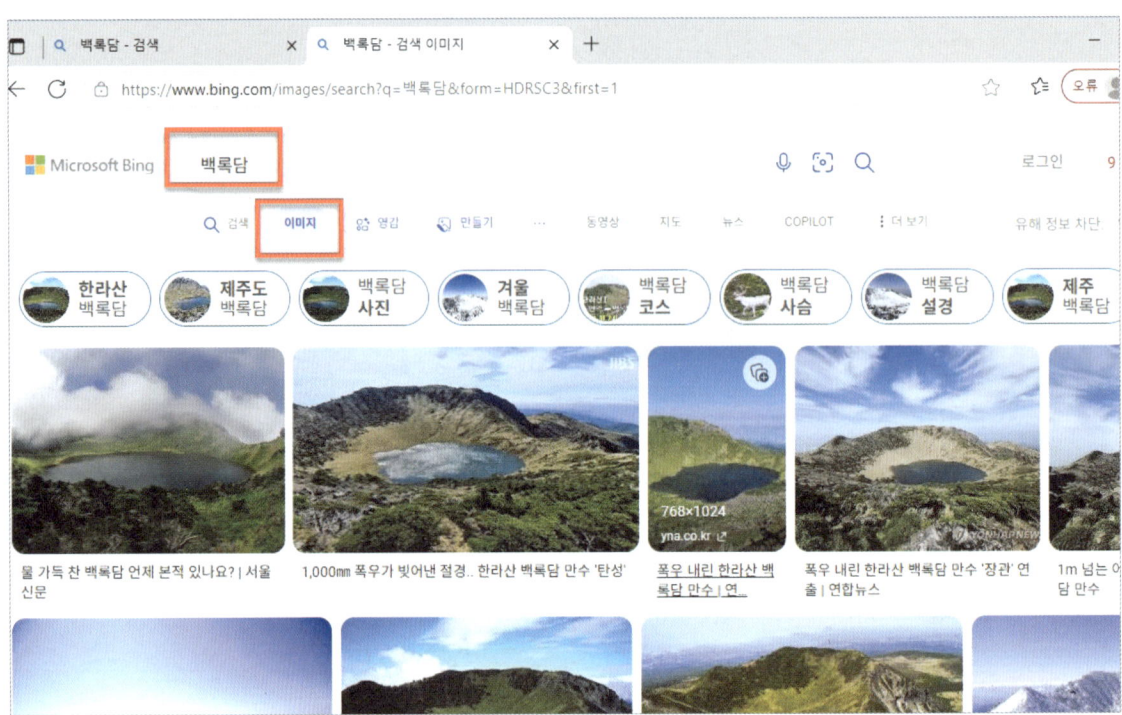

08 멋진 **백록담** 이미지를 클릭하여, 오른쪽에 나오는 실제 이미지에 마우스 우클릭해서 **[다른 이름으로 사진 저장]**을 클릭합니다.

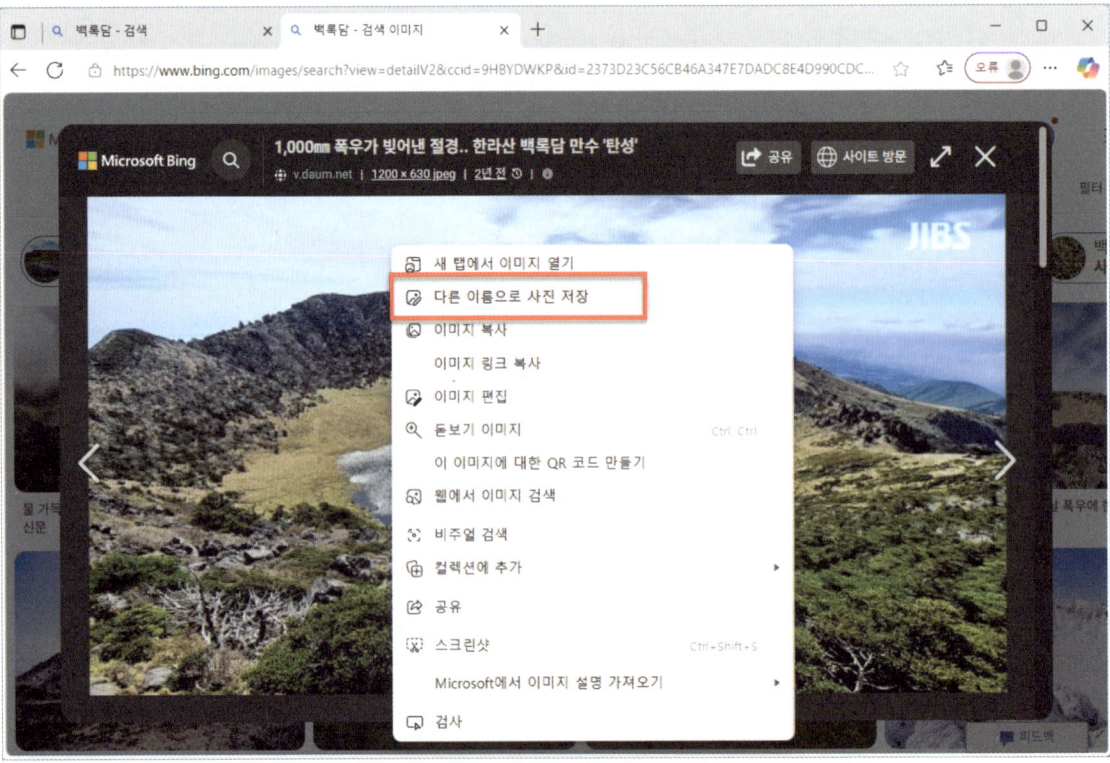

09 파일 이름 뒤에 항상 파일 형식이 나와서 어떤 종류인지 구분할 수 있게 되어 편리하며, 파일 형식을 지워도 자동으로 적용됩니다.

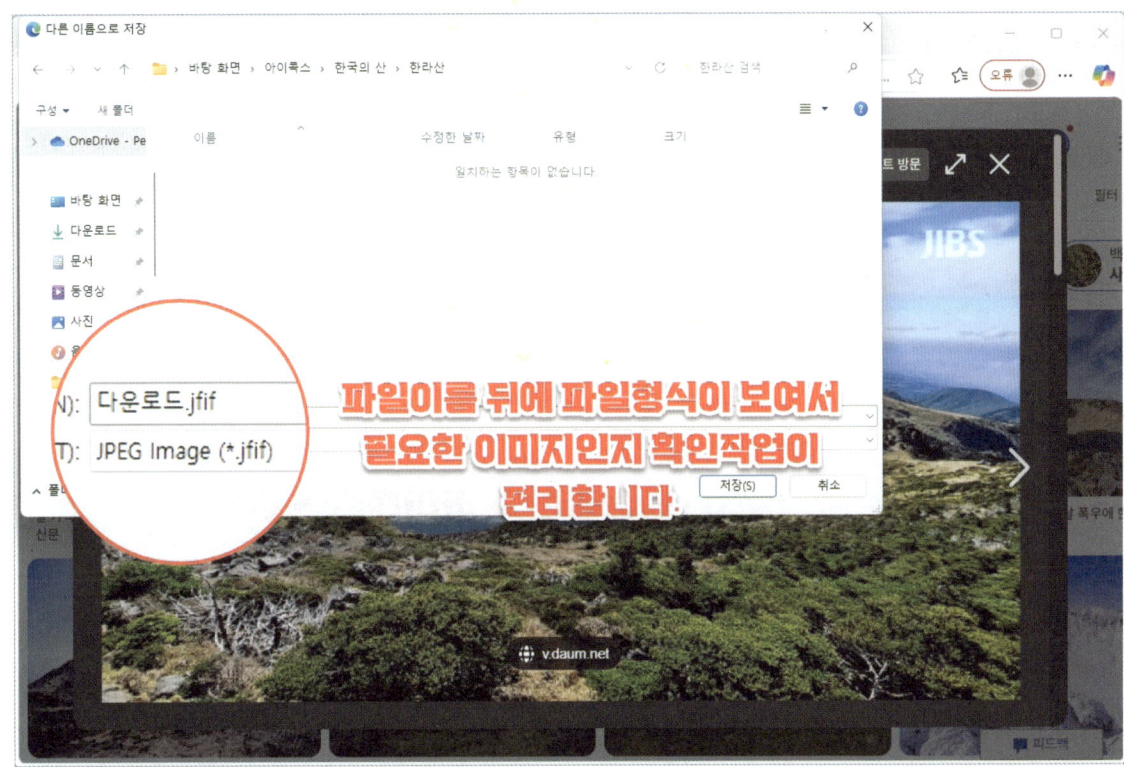

10 아래처럼 파일 형식은 자동으로 이름 뒤에 붙어 나옵니다. 하지만 **파일 탐색기**에서 **파일 형식**을 지우면 사용할 수 없는 파일이 된다는 점을 알아 두세요.

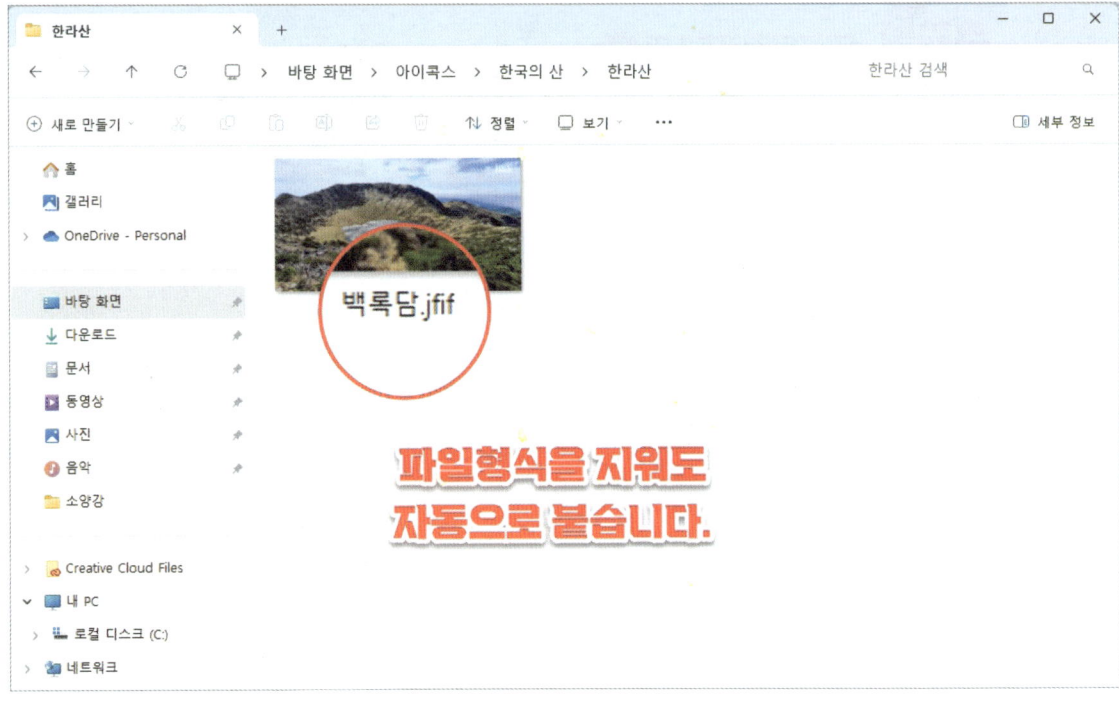

STEP 5 ▶ 탐색기 탭을 이용한 폴더 이동

01 바탕 화면의 **아이콕스 ▶ 한국의 산** 폴더를 차례로 더블클릭합니다.

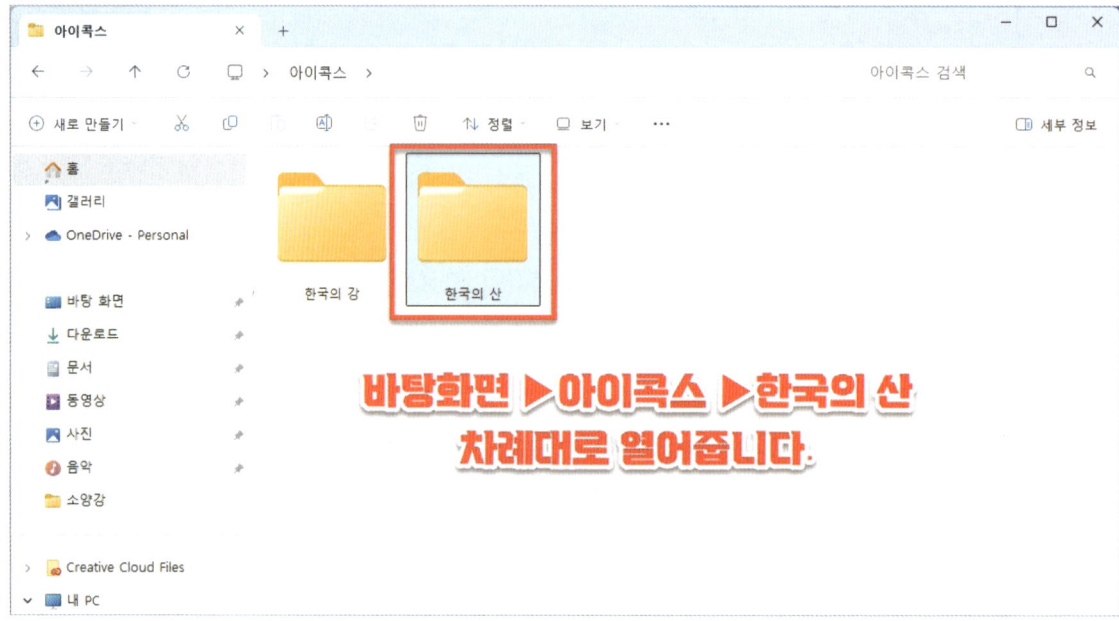

02 상단의 ❶[한국의 산] 탭에 마우스 우클릭하여 ❷[탭 복제]를 선택합니다.

03 주소 표시줄에 **아이콕스 > 한국의 산 >**에서 **한국의 산** 앞에 있는 ❶>를 클릭하여 표시된 목록에서 ❷**한국의 강**을 선택합니다. 목록이 표시되면 ⌄ 모양으로 바뀝니다.

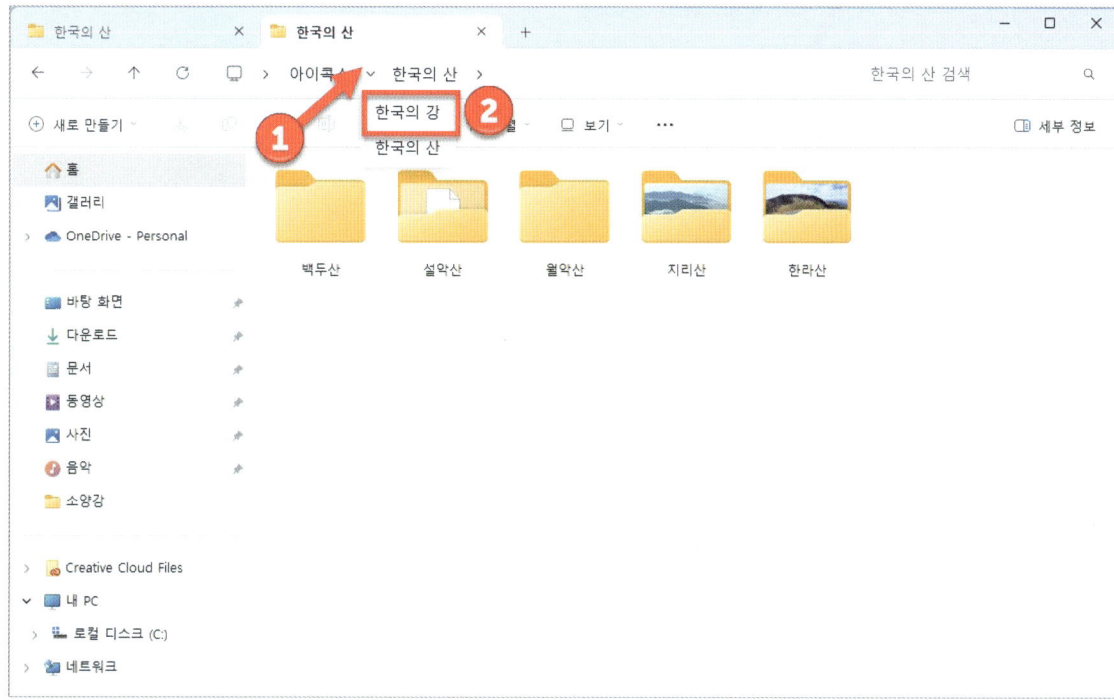

04 **금강** 폴더를 상위 폴더인 **한국의 산** 폴더 안에 한 번에 넣어보겠습니다. **[금강]** 폴더를 **[한국의 산]** 탭으로 드래그한 후 **절대 놓지 않습니다.**

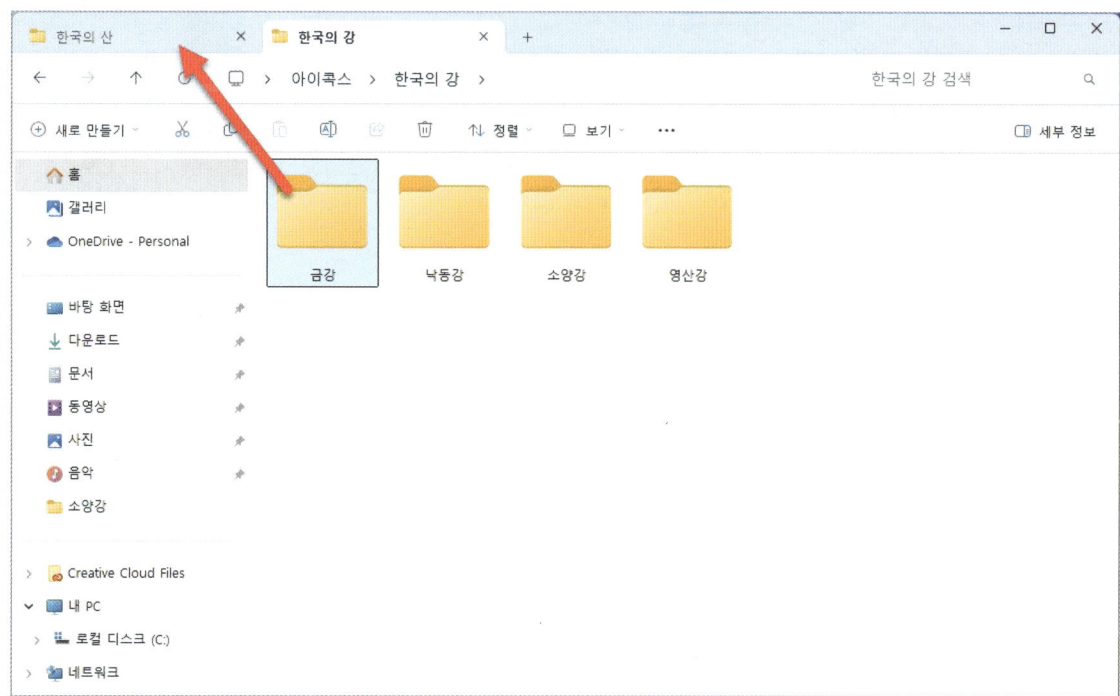

CHAPTER 02 파일/폴더 관리하기 041

05 마우스를 탭에서 놓지 말고 다시 **내용 창으로 드래그**해서 바탕에 놓으면 폴더가 이동이 됩니다.

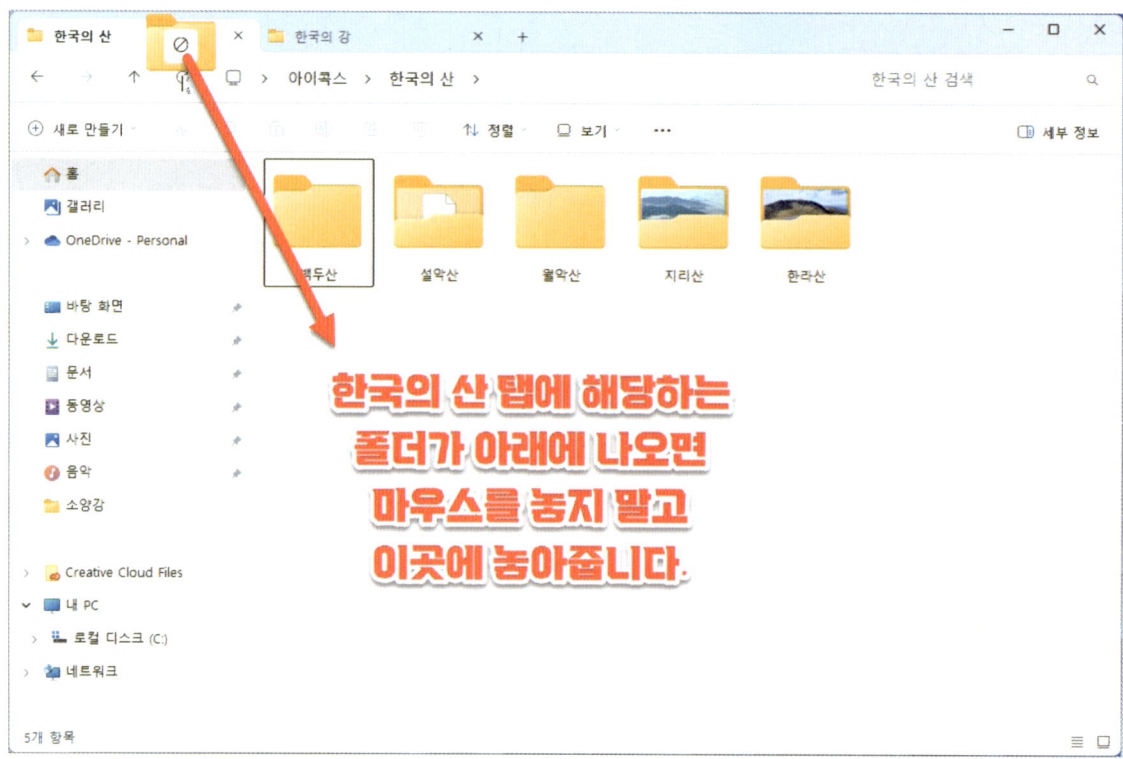

06 어렵게 보이지만 이런 연습이 되어야 파일을 쉽고 빠르게 이동할 수 있게 됩니다.

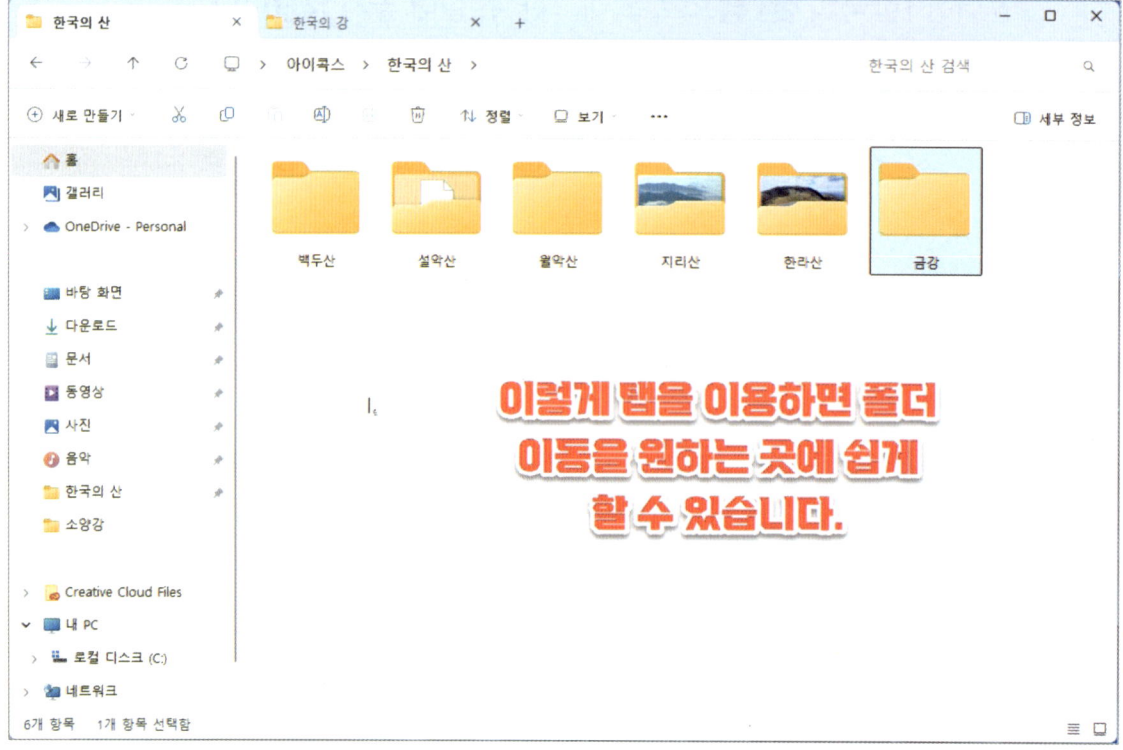

CHAPTER 03

듣고 보고 즐겁게 놀기

윈도우 11은 영화 및 TV 등을 볼 수 있는 플레이어 앱을 제공하며, 전용 앱을 이용하여 동영상과 음악 등을 감상할 수 있습니다. 영화 및 TV 앱과 미디어 플레이어를 이용하여 동영상을 감상하는 방법에 대해 알아보겠습니다.

결과화면 미리보기

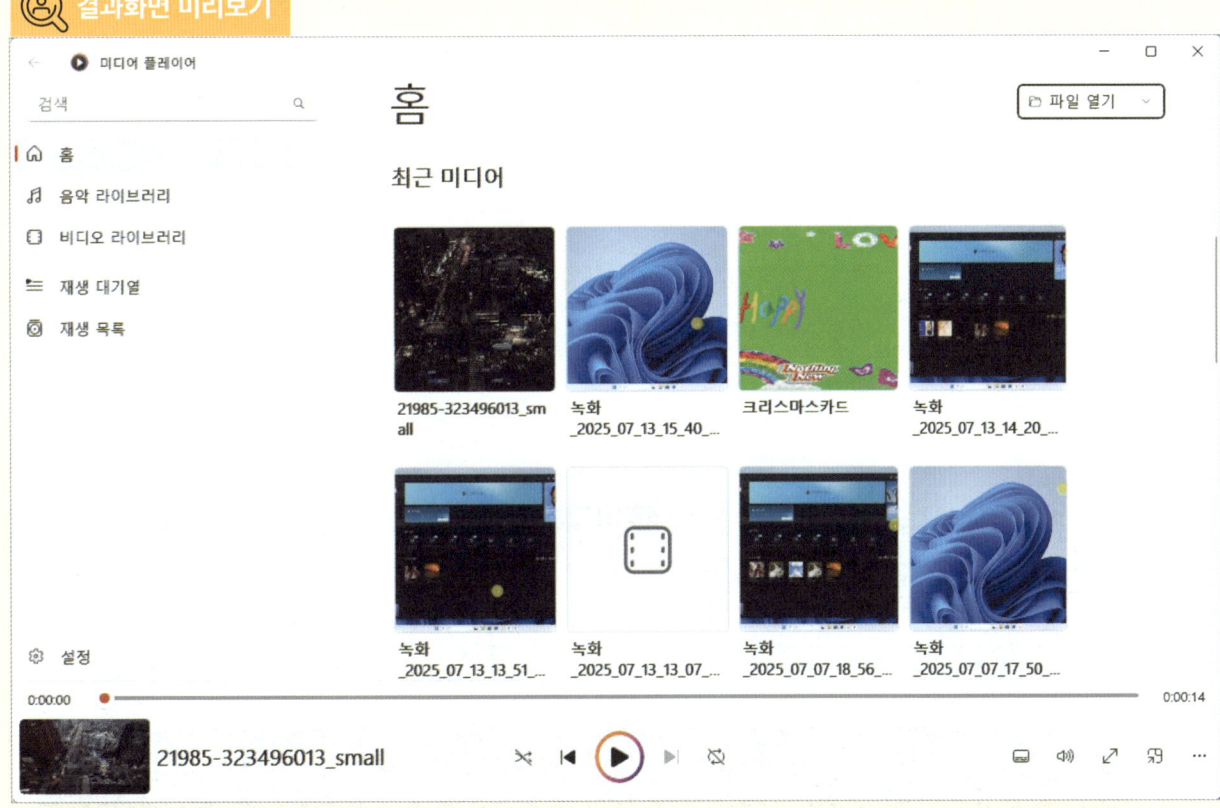

무엇을 배울까?

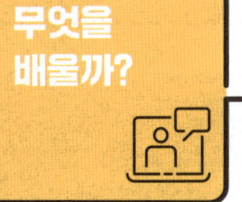

① 영화 및 TV 앱으로 감상하기
② 미디어 플레이어 이용하기
③ 재생 목록 사용하기
④ 클립다운 설치하기
⑤ 유튜브 영상 다운로드하기

STEP 1 ▶ 영화 및 TV 앱으로 감상하기

01 동영상이 컴퓨터에 저장되어 있지 않으면 따라할 수 없으므로 먼저 샘플 동영상을 다운로드할 것입니다. **엣지 브라우저**를 실행한 후 **"픽사베이"**를 검색하여 사이트로 이동합니다.

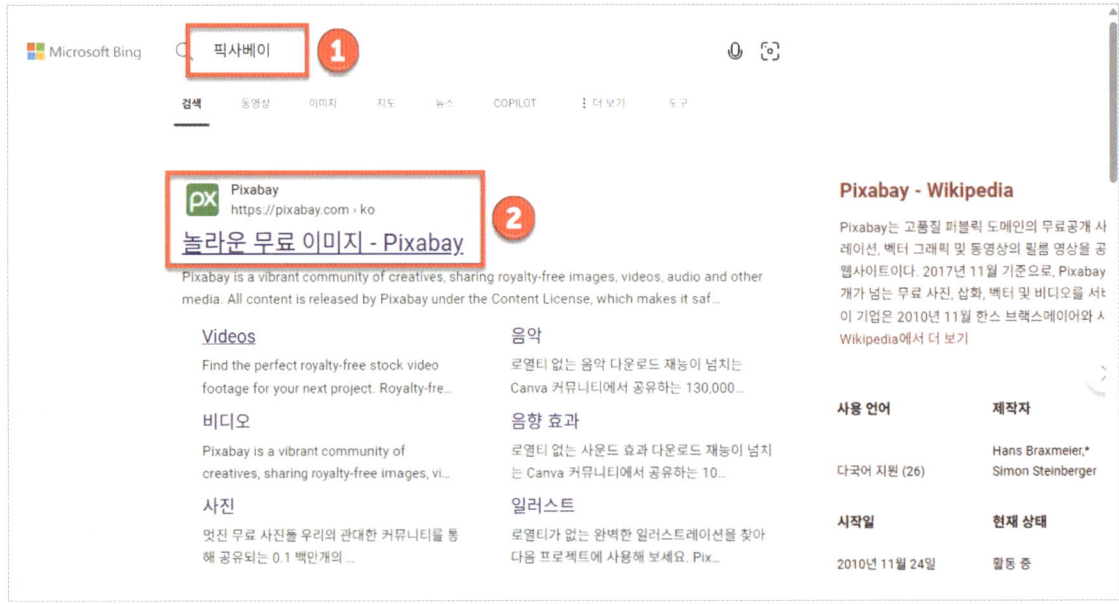

02 픽사베이 사이트의 카테고리에서 ❶**비디오**를 선택한 후 검색상자에 ❷**"seoul"을 입력**한 다음 Enter 를 누릅니다.

03 영상에 마우스를 올려놓으면 재생 시간이 표시됩니다. 다운로드가 오래 걸릴 수 있기 때문에 가급적 30초 이내로 짧은 영상을 찾아 클릭합니다.

04 선택한 영상이 자동으로 재생됩니다. 오른쪽에 ❶**다운로드**를 누르면 해상도를 선택할 수 있는데, 여기서는 그냥 기본 상태에서 ❷**다운로드** 버튼을 클릭합니다. 이후에 필요하다면 고해상도의 영상을 다운로드하면 됩니다.

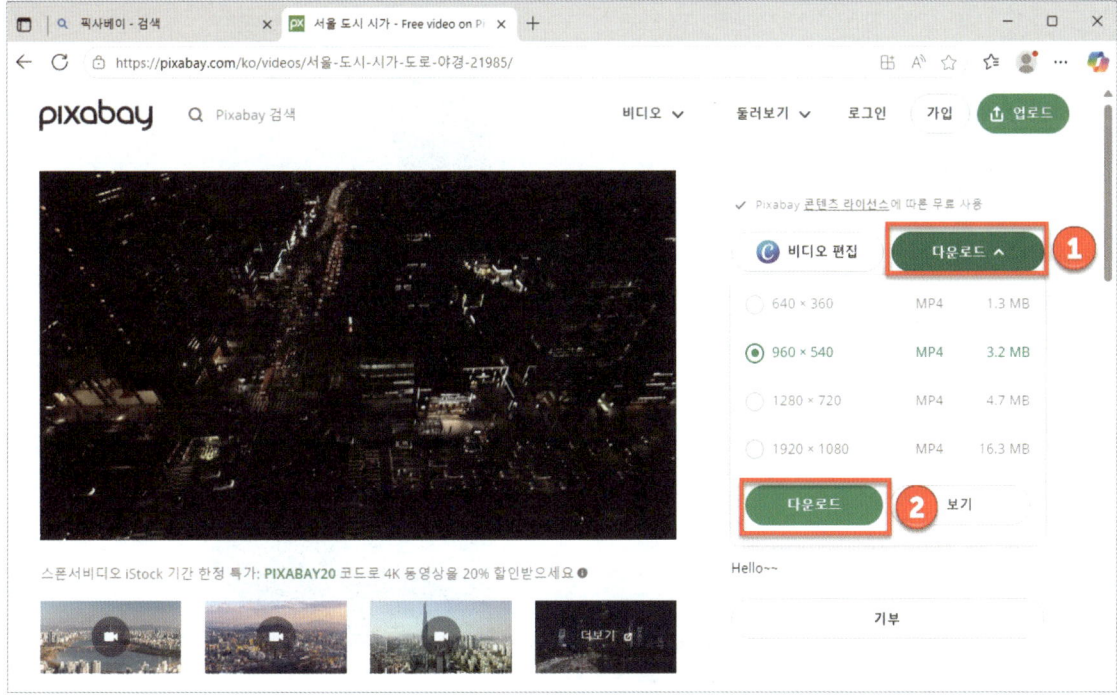

05 이렇게 픽사베이에서 동영상을 한 개를 다운로드했습니다. 같은 방법으로 **car, tiger, dog**를 각각 검색한 후 다운로드합니다. 모두 다운로드를 한 후 엣지 브라우저 앱을 닫습니다.

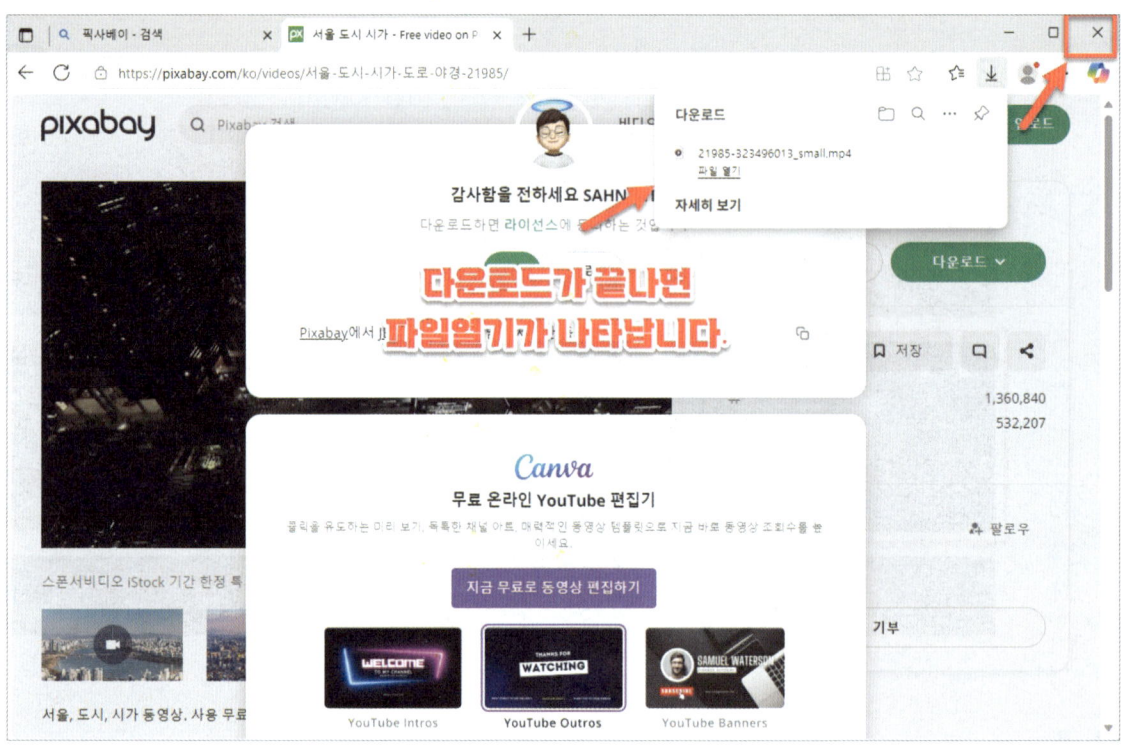

06 바탕 화면에서 왼쪽 아래에 있는 **시작**을 클릭한 후 **영화 및 TV** 앱을 찾아서 클릭합니다.

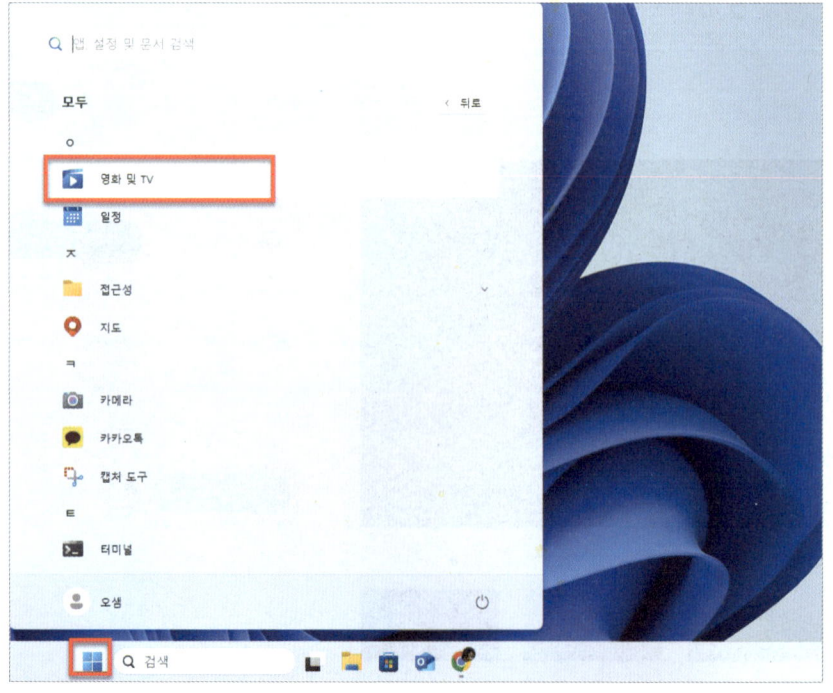

07 이 책을 집필하는 현재는 이용할 수 없는 앱으로 표시됩니다. 대신하여 **미디어 플레이어**를 사용할 수 있습니다.

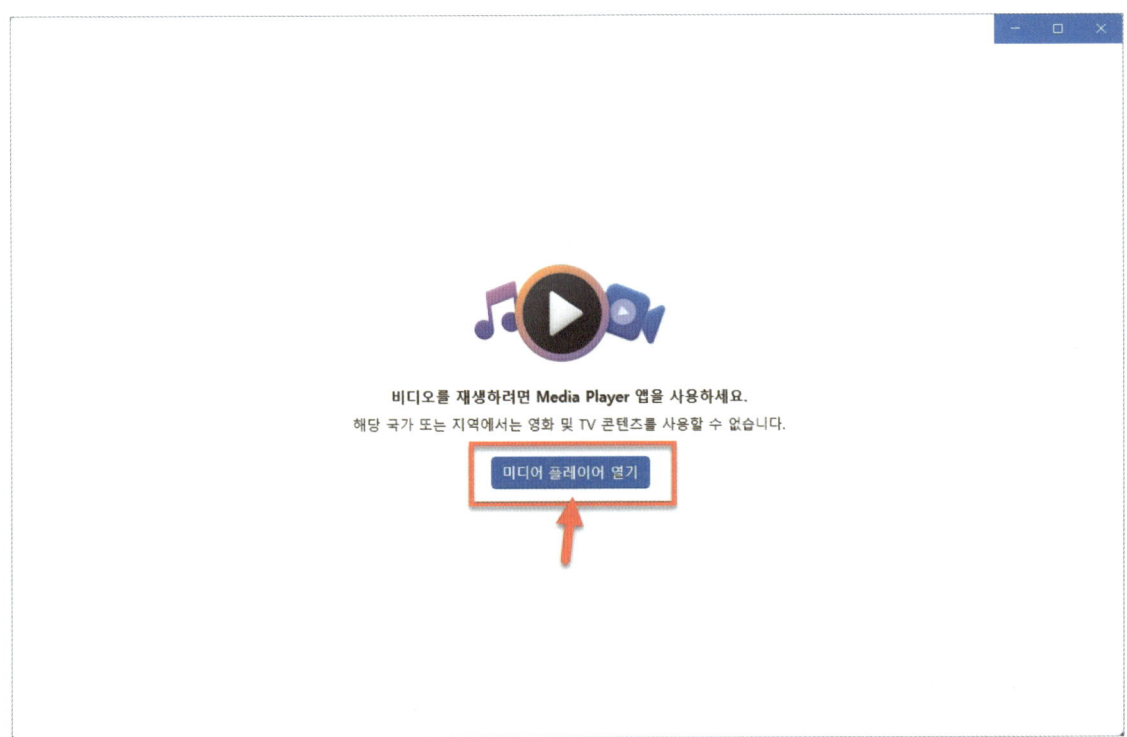

08 우측 상단의 **파일 열기**를 클릭해서 다운로드한 파일을 재생해서 볼 수 있습니다.

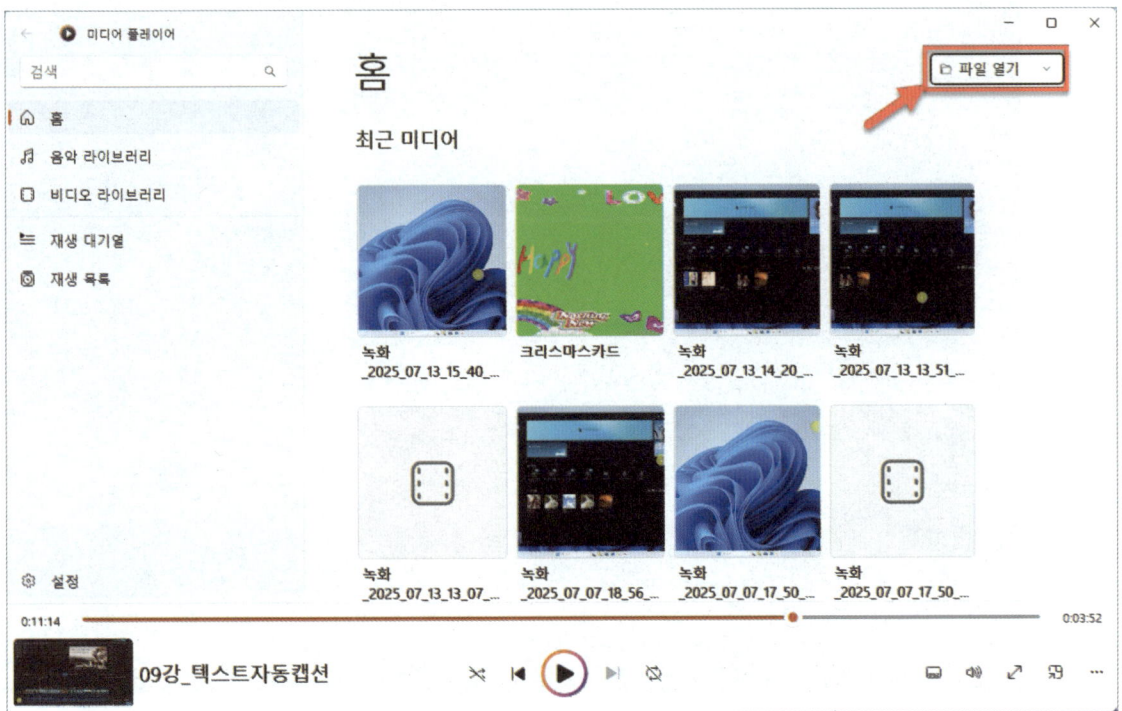

09 ❶**다운로드** 라이브러리에서 다운로드하여 저장해 놓은 ❷**seoul** 영상을 선택한 후 ❸**열기**를 클릭합니다.

10 아래와 같이 영상이 재생됩니다. 미디어 플레이어의 사용 방법은 매우 간단합니다.

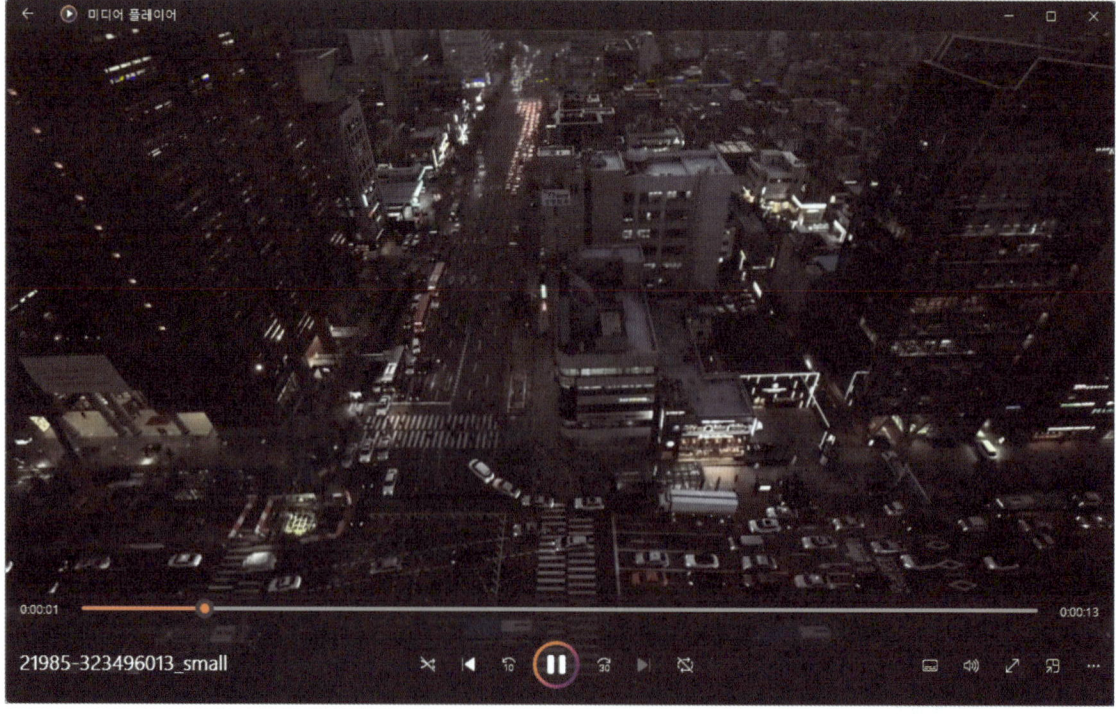

STEP 2 - 미디어 플레이어 이용하기

01 ❶**시작** 버튼을 클릭하여 고정 목록에서 ❷**미디어 플레이어**를 선택합니다.

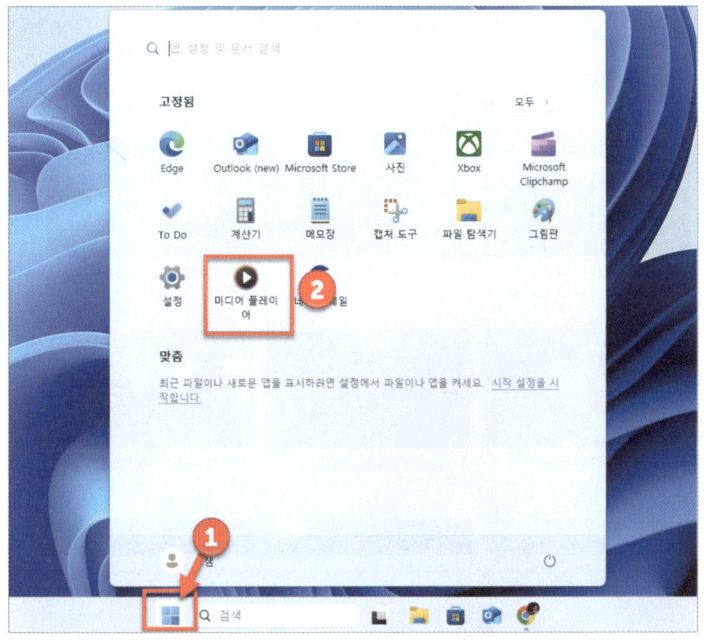

02 미디어 플레이어 앱이 실행되면 홈 화면이 나오는데 최근 미디어가 오른쪽에 나오게 됩니다. 사용자에 따라 다른 영상들이 표시될 것입니다. 좌측의 **비디오 라이브러리**를 클릭하면 내용창에 모든 비디오가 표시됩니다.

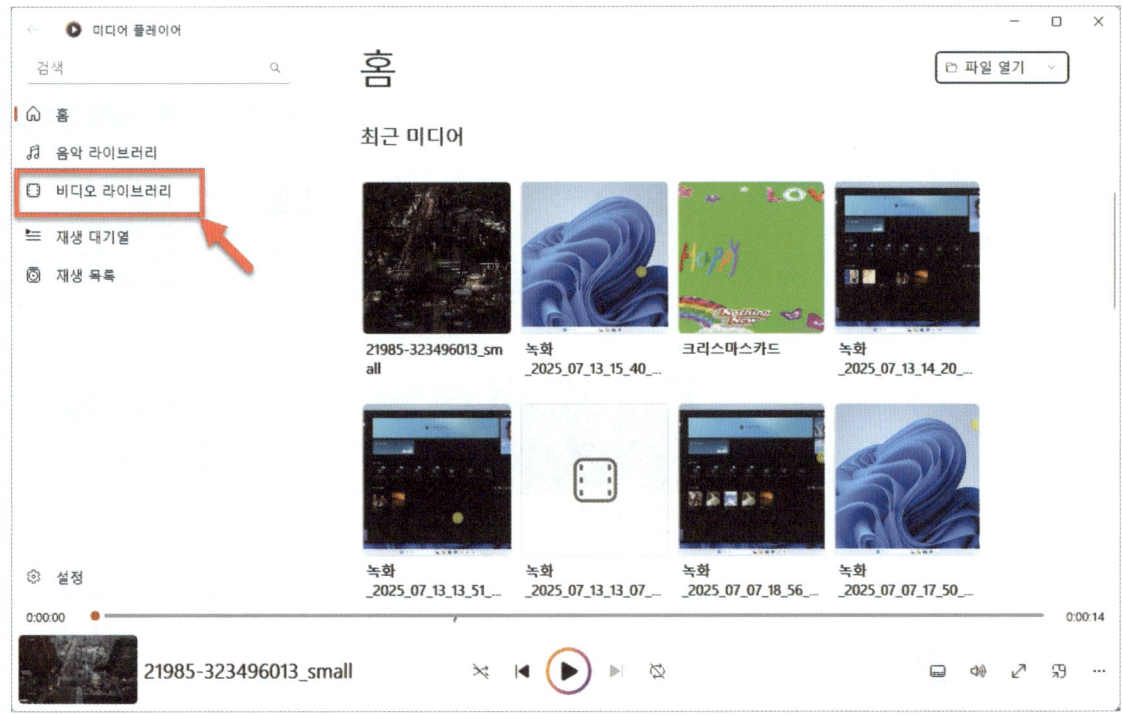

03 목록은 이름 순서대로 표시되며 ❶**감상하려는 영상**을 클릭하면 재생됩니다. 영상 순서를 최근에 저장된 순서대로 먼저 표시하려면 ❷**정렬 기준**을 **수정한 날짜**로 변경하세요.

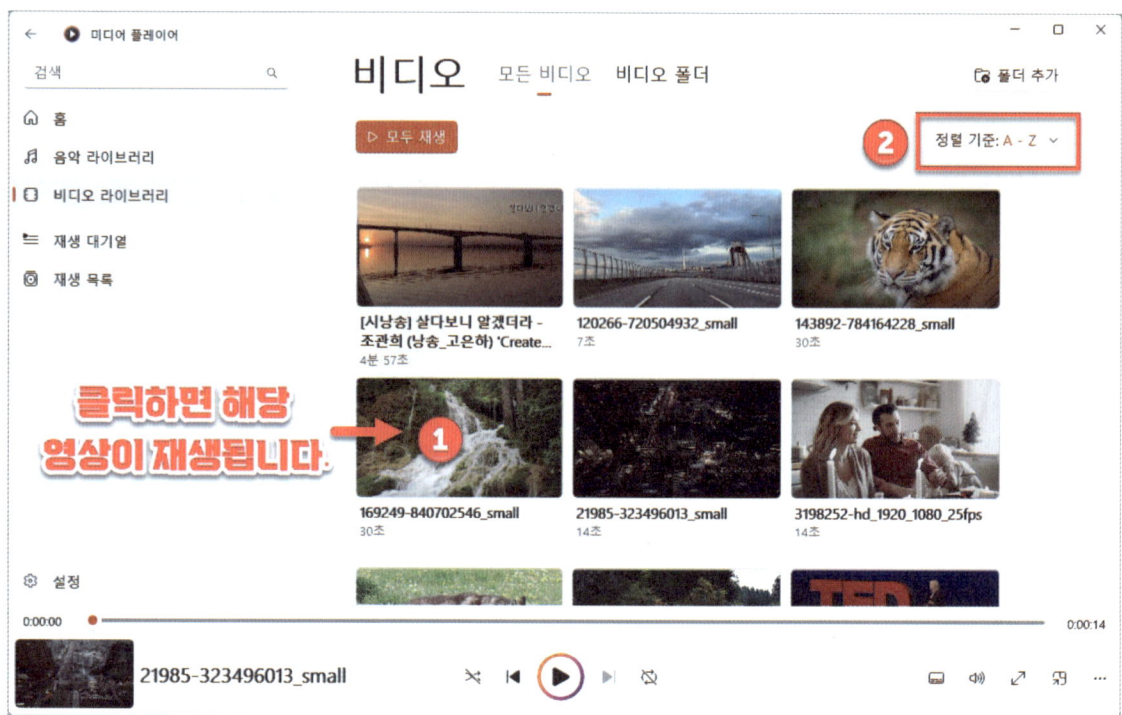

04 앞 과정에서 다운로드했던 파일이 역순으로 나열되어 표시가 됩니다. 다시 **A-Z** 순서로 변경해 보세요. 이름 순서로 표시될 것입니다.

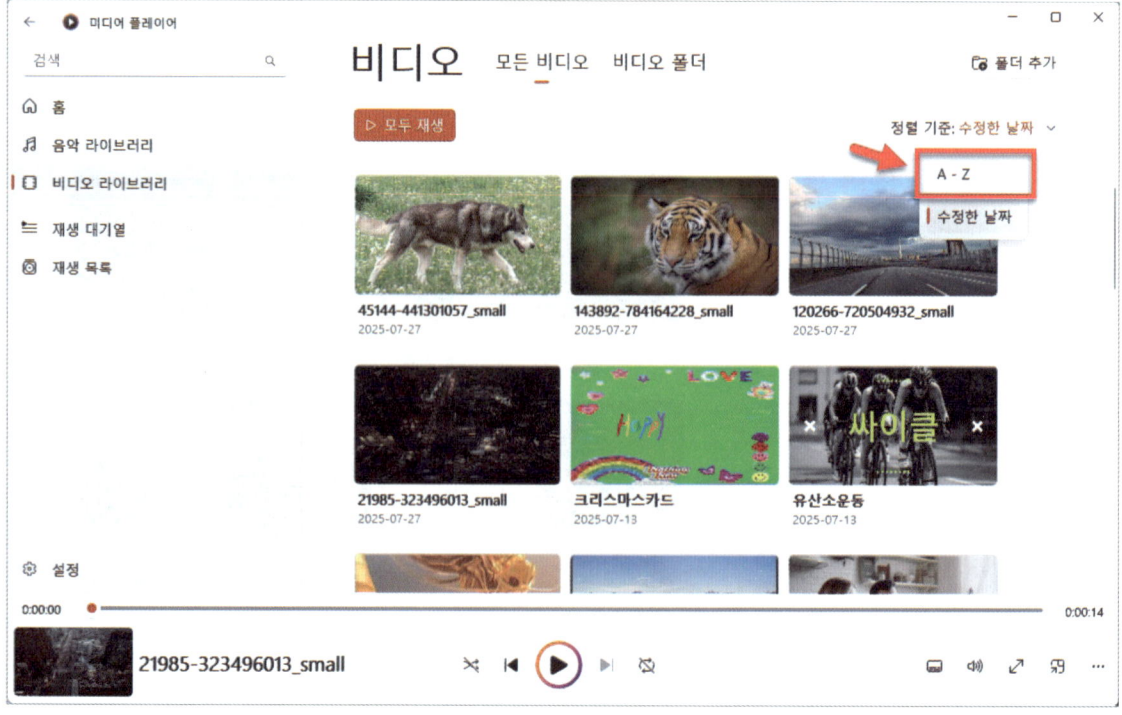

05 다운로드했던 영상을 순서대로 재생하기 위해 아래와 같이 선택하도록 합니다.

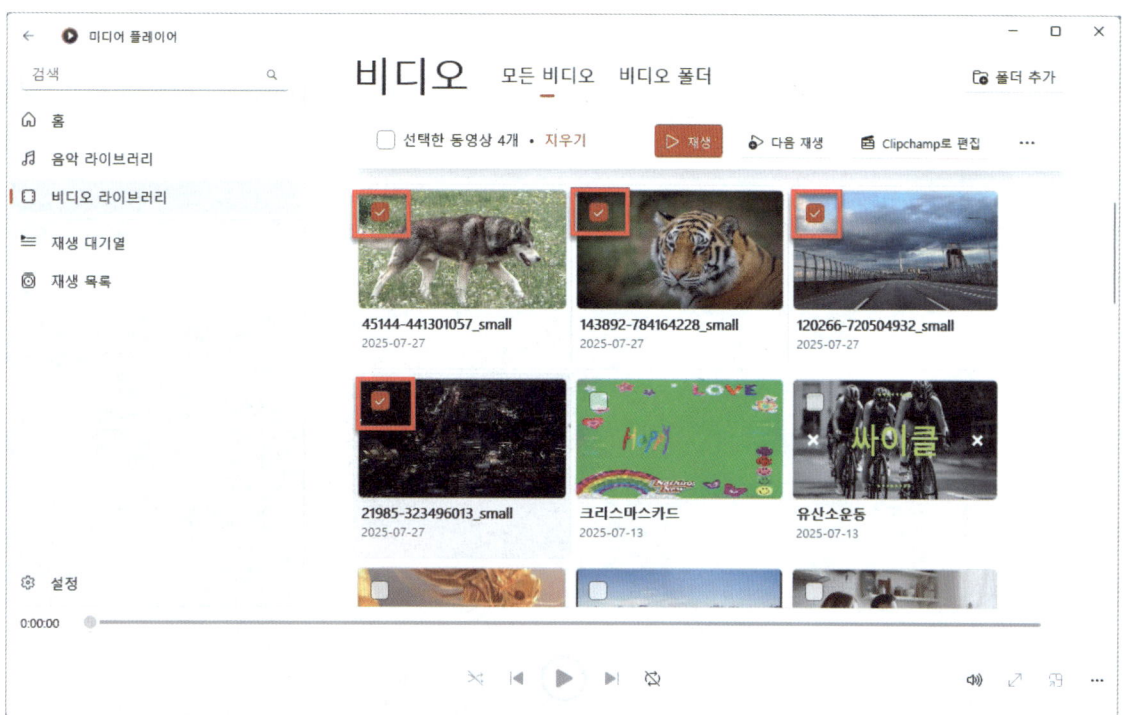

06 아래의 주황색 [재생] 버튼을 누르면 선택한 순서대로 영상이 재생됩니다. [지우기]를 누르면 선택한 순서를 지워서 다시 선택할 수 있습니다.

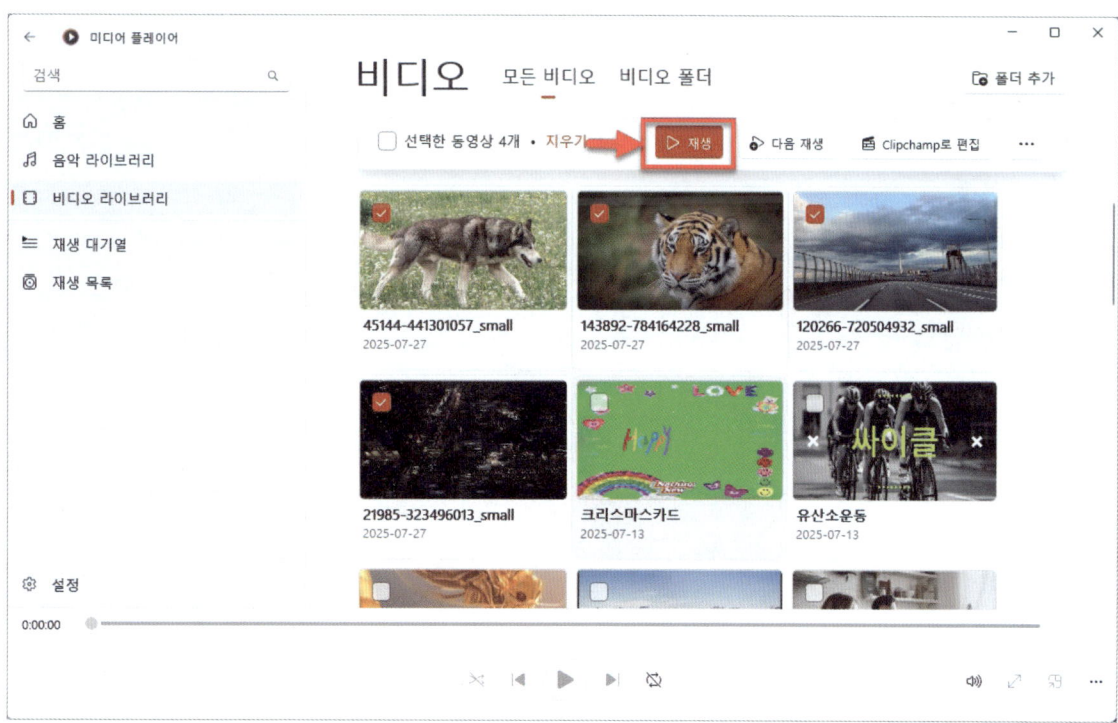

07 **이전화면** 버튼을 클릭하면 대시보드 화면으로 다시 되돌아가며, 영상을 계속해서 반복적으로 재생하려면 **반복재생 켜기**를 누릅니다.

08 재생 순서를 변경하려면 대시보드 화면에서 좌측의 ❶**재생 대기열**을 눌러서 목록의 순서를 ❷**드래그하여 변경**합니다.

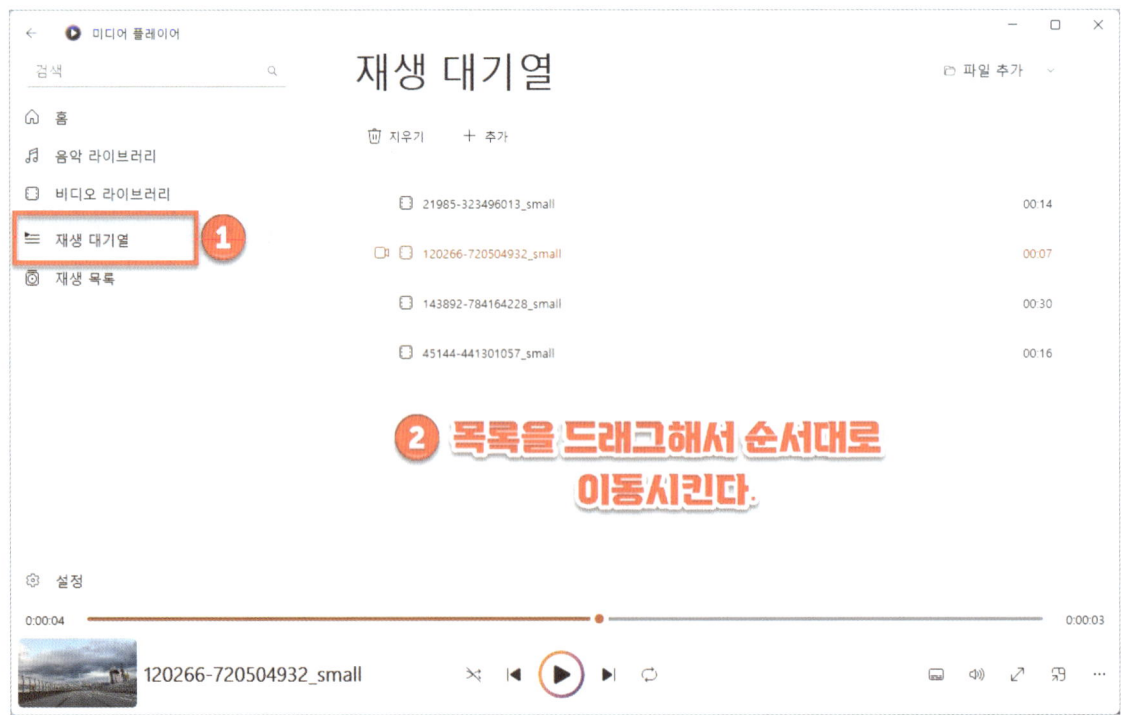

STEP 3 > 재생 목록 사용하기

01 재생 목록을 만들기 위해 미디어 플레이어의 좌측에서 ❶**재생 목록**을 클릭한 후 ❷**+새 재생 목록 만들기**를 클릭합니다.

02 재생 목록 이름을 ❸**"픽사베이"**로 입력합니다. 이름은 상황에 맞게 적당하게 정하면 됩니다. 계속해서 ❹**재생 목록 만들기**를 클릭합니다.

03 재생 목록을 생성했으면 ❶비디오 라이브러리를 클릭해서 영상이 있는 곳으로 이동합니다.

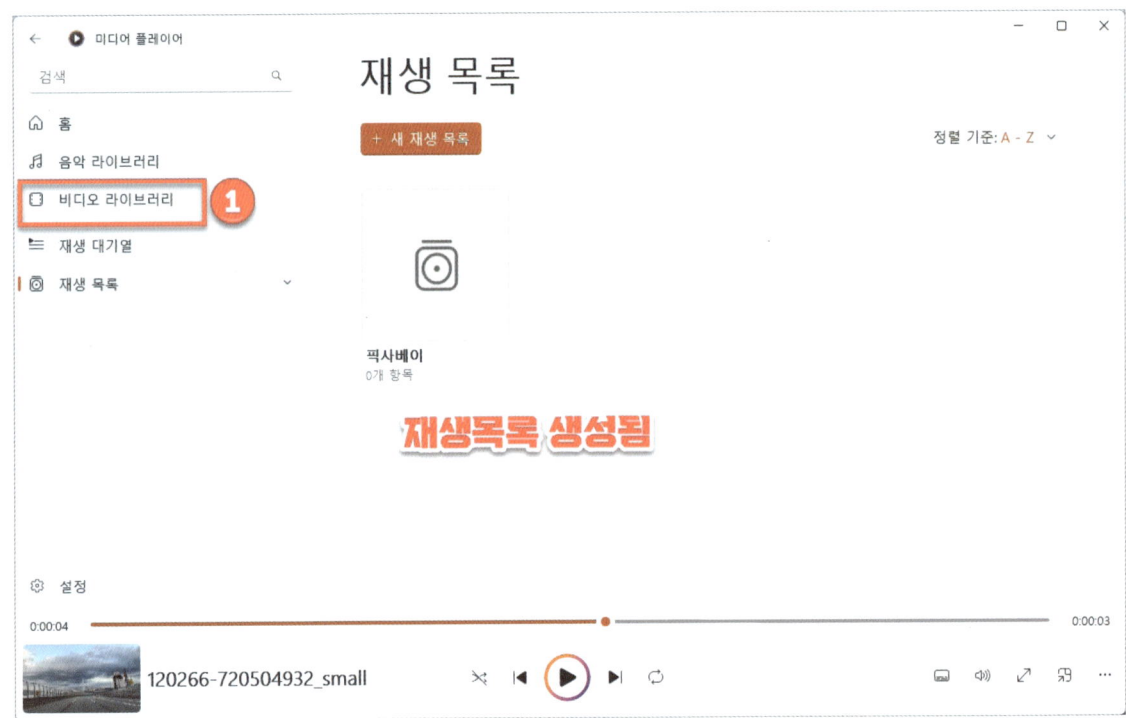

04 추가할 영상 ❶4개를 체크한 후 ❷+추가 버튼을 클릭한 다음 만들어 놓은 재생 목록인 ❸픽사베이를 선택합니다.

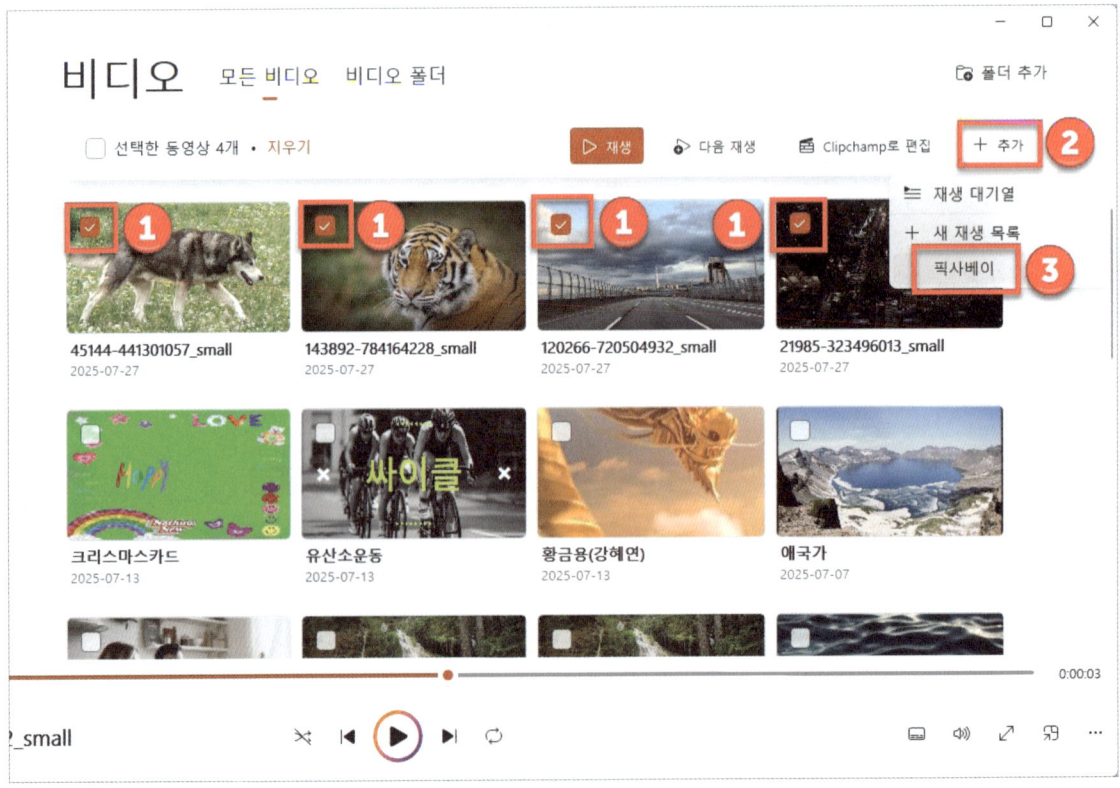

05 이렇게 생성한 재생 목록을 실행하기 위해 ❶**재생 목록**을 클릭한 후, 재생 목록의 ❷**썸네일**을 클릭합니다.

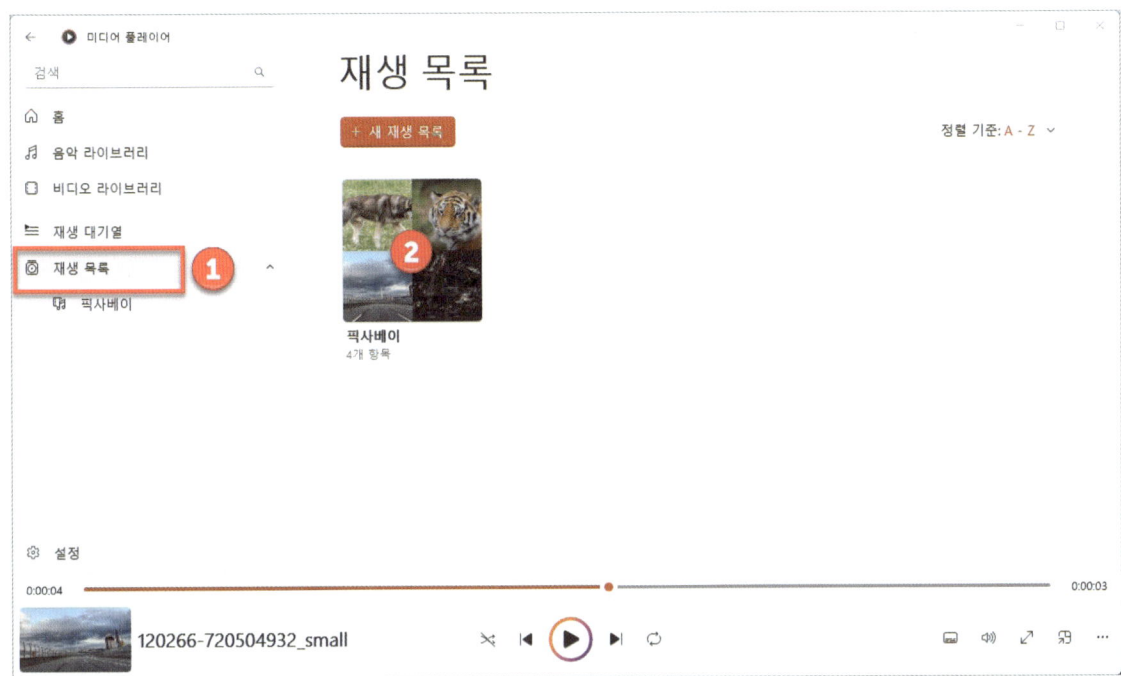

06 **모두 재생**을 클릭하면 순서대로 진행이 되며, 이름 바꾸기를 눌러서 재생 목록을 변경할 수 있습니다. 또, 삭제를 클릭하면 재생 목록을 완전히 삭제할 수 있습니다.

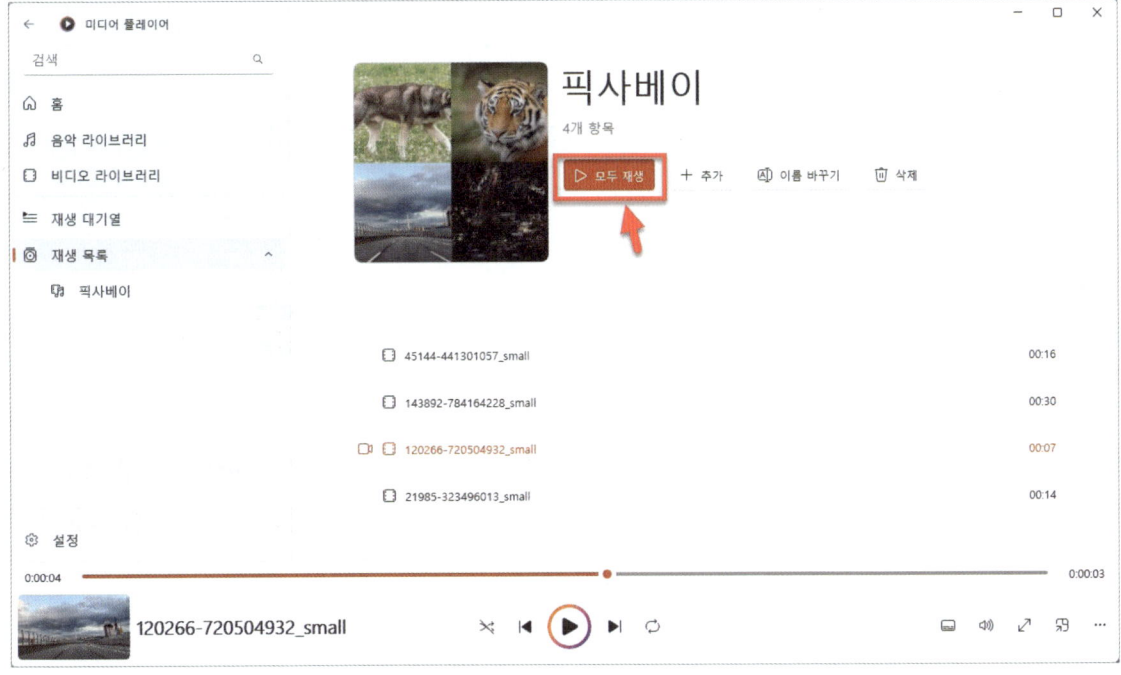

STEP 4 > 클립다운 설치하기

01 **엣지 브라우저**를 실행한 후 **"클립다운"**을 검색합니다.

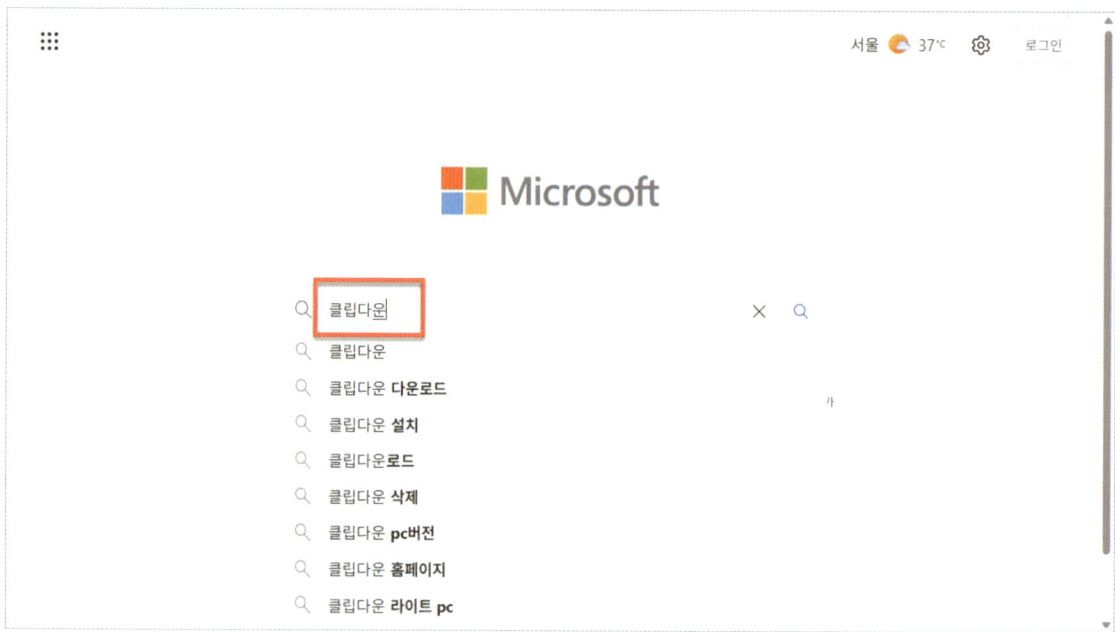

02 엣지 브라우저로 검색할 경우 광고를 클릭할 수도 있습니다. 주소가 www.clipdown.net으로 표시되는 링크를 확인하도록 합니다. 정확한 주소인지 확인되었으면 해당 **링크를 클릭**합니다.

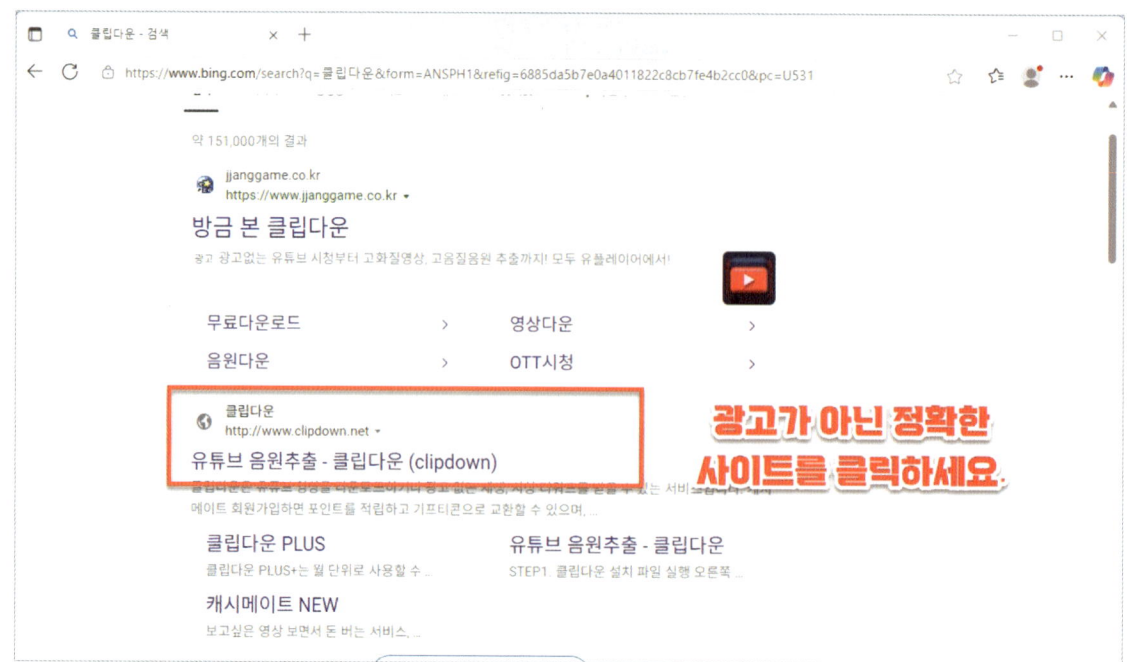

03 **다운로드 for Window** 버튼을 클릭하면, 우측 상단에 다운로드 진행표시가 되며, **파일 열기**가 나오면 다운로드가 완료된 것입니다.

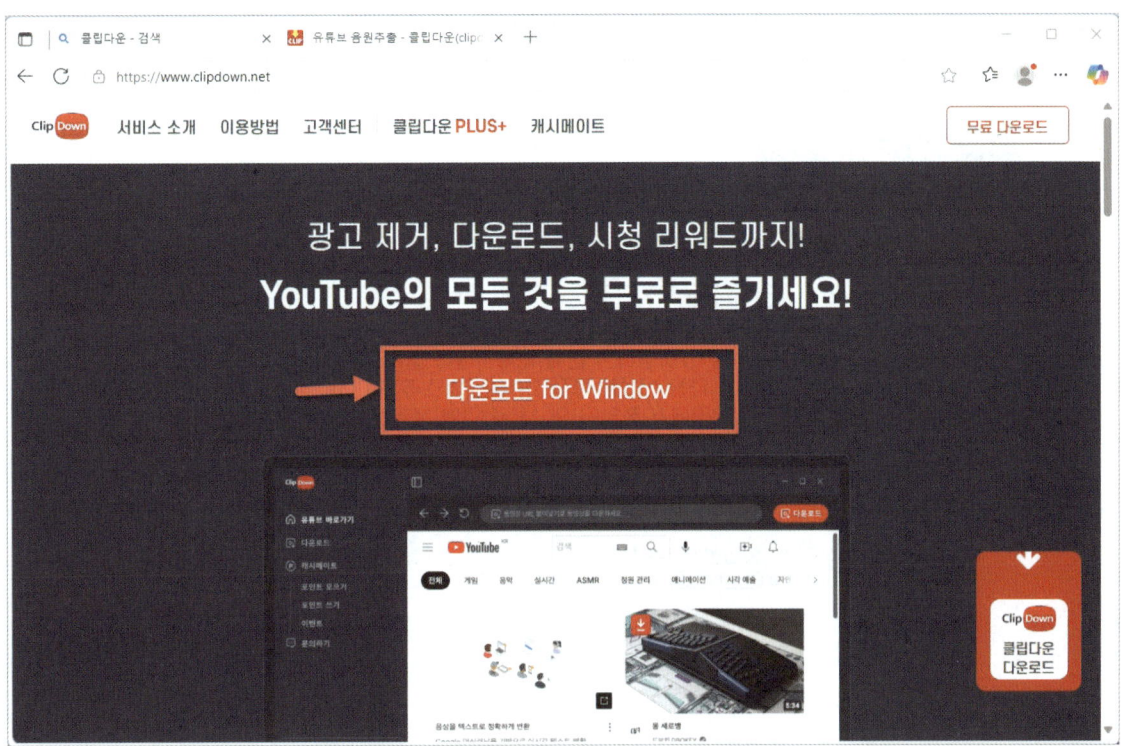

04 아래와 같이 다운로드가 완료되면 **파일 열기**를 클릭합니다. 정확하게 말하면 해당 파일을 받아오는 설치 파일을 다운로드한 것입니다.

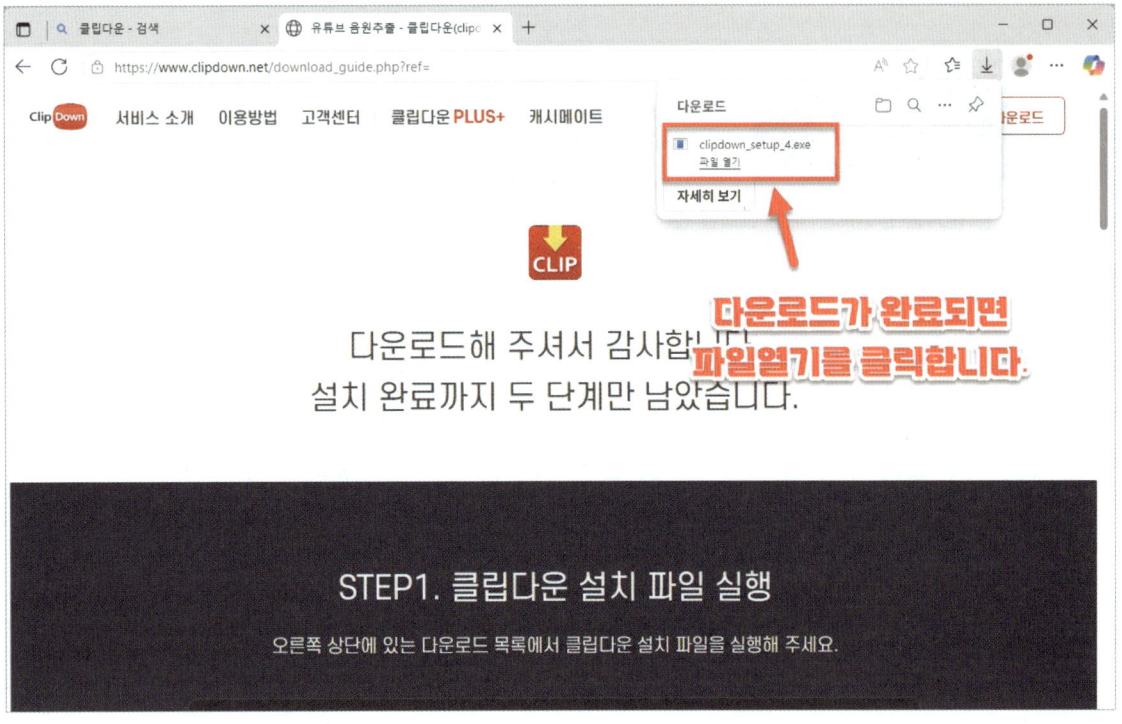

05 라이선스 계약 동의 사항을 읽어본 후 **동의함**을 클릭합니다. 사용하면서 알게 되는 사항이지만, 자유롭게 다운로드할 수는 있지만 웹에 업로드하여 발생되는 법적인 문제는 사용자에게 있음을 알리는 것입니다.

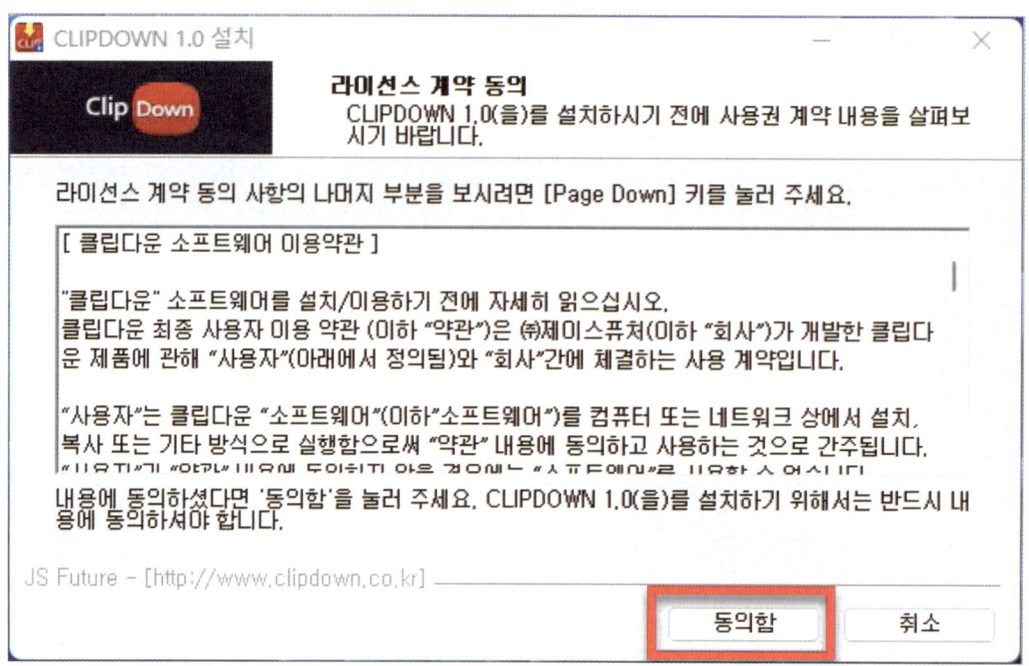

06 구성 요소를 선택하는 화면이지만 이 화면에서는 절대 해제할 항목도, 추가할 항목도 없으므로 현재 상태에서 **다음**을 눌러서 계속 설치를 진행합니다. 설치하기 위해서는 35.8MB의 여유 공간이 필요하다고 표시되어 있습니다.

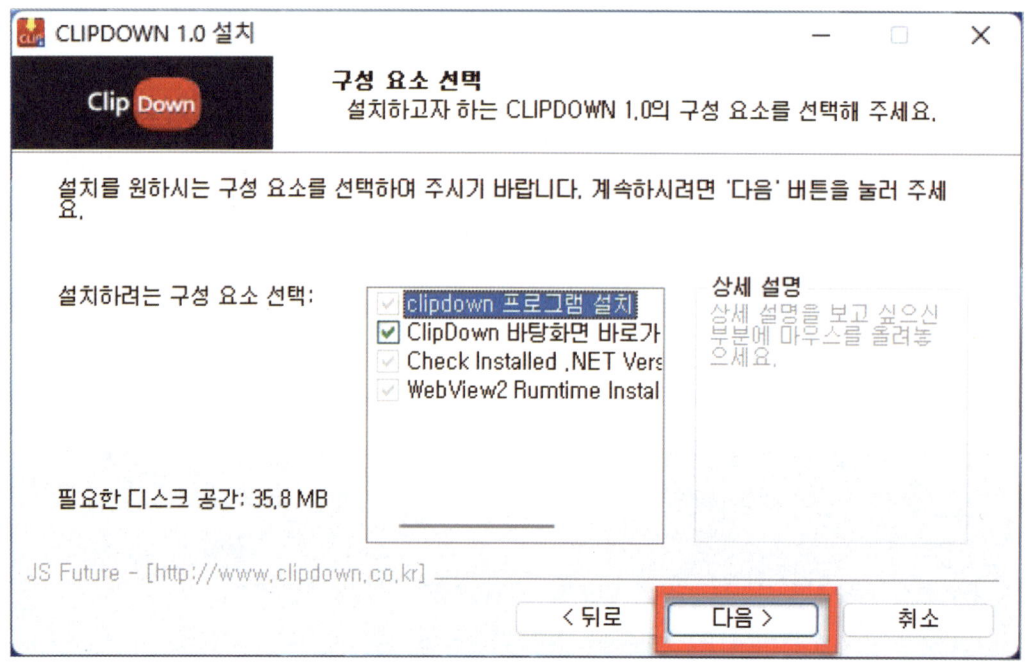

07 설치할 위치를 선택하는 대화상자가 이어서 나왔습니다. 여기서도 **설치**를 눌러서 계속 진행하면 됩니다. 설치 폴더는 32Bit 전용 폴더로 진행이 됩니다.

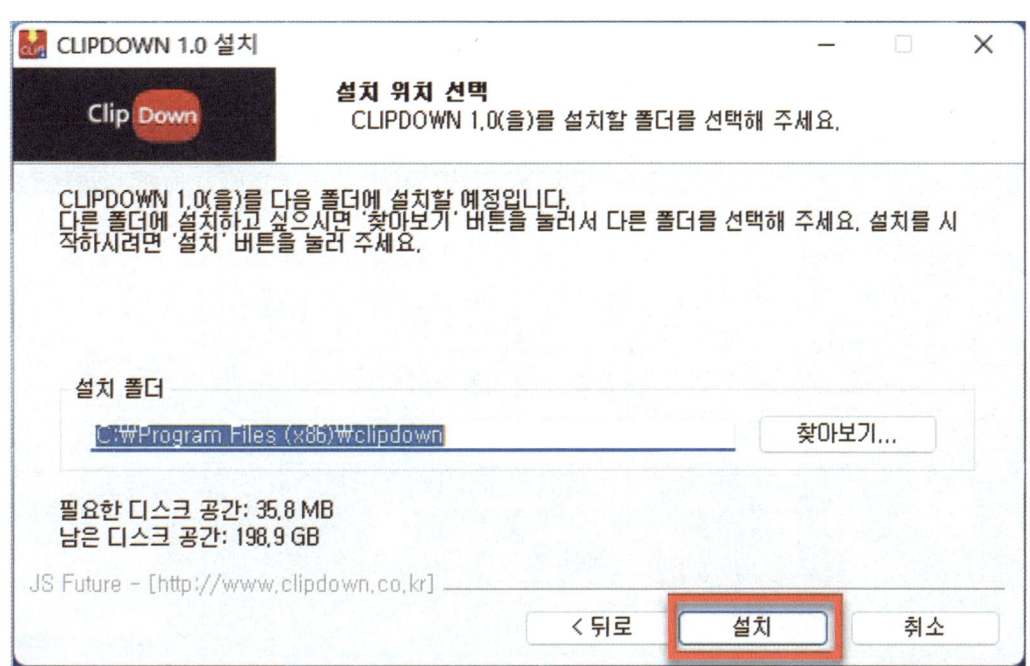

08 CLIPDOWN 프로그램의 설치 완료를 알리는 대화상자가 나옵니다. **CLIPDOWN 1.0 실행하기**가 체크되어 있으므로, 여기서 **마침**을 클릭하면 환경설정을 할 수 있는 화면이 나옵니다.

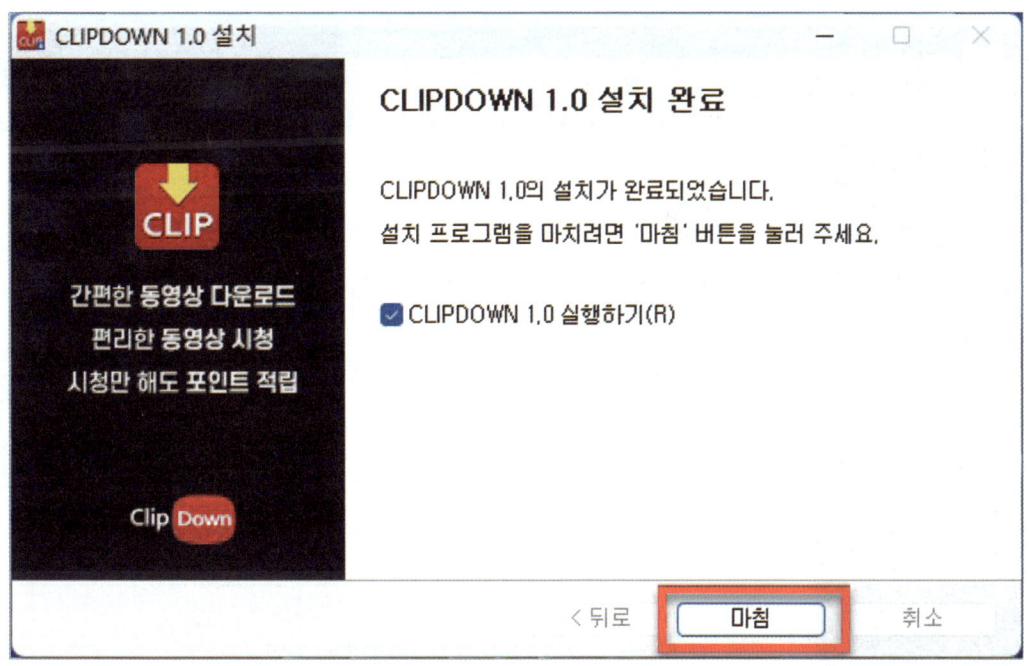

09 다운로드 설정하는 대화상자가 나오면 모두 **사용**에 체크를 한 후, **적용**을 클릭합니다. 이 앱은 포인트도 누적할 수 있는 기능이 있지만, 여기서는 따로 설명하지 않겠습니다.

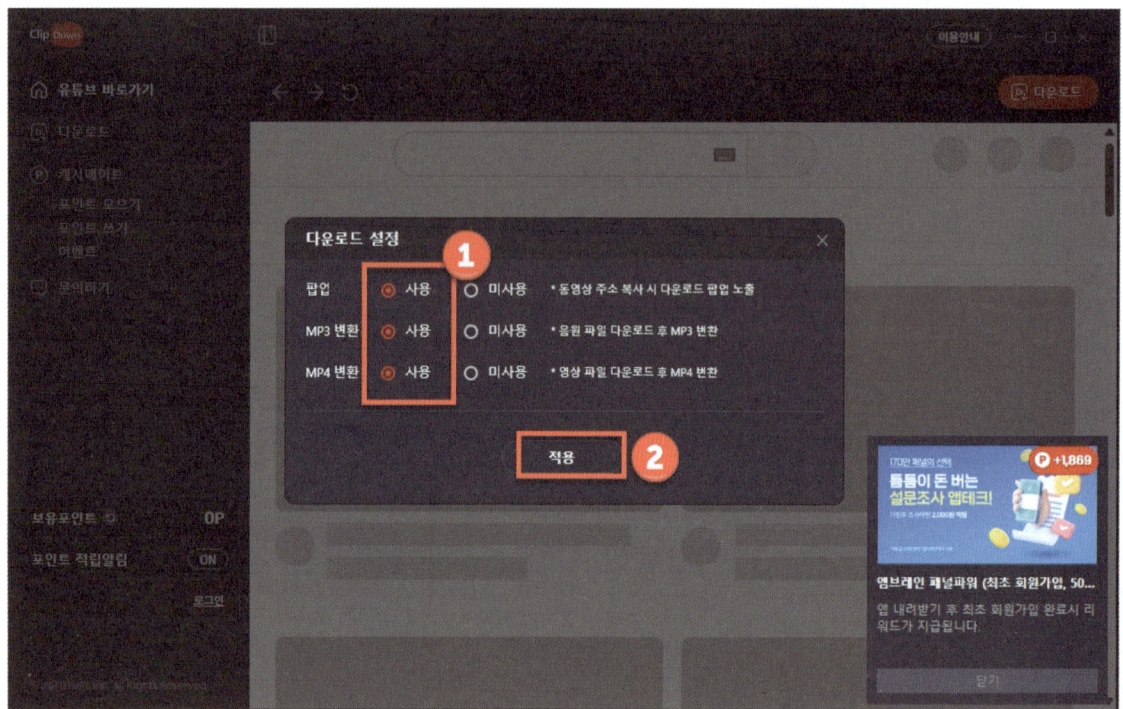

10 좌측에는 서비스 이동 메뉴가 나오고, 우측에는 유튜브 화면이 나오게 됩니다. 검색상자에서 원하는 **영상을 검색**할 수 있습니다.

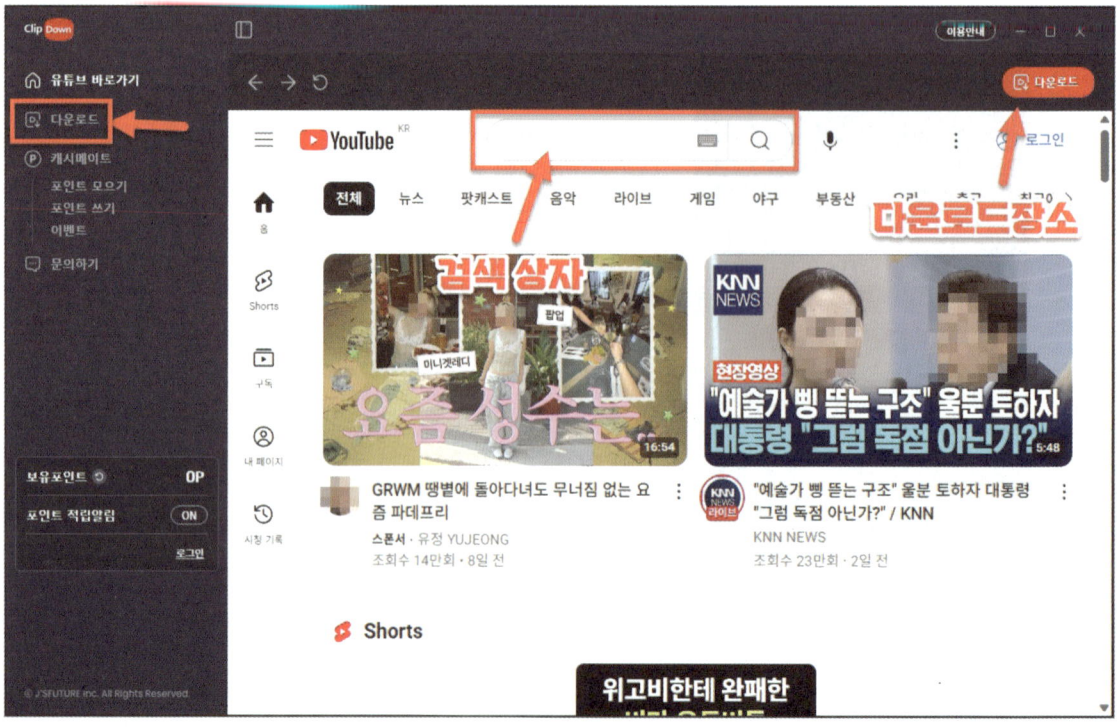

STEP 5 유튜브 영상 다운로드하기

01 클립다운을 실행한 후, 검색상자에 **"한국은행 cbcd"**를 검색합니다.

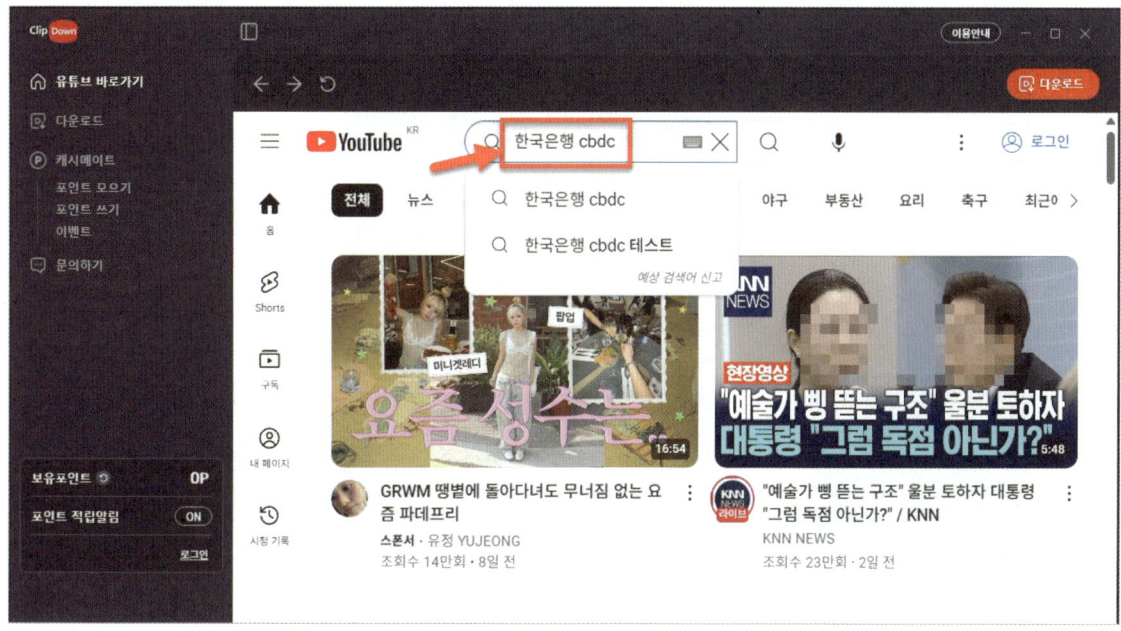

02 검색 결과 카테고리에서 ❶**동영상**을 클릭하면 검색 결과에 쇼츠와 라이브는 빼고 업로드된 동영상만 나오게 됩니다. ❷**다운로드할 영상**에 마우스를 올려 보세요.

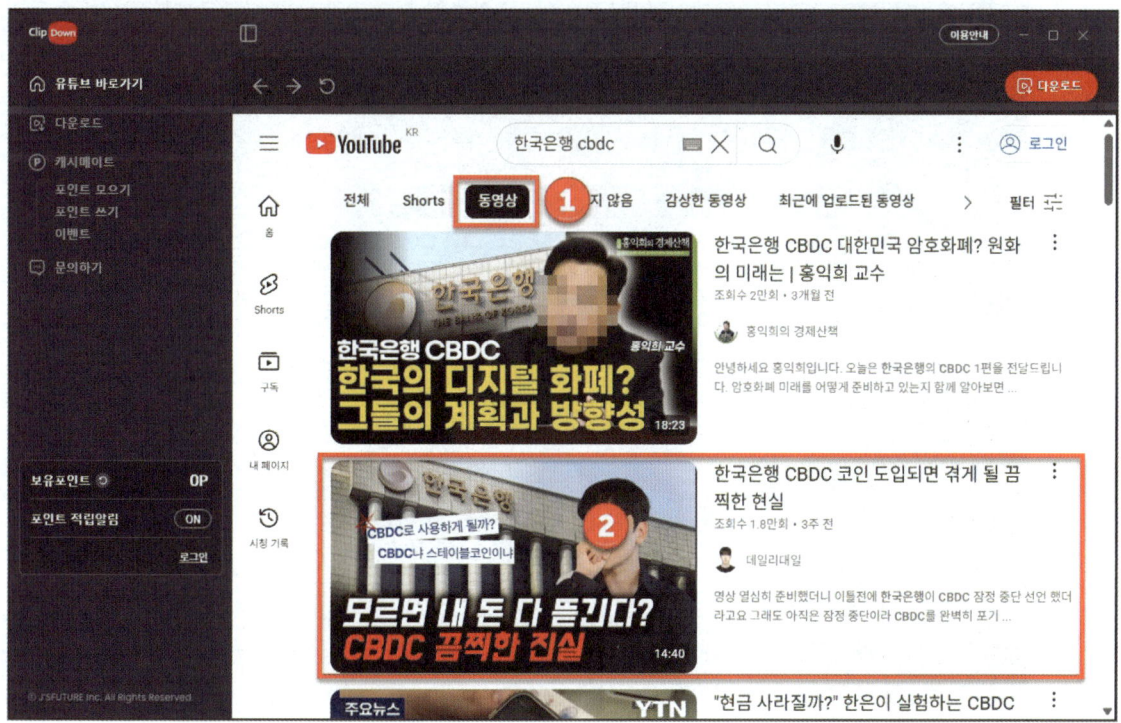

03 다운로드할 영상에 마우스를 올리면 썸네일 좌측 상단에 **빨간색 다운로드** 버튼이 나타나는데, 이 버튼을 클릭합니다.

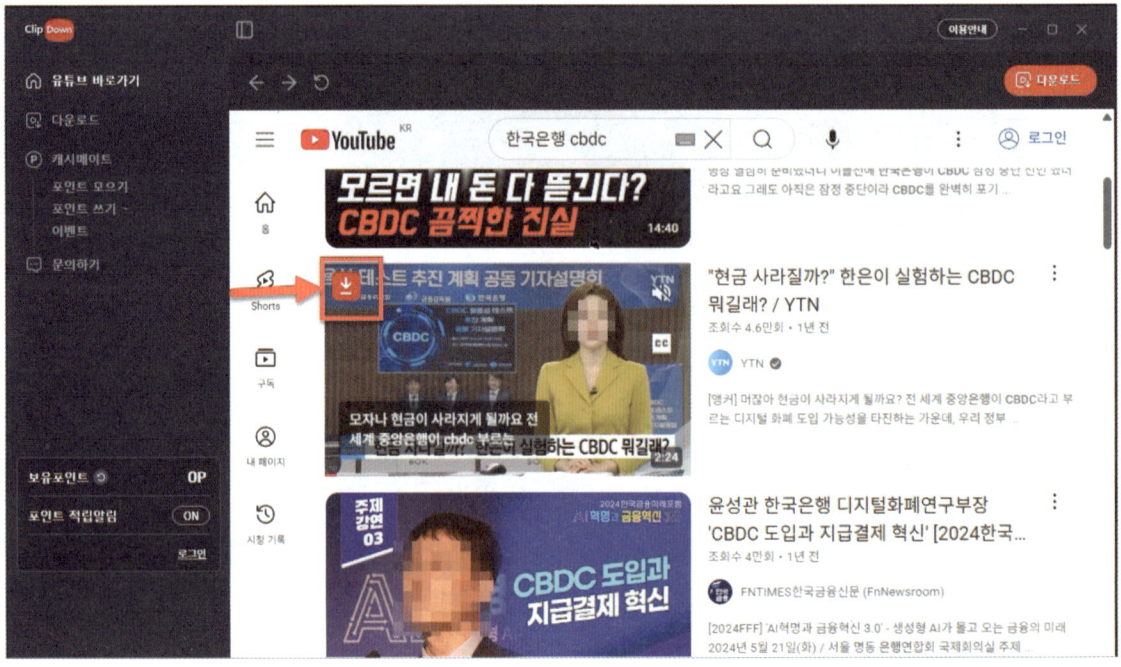

04 다운로드한 파일을 공유할 때 발생하는 저작권 및 초상권의 책임에 관한 사항입니다. 자신의 블로그나 SNS 등에 임의로 올려서는 절대 안 됩니다. 여기서는 **[동의합니다]**를 클릭해서 계속 진행합니다.

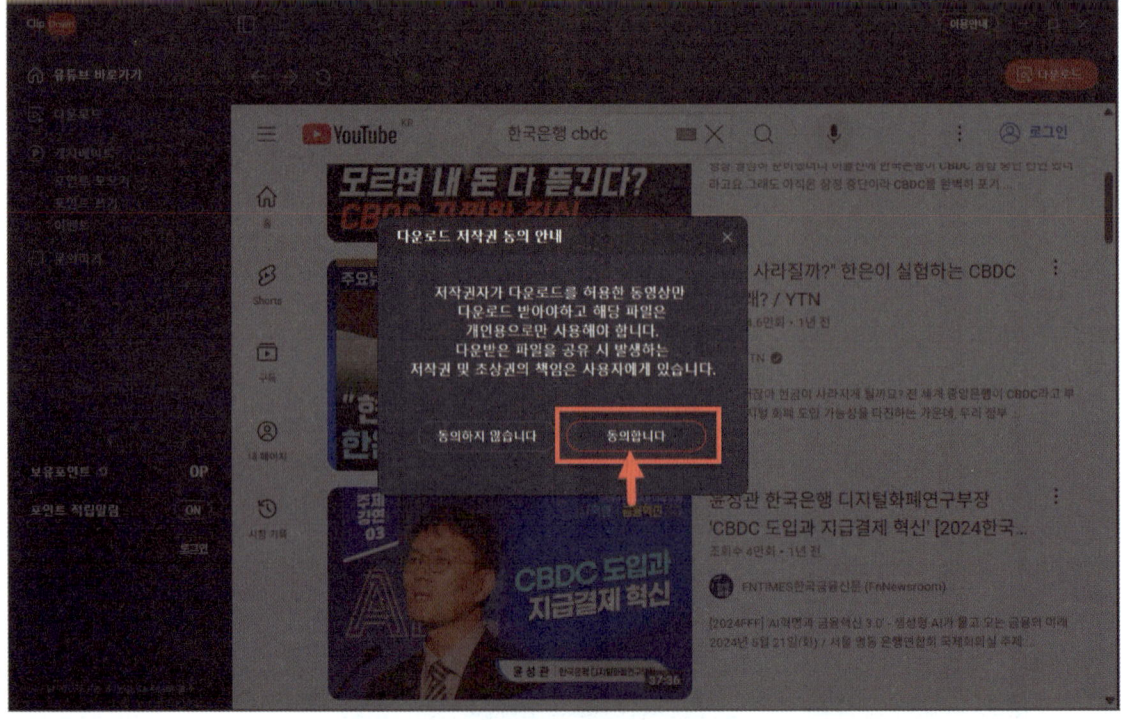

05 [동영상 다운로드 정보 확인] 창에서 잠시 기다려 줍니다. 약간의 시간이 걸리므로 절대 닫지 말고, 마우스도 누르지 말고 기다려 주세요.

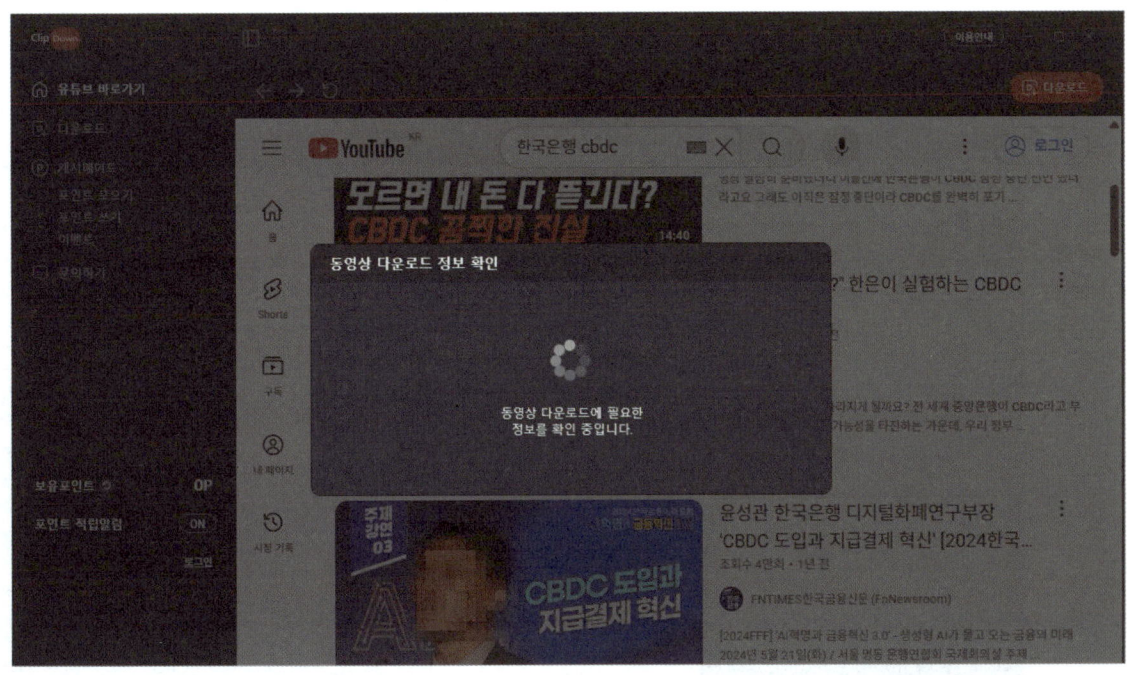

06 아래와 같은 화면이 나오면 다운로드를 받을 수 있도록 준비가 끝난 것입니다. Video를 다운로드할 경우에는 ❶**해상도**를 결정하고 ❷**다운로드**를 클릭합니다. Audio일 경우는 바로 **다운로드**합니다.

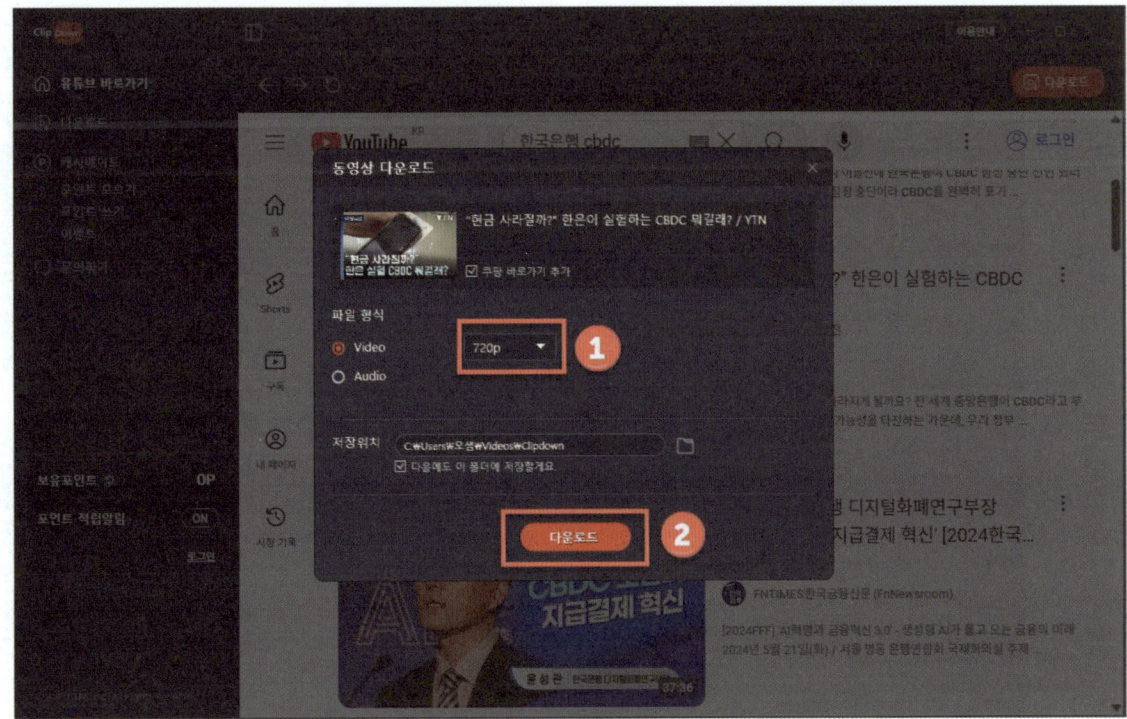

07 좌측의 ❶다운로드를 클릭하면 우측 창에 다운로드 중인 것과 다운로드 완료된 것이 나오게 됩니다. ❷다운로드 완료를 클릭합니다.

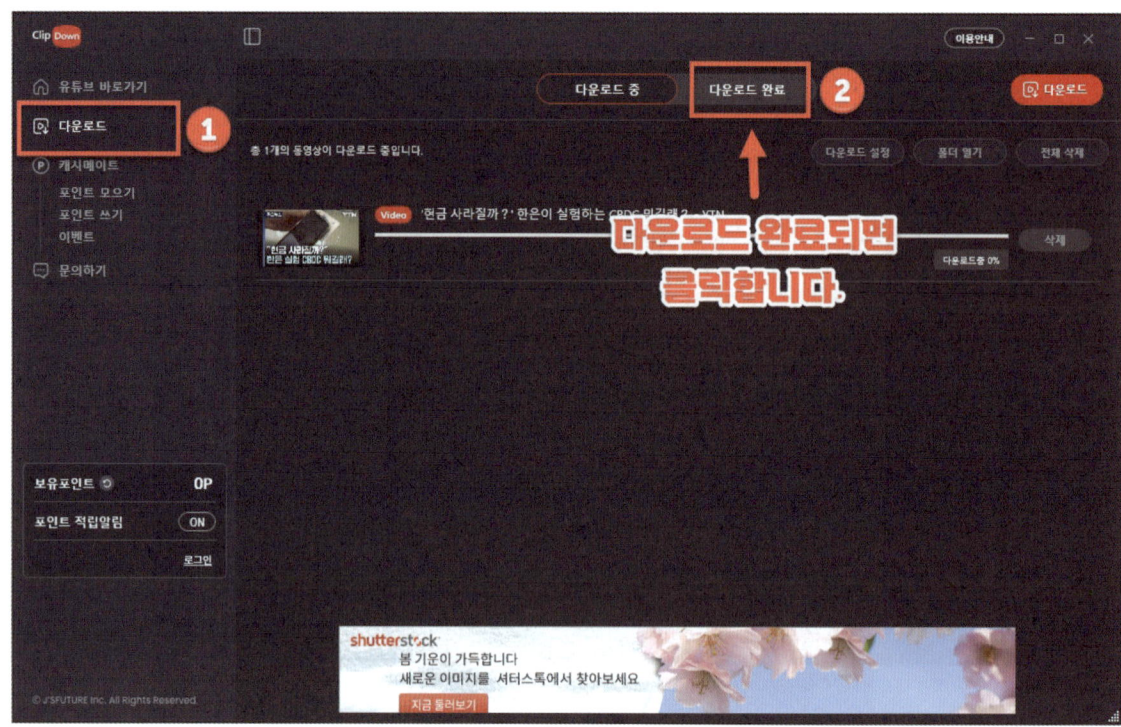

08 폴더열기를 클릭하면 파일 탐색기로 해당 폴더가 열리면서 영상을 확인할 수 있습니다.

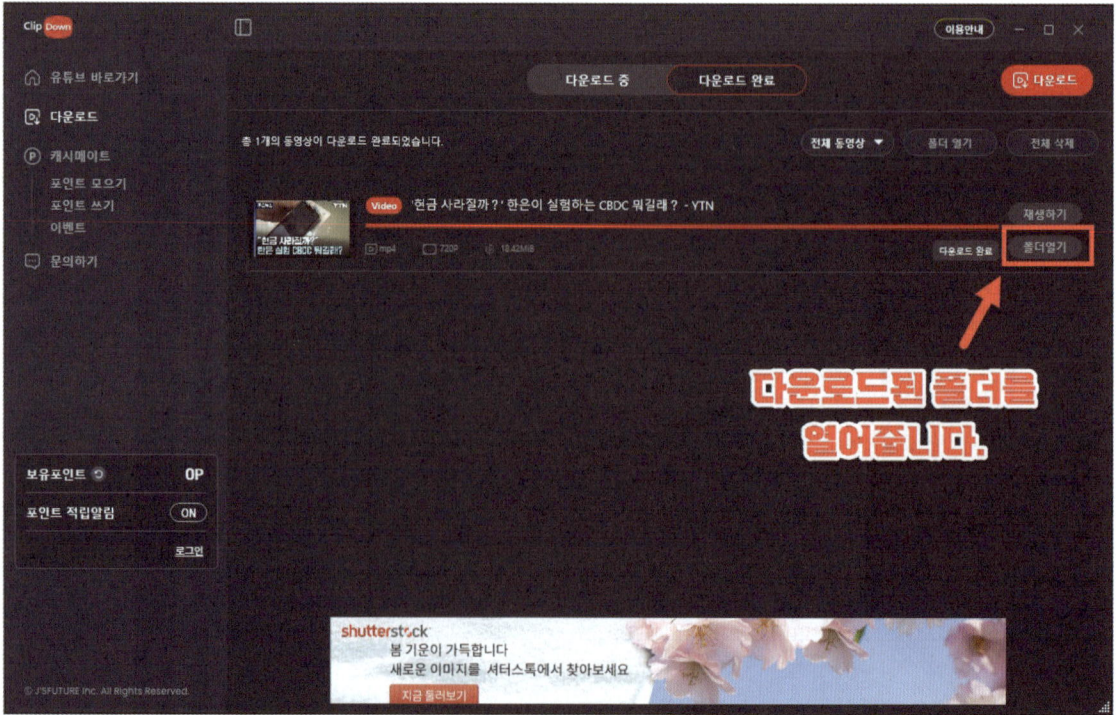

CHAPTER 04
파일 압축과 해제하기

여러 개의 파일을 하나의 파일로 묶어 보관과 전송에 용이하도록 압축하는 방법과 압축된 파일을 해제해서 볼 수 있도록 관리하는 방법을 알아보도록 하겠습니다.

🔍 **결과화면 미리보기**

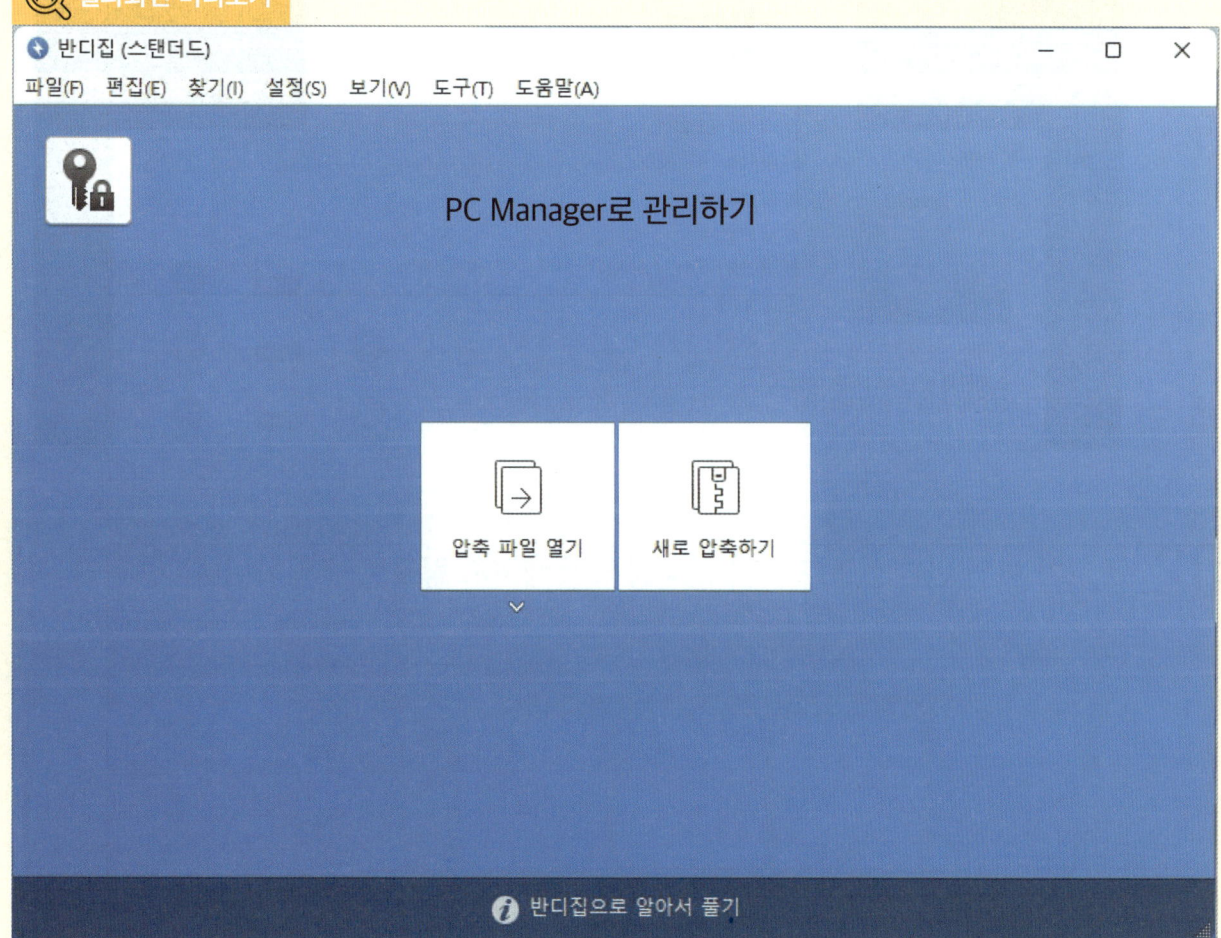

무엇을 배울까?

❶ 반디집 다운로드와 설치하기
❷ 압축 파일의 압축 해제하기
❸ 특정 위치에 압축 해제하기
❹ 유형별 압축하기

CHAPTER 04 파일 압축과 해제하기 **065**

STEP 1 반디집 다운로드와 설치하기

01 **엣지 브라우저**를 실행하여 검색상자에 **반디집**을 입력한 다음 Enter 를 누르거나 돋보기를 클릭합니다.

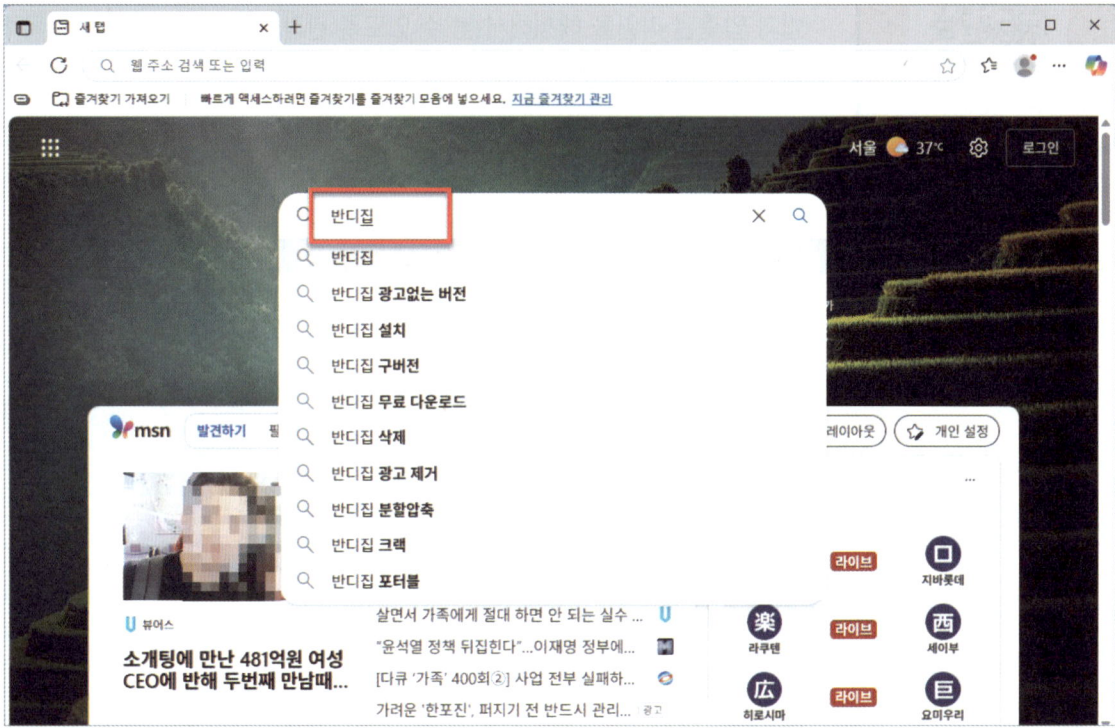

02 광고가 아닌 반디소프트 사이트의 **공식 홈페이지 링크**를 클릭합니다.

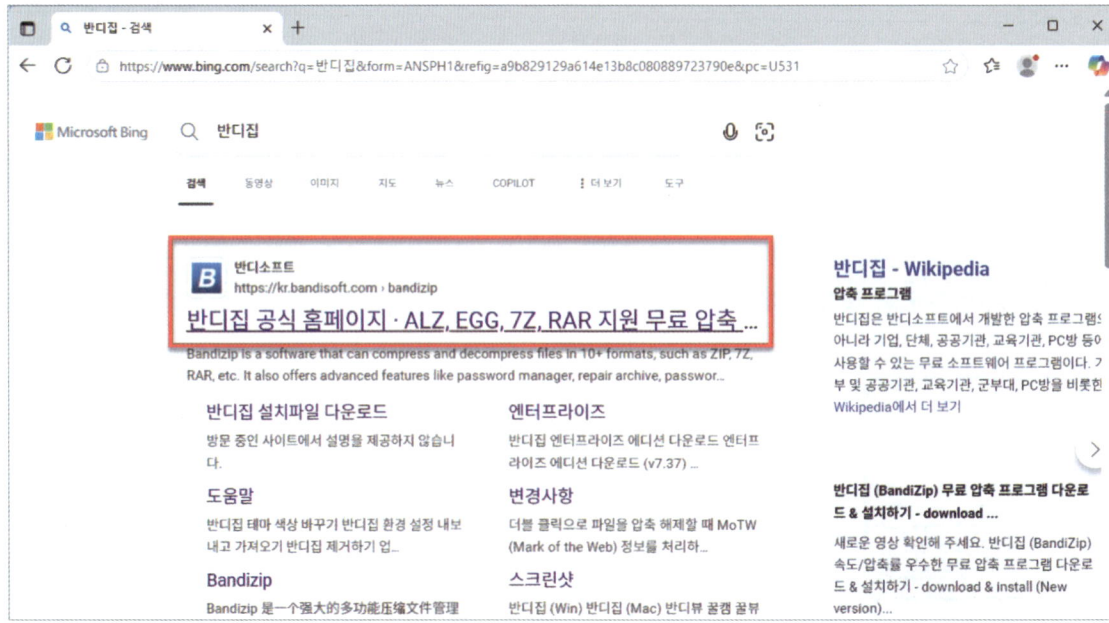

03 **무료 다운로드**를 클릭하는데 버전은 계속 업그레이드되므로 책의 그림과는 다르게 보일 수 있습니다. 참고로 공공기관에서는 알집 무료 버전을 사용할 수 없으나, **반디집은 사용할 수 있습니다.**

04 다운로드 결과창에서 다운로드가 모두 받아졌으면 파일 열기가 나오게 됩니다. **파일 열기**를 클릭해서 설치를 진행합니다.

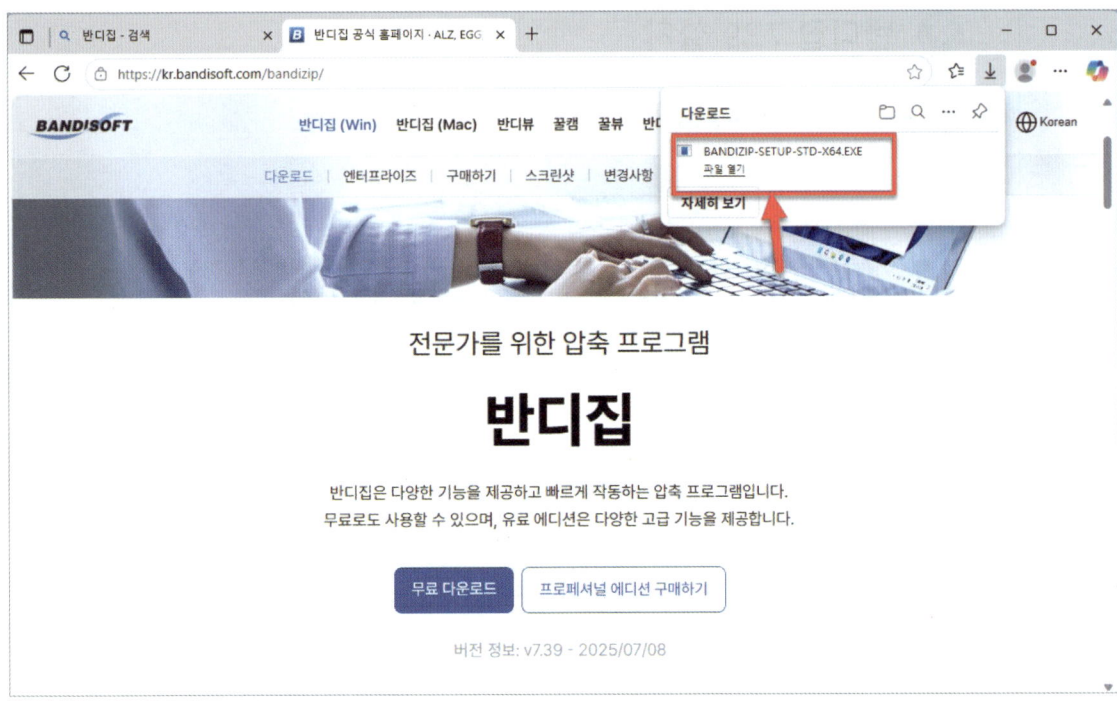

05 라이선스를 선택하는 화면에서 **무료 에디션**을 선택합니다.

06 반디집 설치 화면에서 이용 약관에 **동의 및 설치**를 클릭합니다.

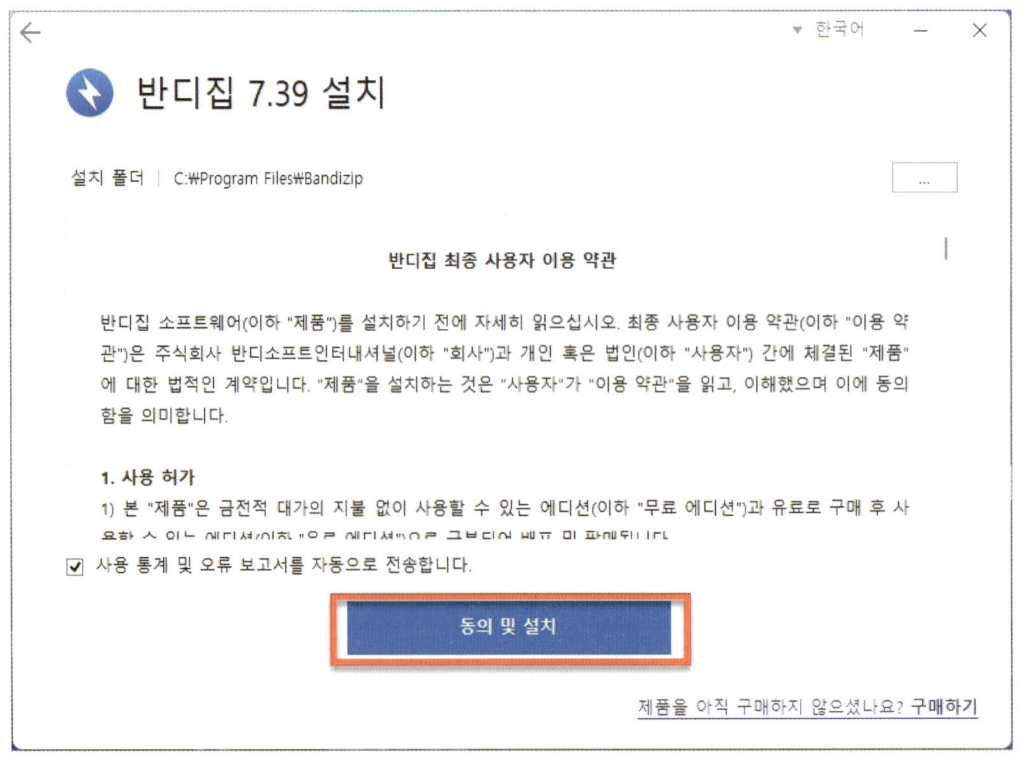

07 설치 과정이 100%가 진행될 때까지 기다렸다가 닫기가 보이면 설치가 끝났다는 것입니다. **닫기**를 클릭합니다.

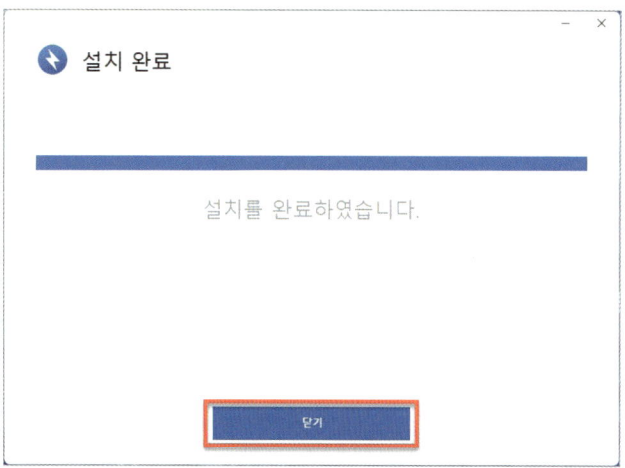

08 바로가기 추가 항목은 **체크 해제**한 후 **확인**을 클릭합니다.

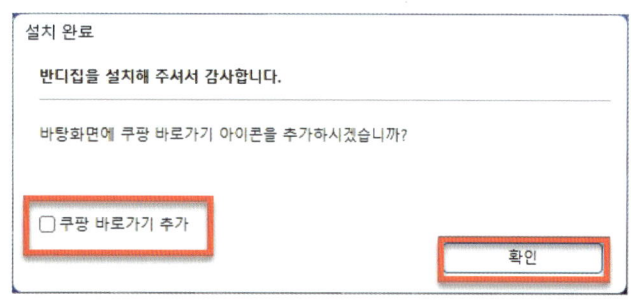

09 파일 연결 확장자 목록에서 **확인** 버튼을 클릭합니다. 반디집 메인창이 열리면 창을 닫아 줍니다.

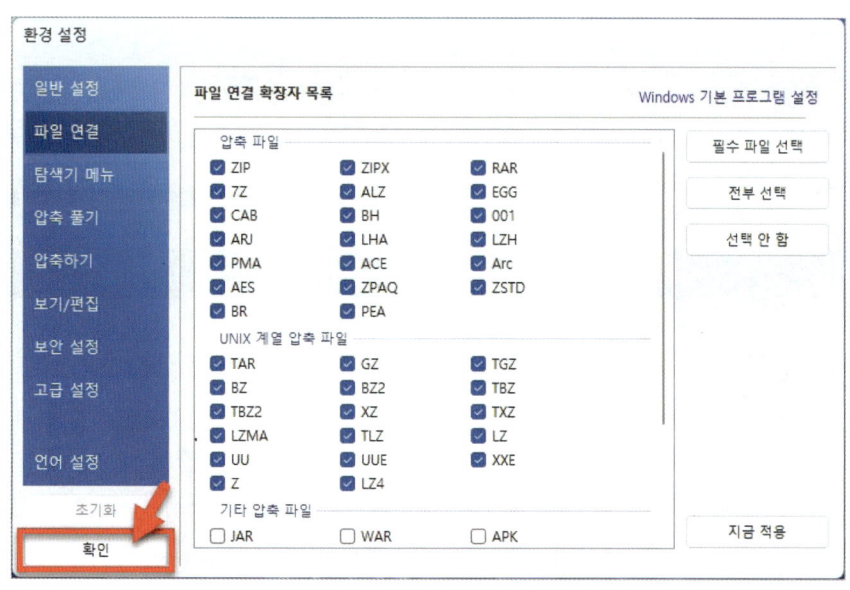

> ※ 확장자 중 ALZ, EGG는 알집으로 압축된 것으로, 반디집으로도 알집에서 압축된 형식을 해제할 수 있다는 의미입니다.

CHAPTER 04 파일 압축과 해제하기

STEP 2 ▶ 압축 파일의 압축 해제하기

01 엣지 브라우저를 실행한 후 ❶아이콕스출판사를 검색한 후 ❷해당 사이트로 이동합니다.

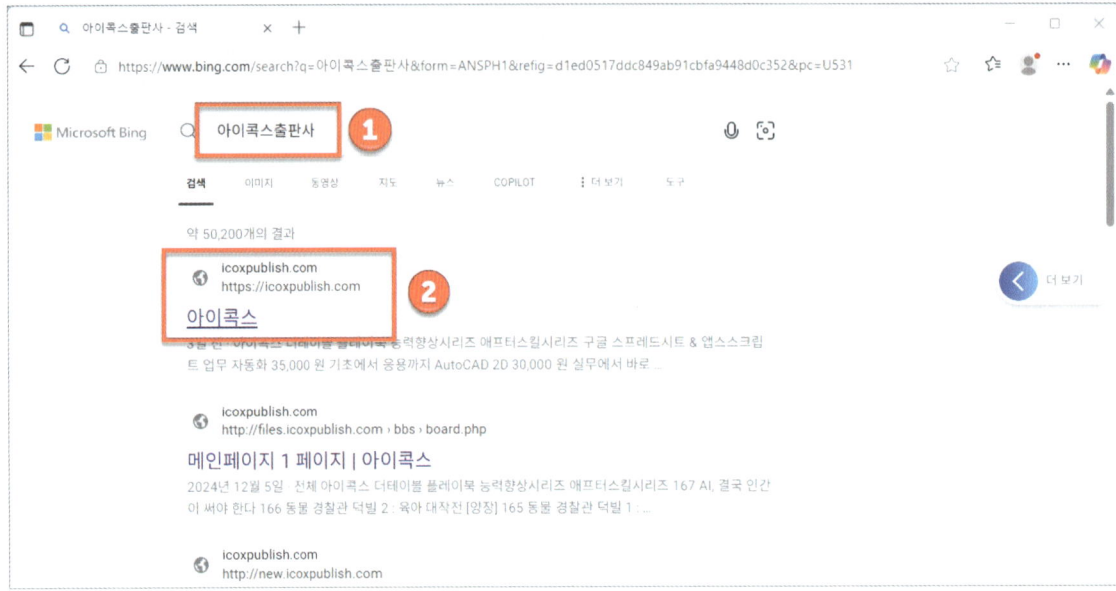

02 ❸자료실에 마우스를 올려놓은 후 ❹도서부록소스를 클릭하면 게시판이 나옵니다.

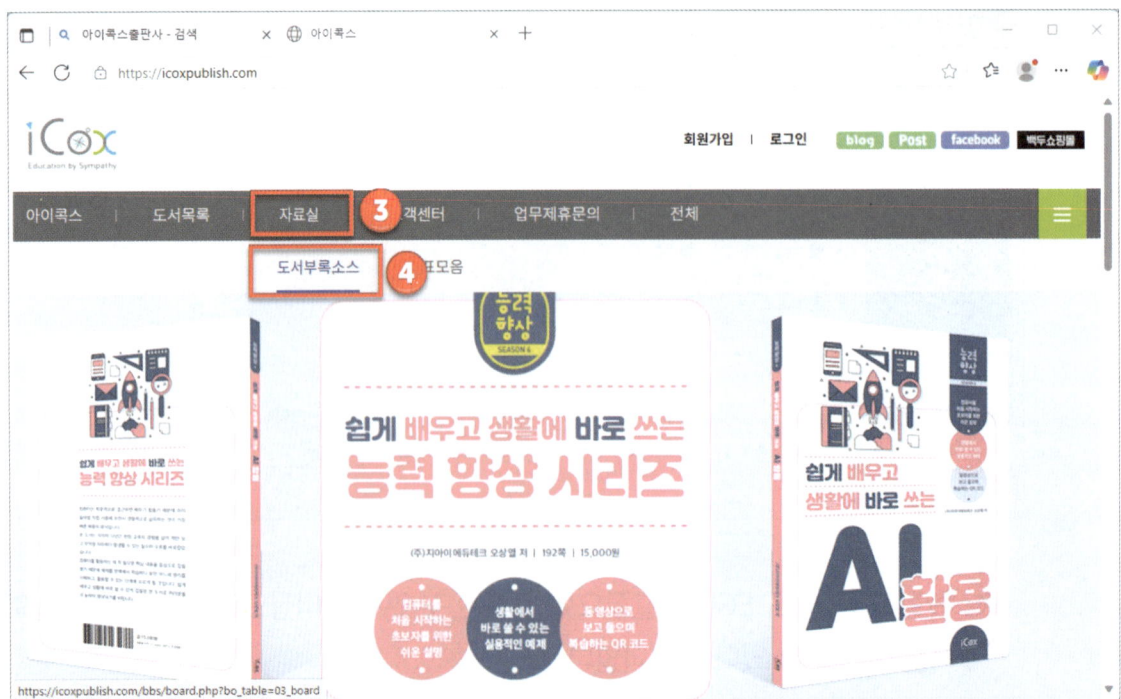

03 도서 부록소스 게시판에서 64번에 포스팅된 **[능력향상 시즌5] 인터넷활용**을 클릭합니다. 압축 해제 방법을 실습하기 위해 임의의 파일을 다운로드하는 것입니다.

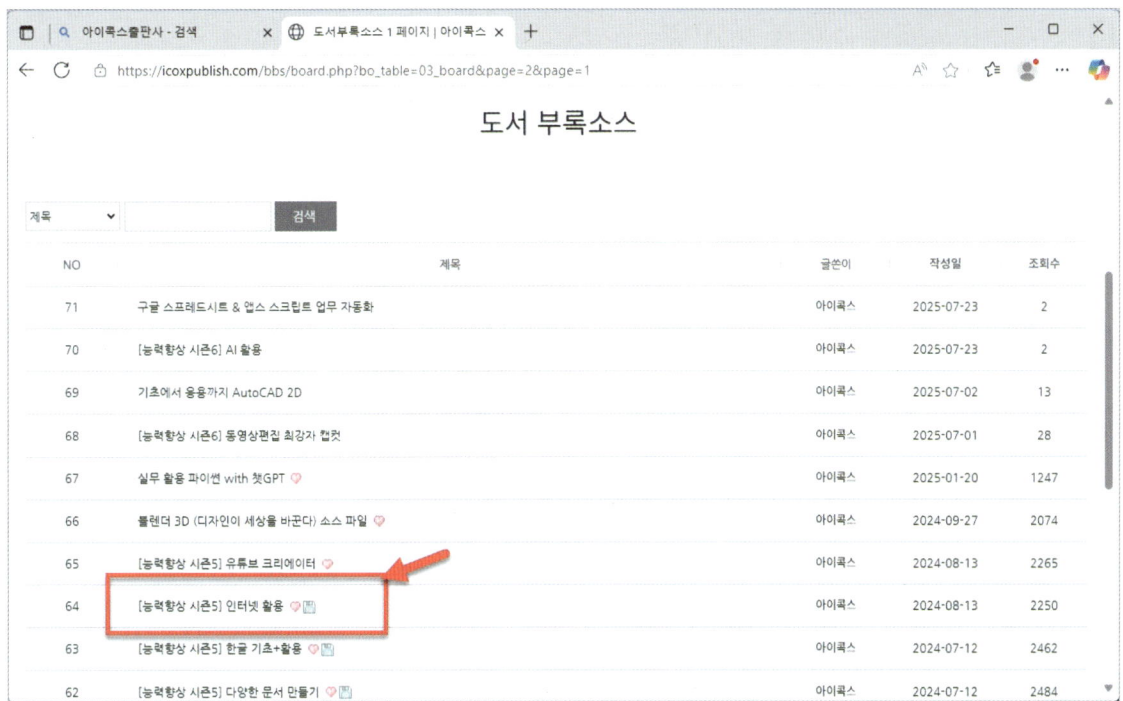

04 상단에서 게시글에 첨부된 **교재예제인터넷.zip**을 클릭하면 다운로드가 진행됩니다. 파일 용량이 작기 때문에 빠르게 다운로드가 되지만, 파일의 용량이 크면 잠시 기다려야 합니다.

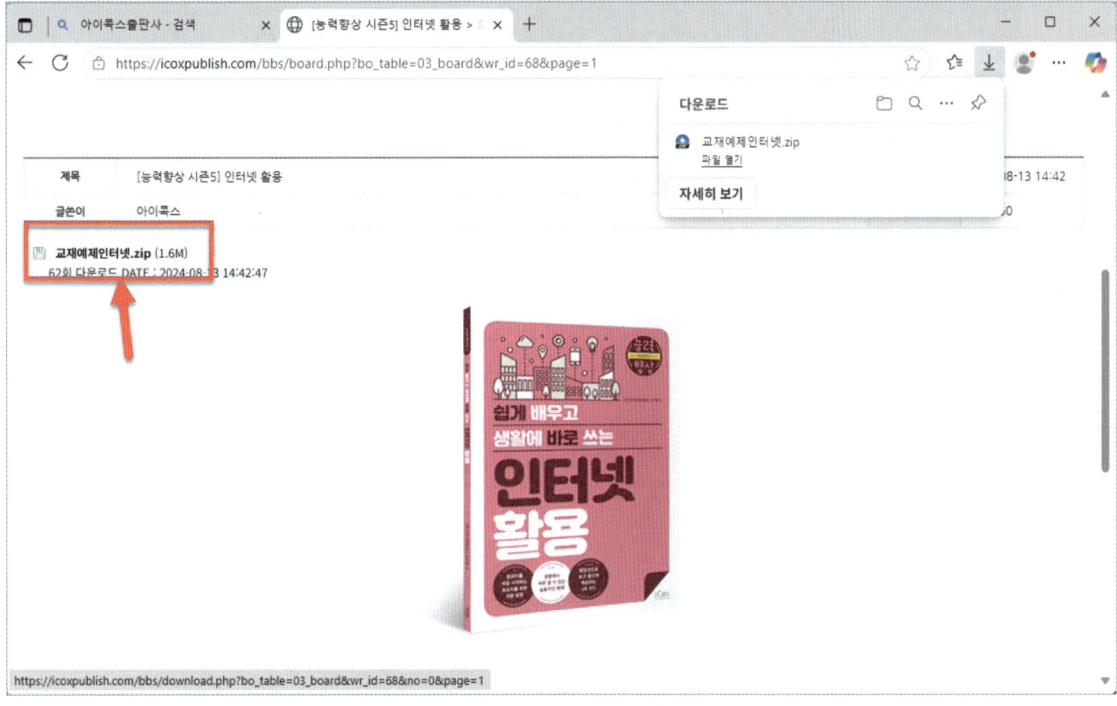

05 다운로드 창에 표시된 **파일 열기**를 클릭해서 압축 프로그램이 실행되도록 합니다.

06 ❶**풀기 드롭다운** 버튼을 클릭한 후 ❷**파일명 폴더에 풀기**를 클릭합니다. 압축 파일명과 같은 이름의 폴더를 자동으로 생성하여 압축이 해제되도록 하는 것입니다.

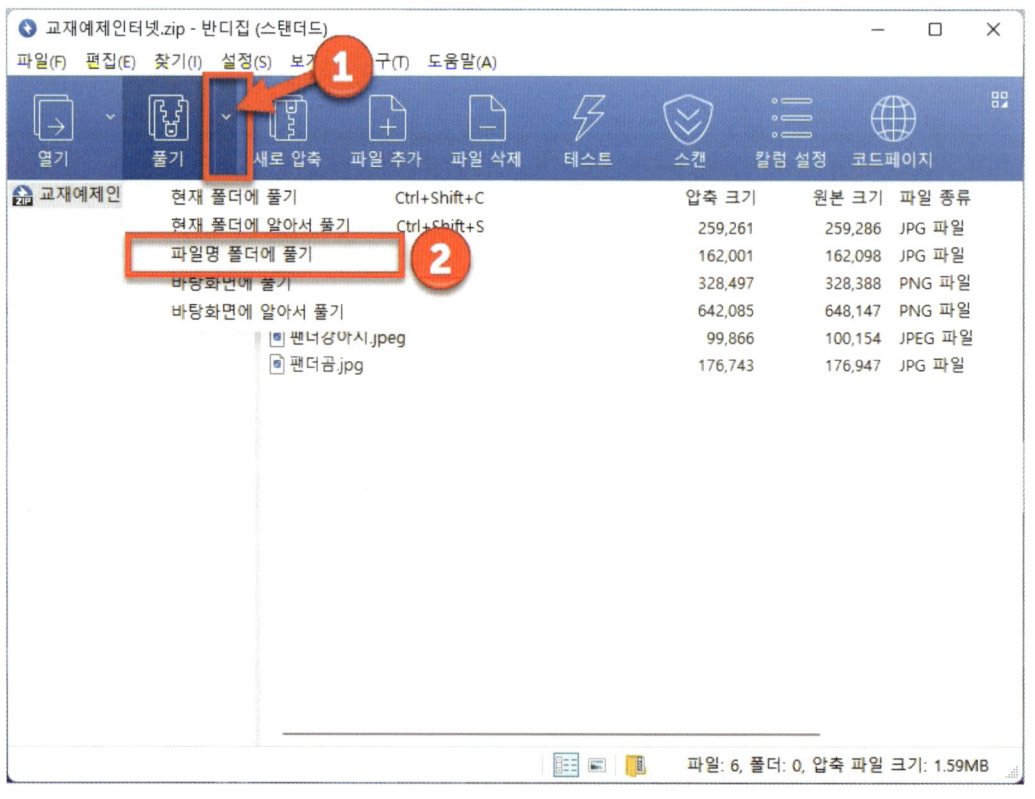

07 압축 풀기 대화상자가 나오면서 압축이 해제되며, 압축 풀기가 끝나면 **닫기** 버튼을 클릭합니다. 압축을 해제하다 CRC 에러가 발생하는 경우 다운로드에 문제가 생긴 것일 수 있으니 다시 다운로드를 한 후 압축을 해제하면 됩니다.

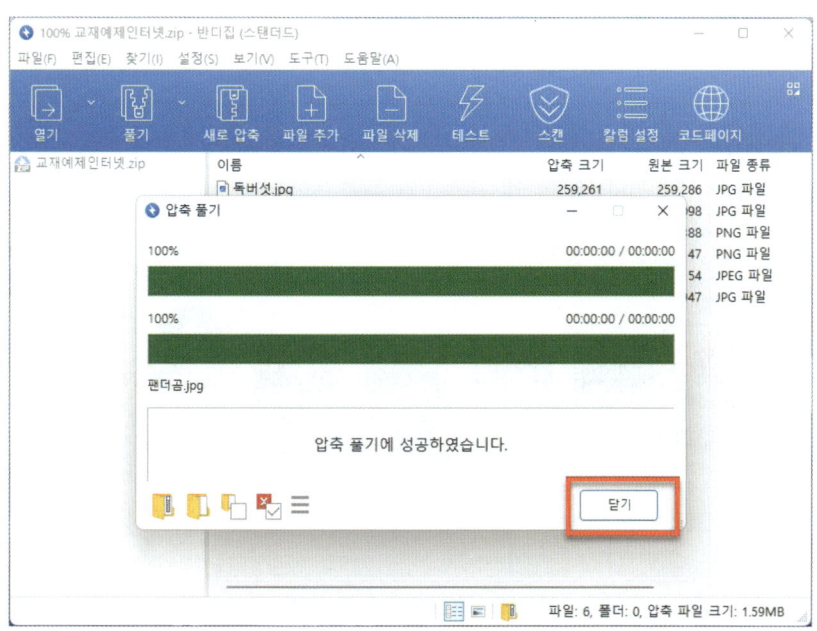

08 압축 프로그램 창을 닫아줍니다.

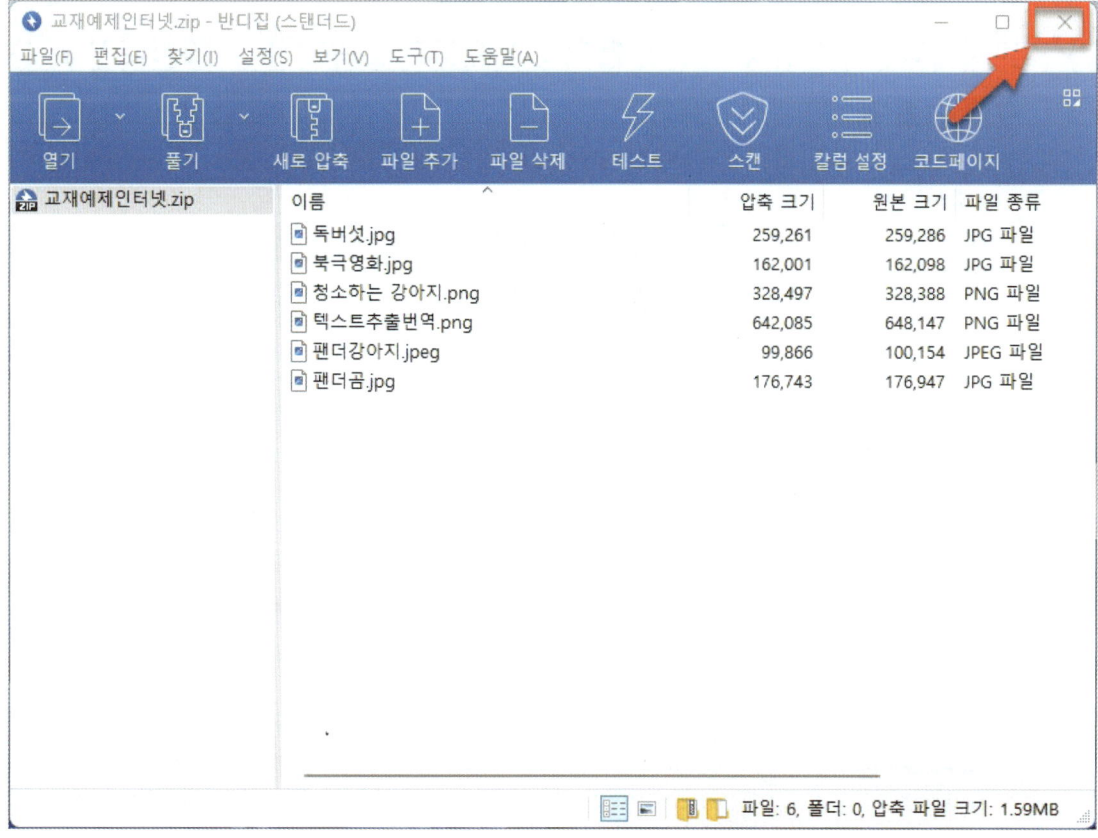

STEP 3 특정 위치에 압축 해제하기

01 내 PC를 열어서 **다운로드** 안에 압축 해제된 **교재예제인터넷 폴더**를 삭제합니다. 압축 파일을 이용해 다시 해제해 볼 것입니다.

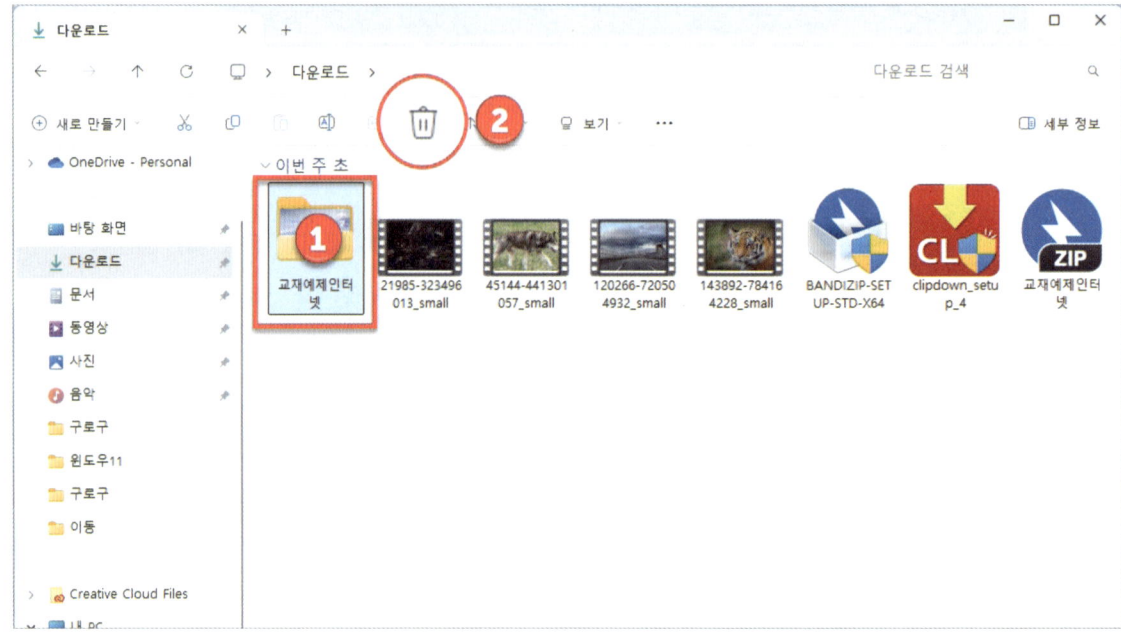

02 **교재예제인터넷** 압축 파일에 ❶**마우스 오른쪽**을 클릭한 후 ❷**반디집** ▶ ❸**반디집으로 압축 풀기**를 클릭합니다.

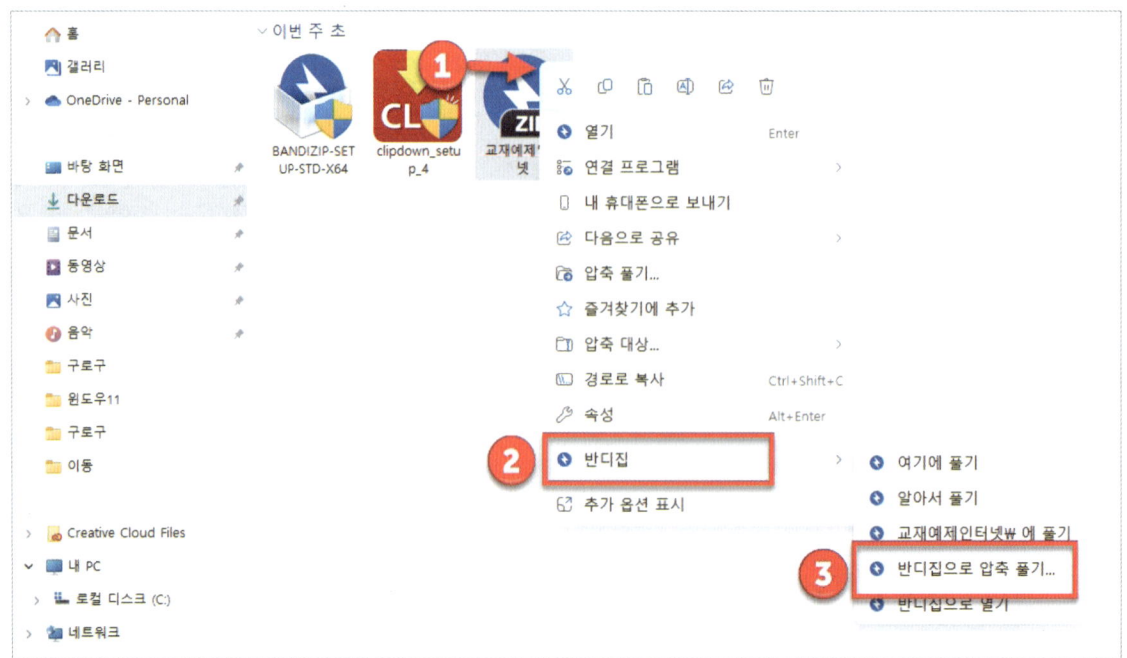

03 압축을 해제할 장소를 ❶**사진**으로 선택한 후 ❷**대상 폴더의 하위에 압축 파일명으로 폴더 생성 후 압축풀기**가 체크된 것을 확인하고 ❸**확인**을 클릭합니다.

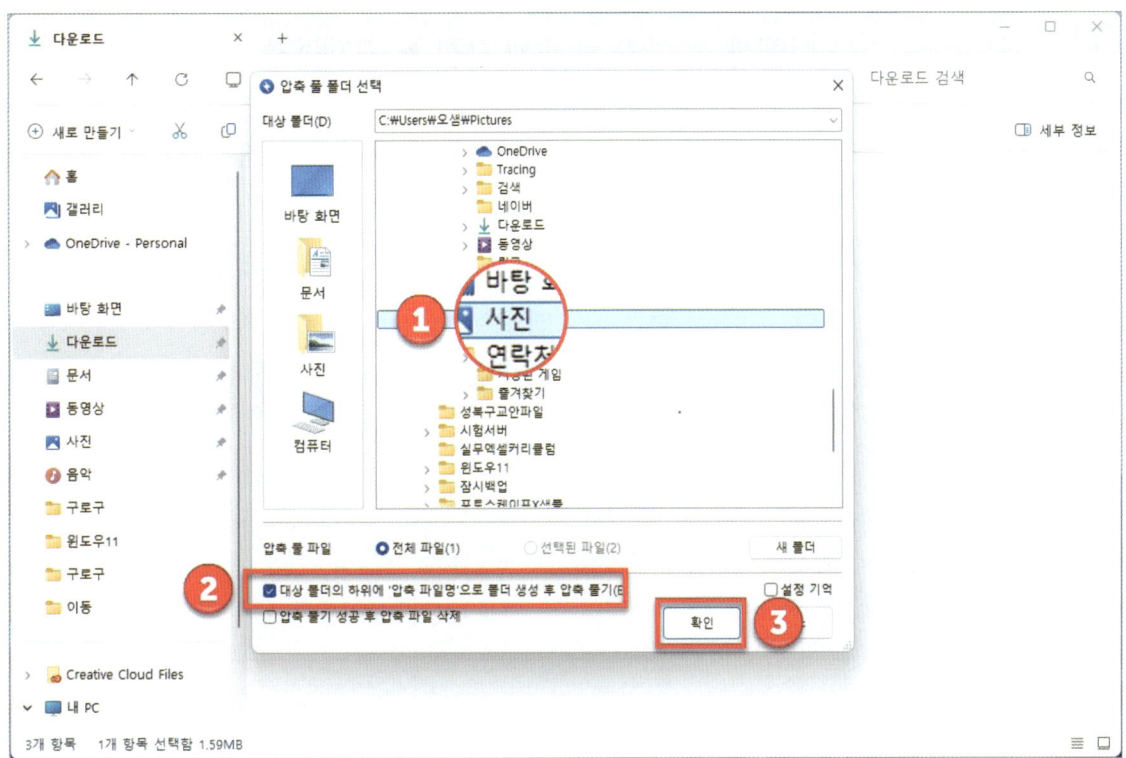

04 **닫기**를 클릭한 후 **사진** 라이브러리를 열어 확인합니다.

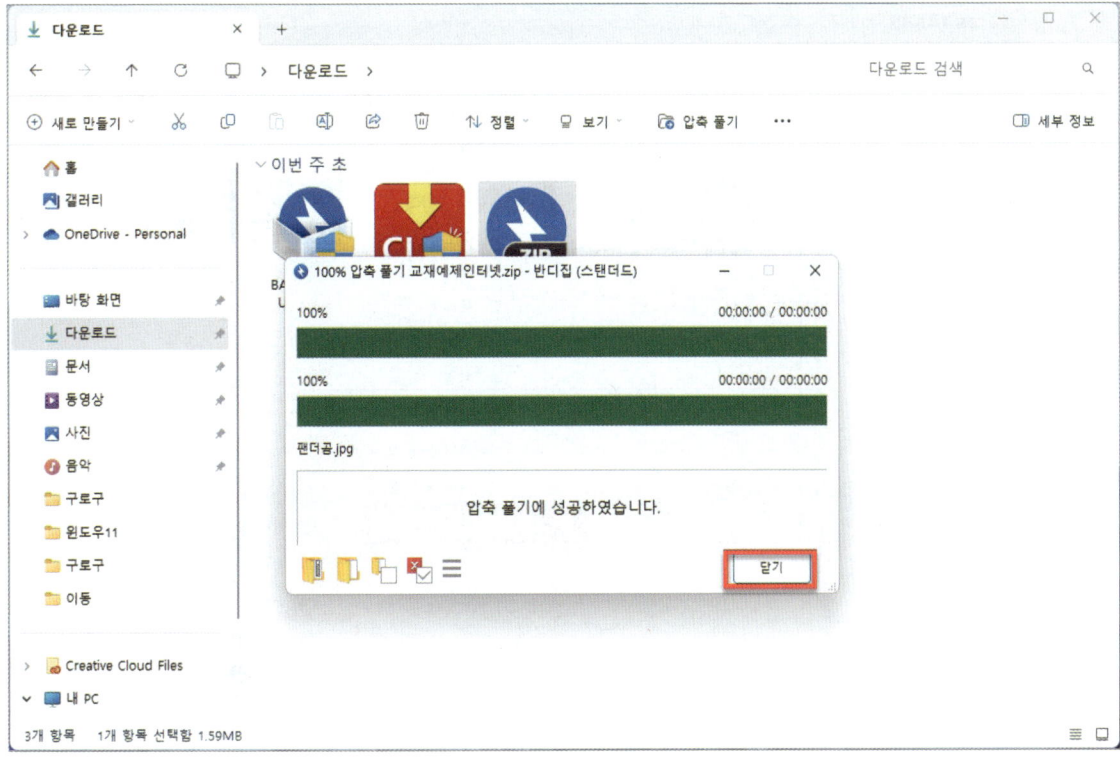

STEP 4 · 유형별 압축하기

01 파일 탐색기를 실행한 후 압축 해제된 **사진 ▶ 교재예제인터넷** 폴더를 차례로 열어줍니다.

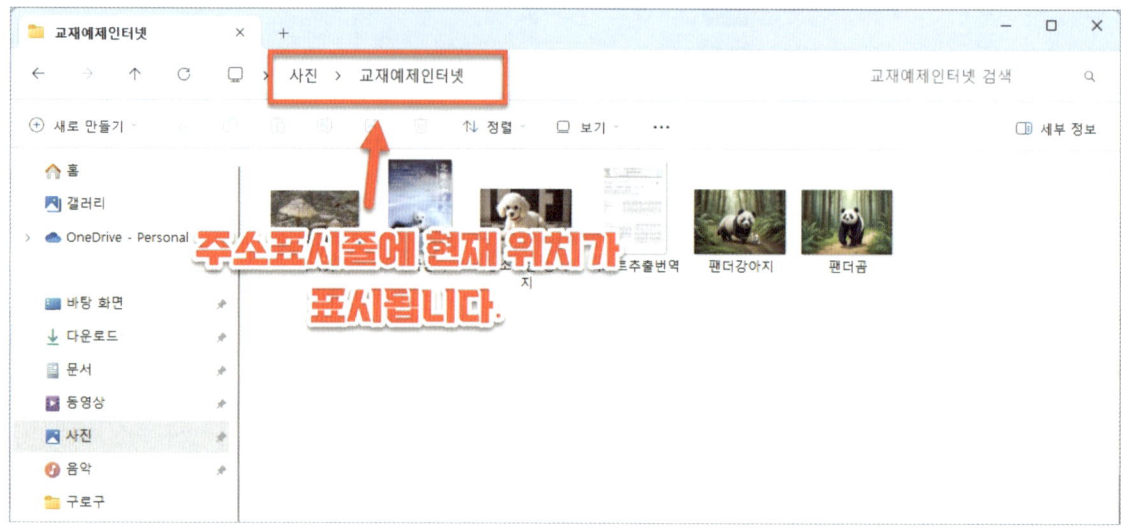

02 파일 확장명을 보이도록 하려면 ❶보기 ▶ ❷표시 ▶ ❸파일 확장명을 차례로 선택합니다.

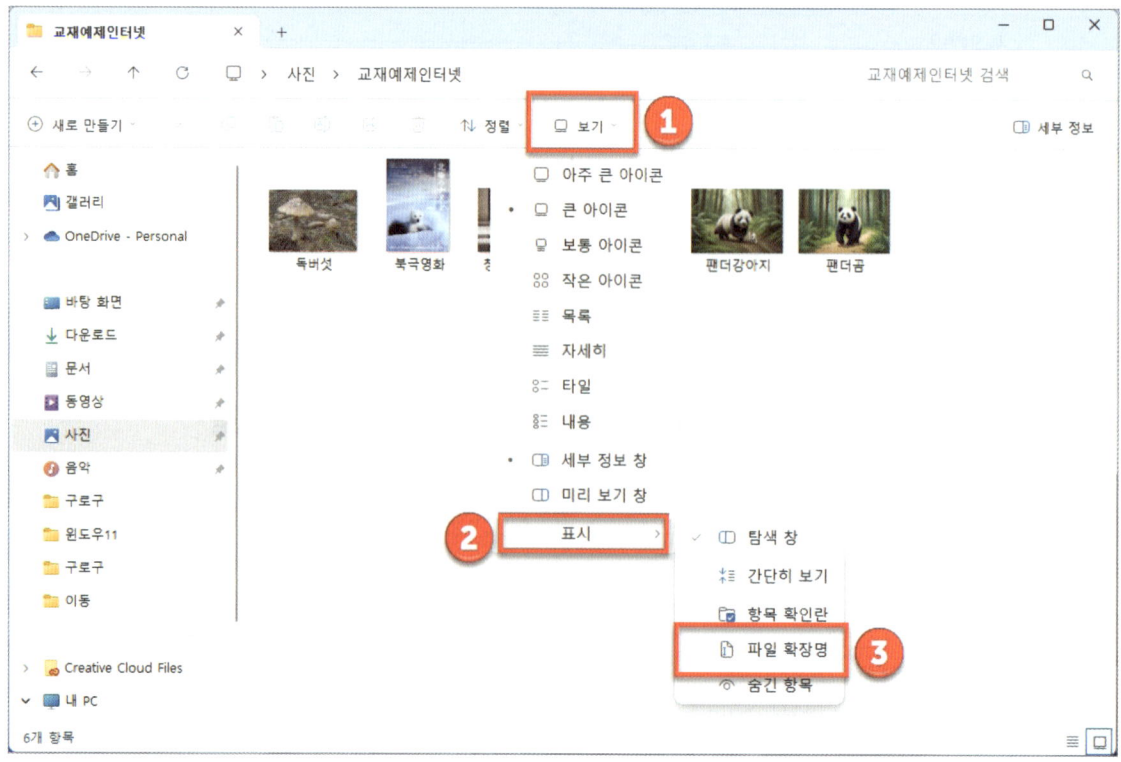

03 파일을 유형별로 모으기 위해 ❶**정렬** ▶ ❷**유형**을 차례대로 선택합니다.

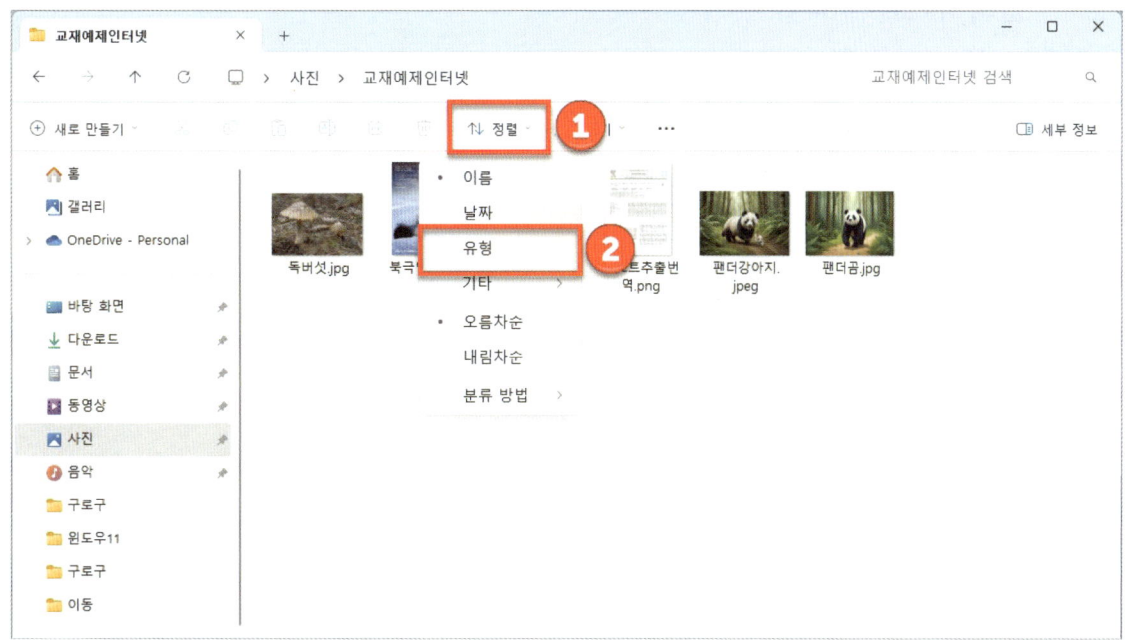

04 파일 확장명이 **jpeg(jpg 포함)**인 것만 압축하려면, 첫 번째 파일에 ❶**클릭**을 한 후 마지막 파일에 ❷ Shift +**클릭**을 눌러줍니다. 참고로 따로 떨어져 있는 파일을 선택할 때는 Ctrl +**클릭**을 이용합니다.

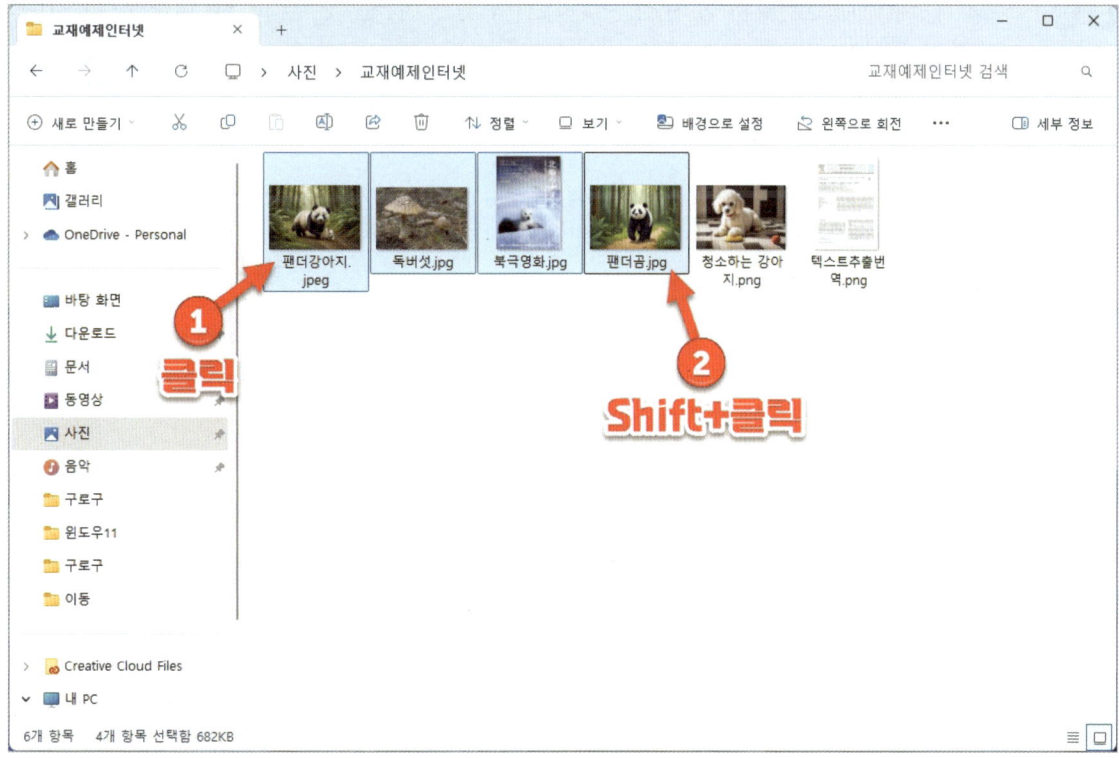

CHAPTER 04 파일 압축과 해제하기　077

05 선택된 첫 번째 파일에 ❶마우스 오른쪽을 클릭한 후 ❷반디집 ▶ ❸반디집으로 압축하기를 클릭합니다.

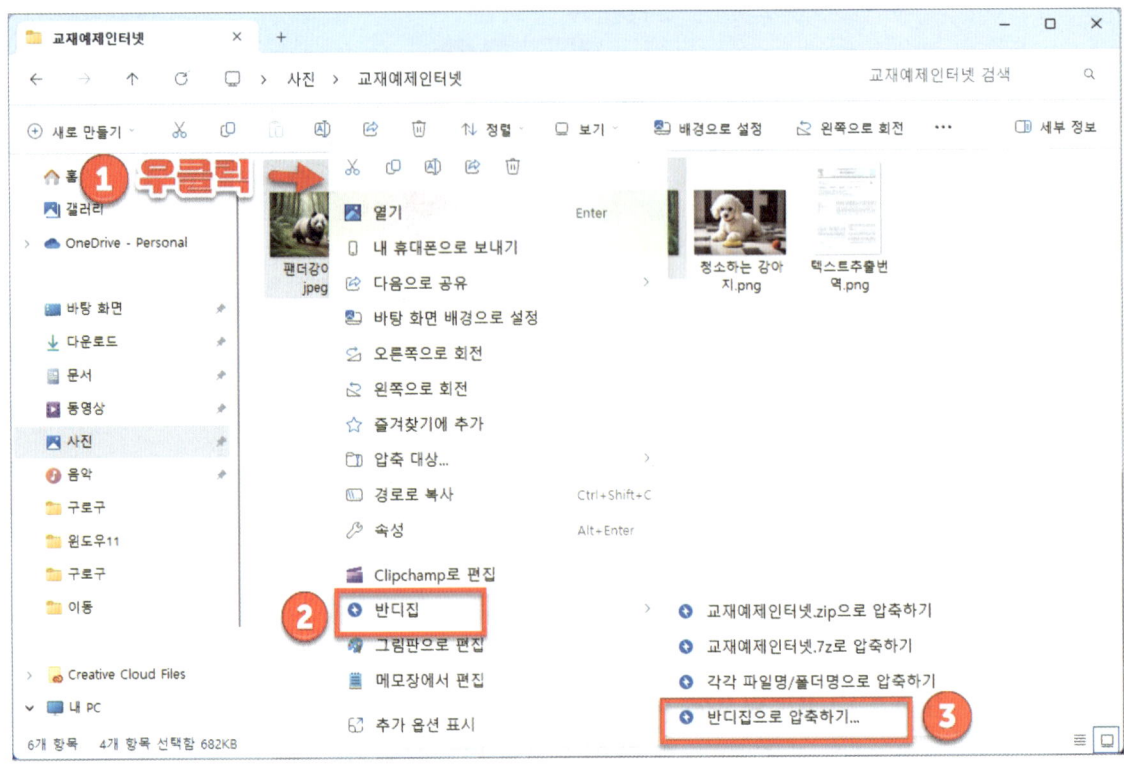

06 새로 압축이라는 대화상자가 나오면 파일 이름을 한글로 ❶압축연습이라고 입력한 후 ❷압축 시작을 누릅니다

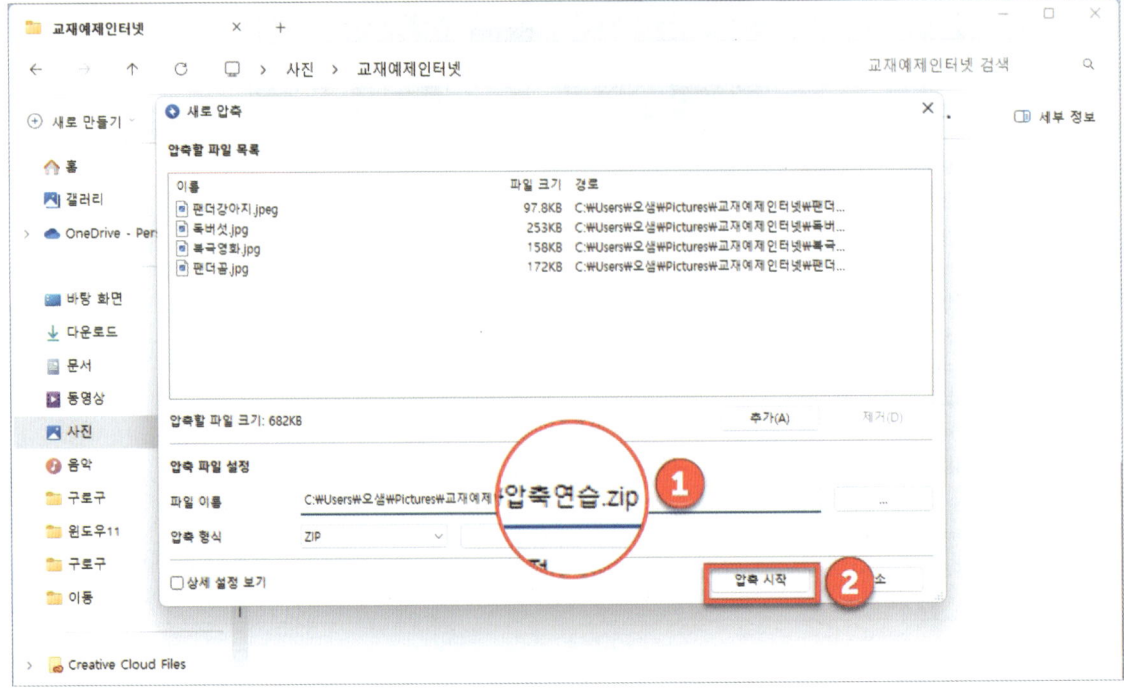

07 압축이 완료되었다는 대화상자가 나오면 **닫기**를 클릭합니다. 만약 압축 작업 수행 도중에 CRC 에러가 발생하면 다시 압축을 하면 됩니다.

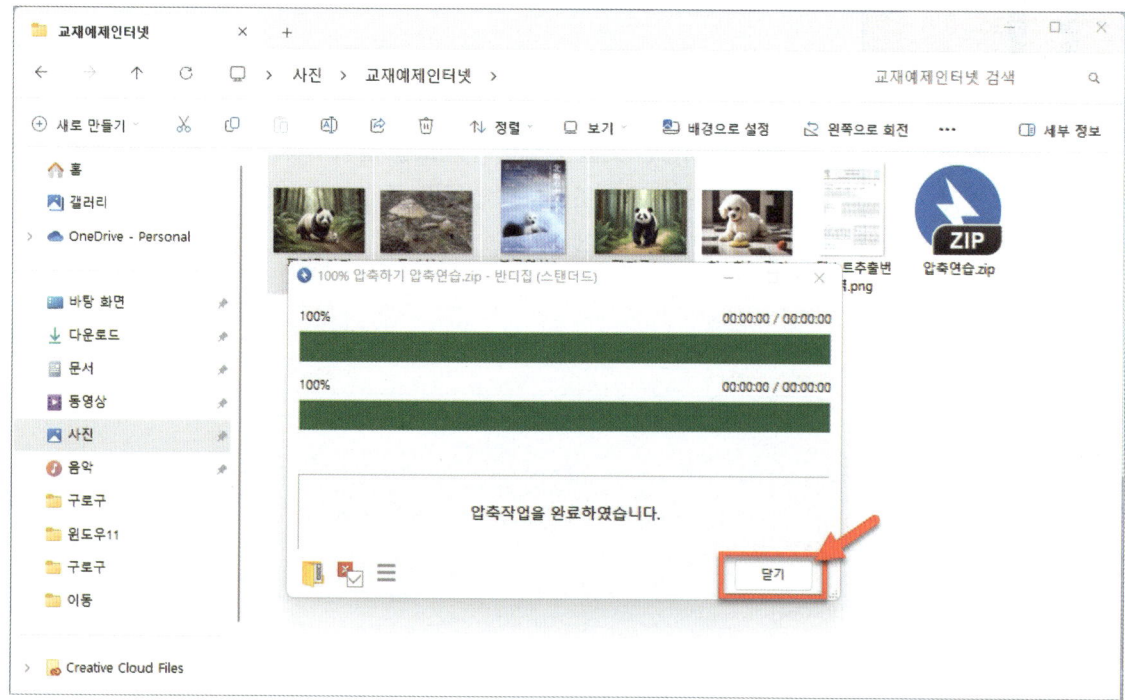

08 유형별 정렬 상태이므로 zip(압축 파일)은 제일 끝에 위치합니다. 파일의 정렬 방식을 **이름**으로 설정하고, 보기에서 **파일 확장명**을 보이지 않도록 설정해 보세요.

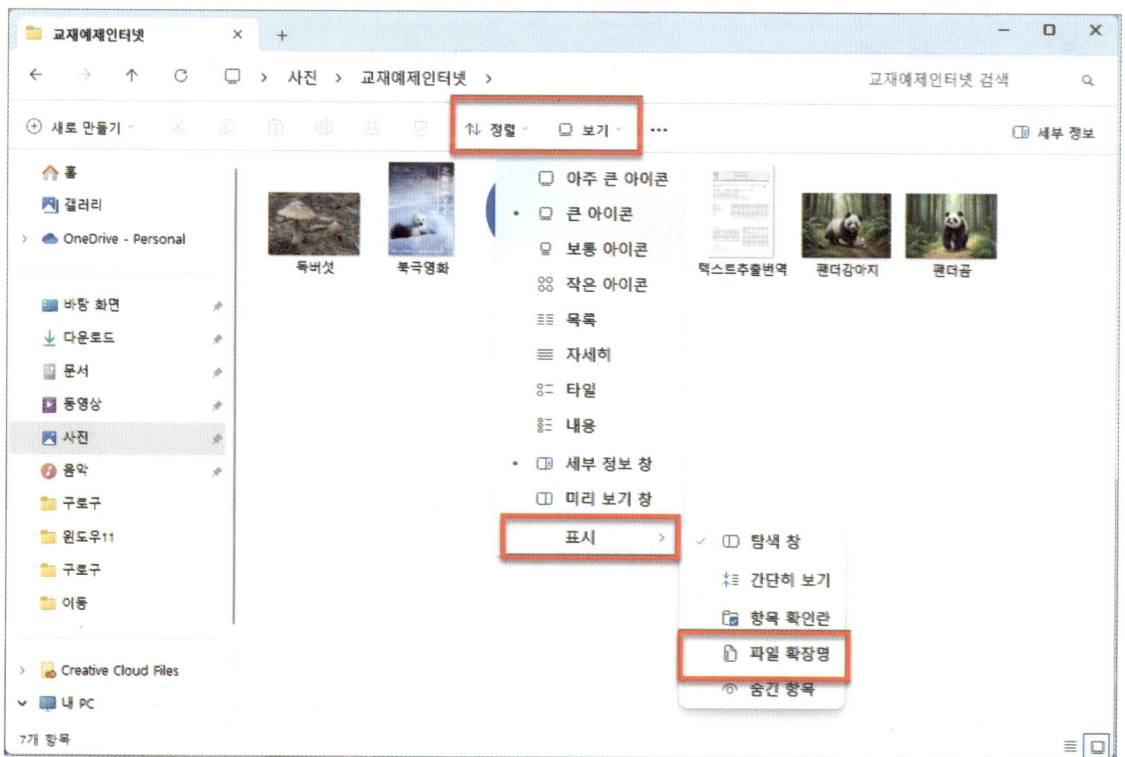

CHAPTER 05

내 PC 최적화하기

컴퓨터의 저장된 곳을 청소하여 속도를 올려주거나 저장공간을 늘려주는 디스크 정리와 드라이브 조각모음 및 최적화 그리고 전원 설정 및 바이러스 위협 방지 등에 대해 알아보겠습니다.

결과화면 미리보기

무엇을 배울까?

❶ 디스크 정리하기
❷ 관리자 권한으로 디스크 정리하기
❸ 드라이브 조각 모음 및 최적화
❹ 전원 설정을 균형으로 변경한 최적화
❺ 저장 공간 자동으로 정리하기
❻ 바이러스 및 위협 방지
❼ 윈도우 11 완전 종료하기

STEP 1 ▸ 디스크 정리하기

01 내 PC를 실행한 후 ❶**로컬 디스크(C:)**를 선택한 다음 ❷…**(더보기)** ▶ ❸**정리**를 클릭합니다.

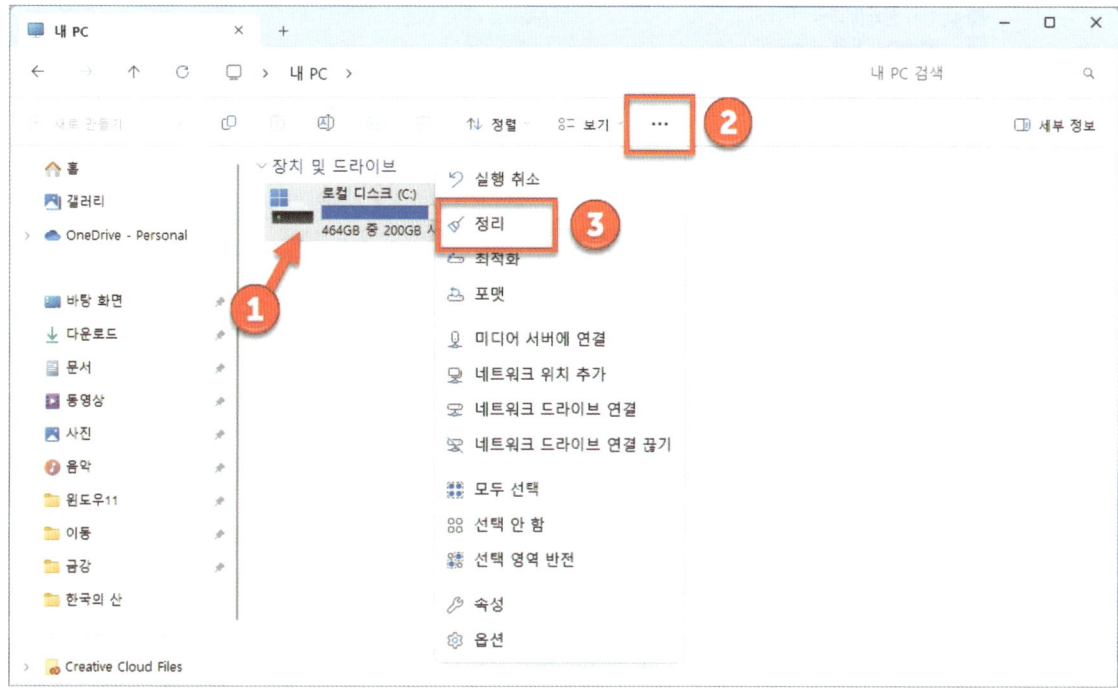

02 삭제할 파일 목록상자에서 ❸**모든 항목을 체크**(스크롤바를 이용해 이동)한 후 ❹**확인**을 클릭합니다.

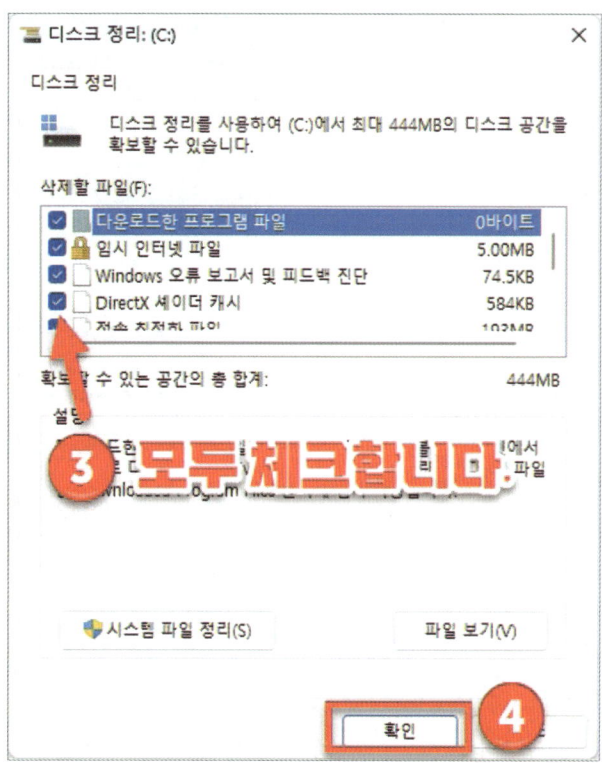

CHAPTER 05 내 PC 최적화하기　081

03 디스크 정리 창에서 **파일 삭제** 버튼을 클릭합니다.

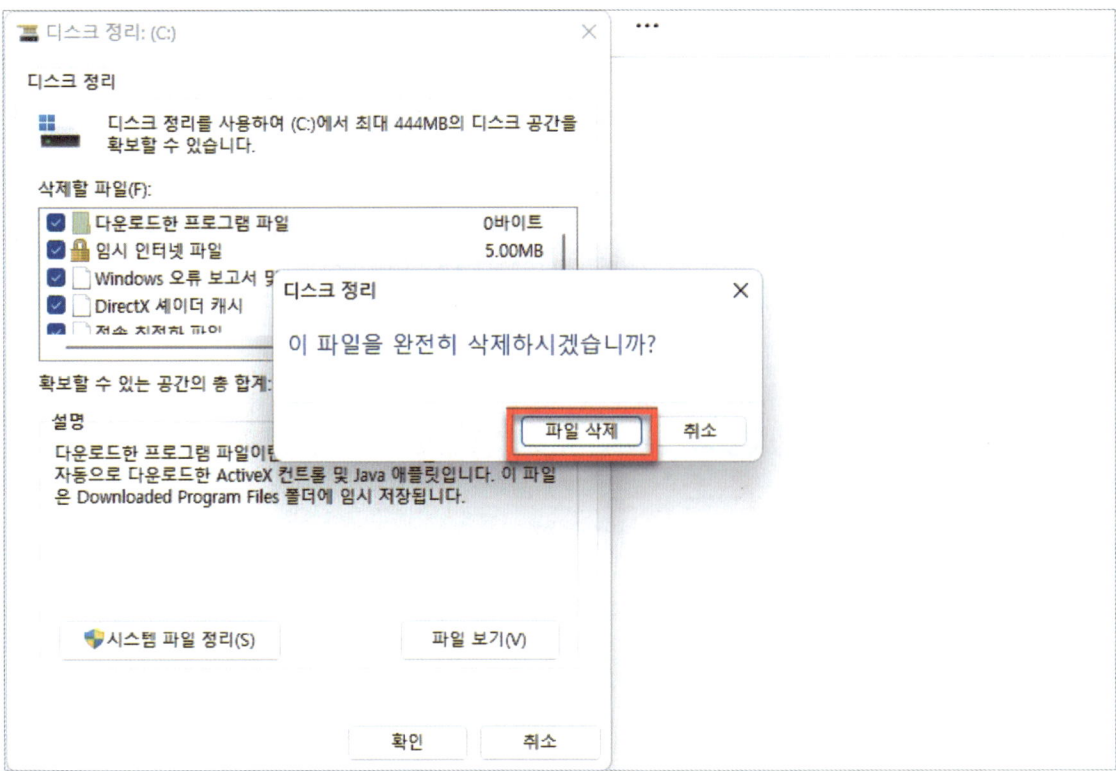

04 아래 그림처럼 파일 정리 작업을 한 후 정리가 끝나면 작업창이 자동으로 닫힙니다.

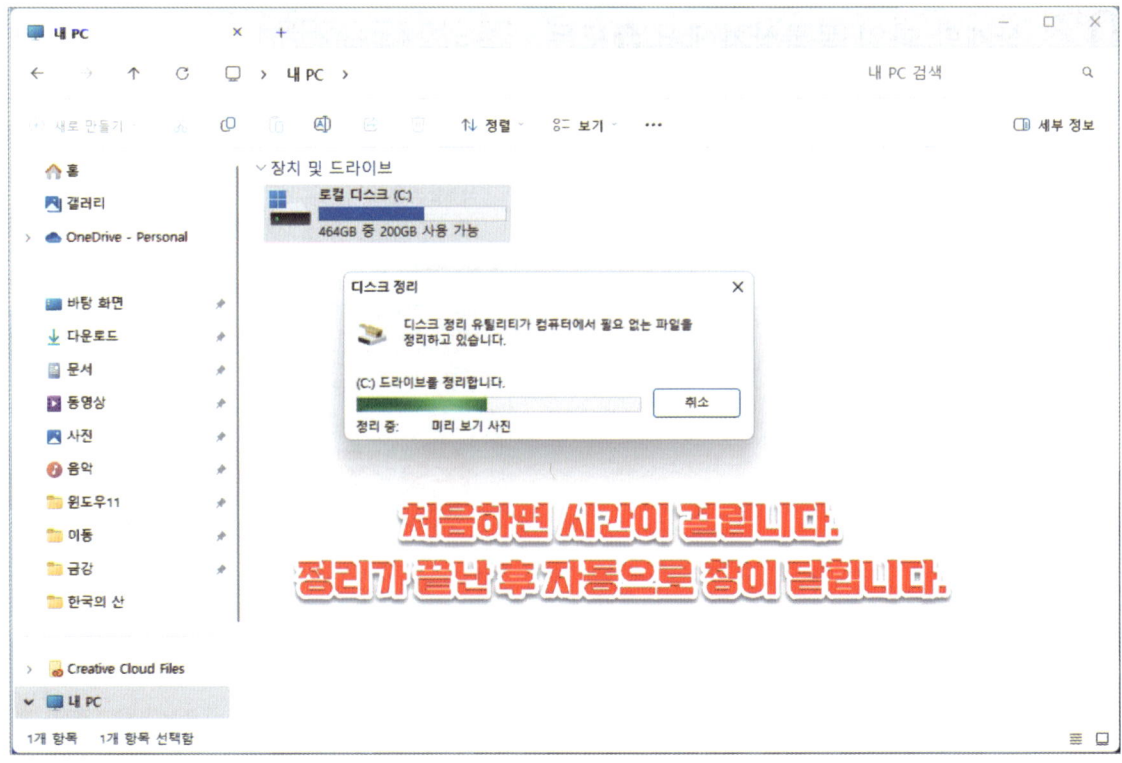

STEP 2 > 관리자 권한으로 디스크 정리하기

01 세밀한 디스크 정리를 관리자 권한으로 하려면, ❶**시작** 버튼을 클릭한 후 ❷**"디"**를 입력합니다.

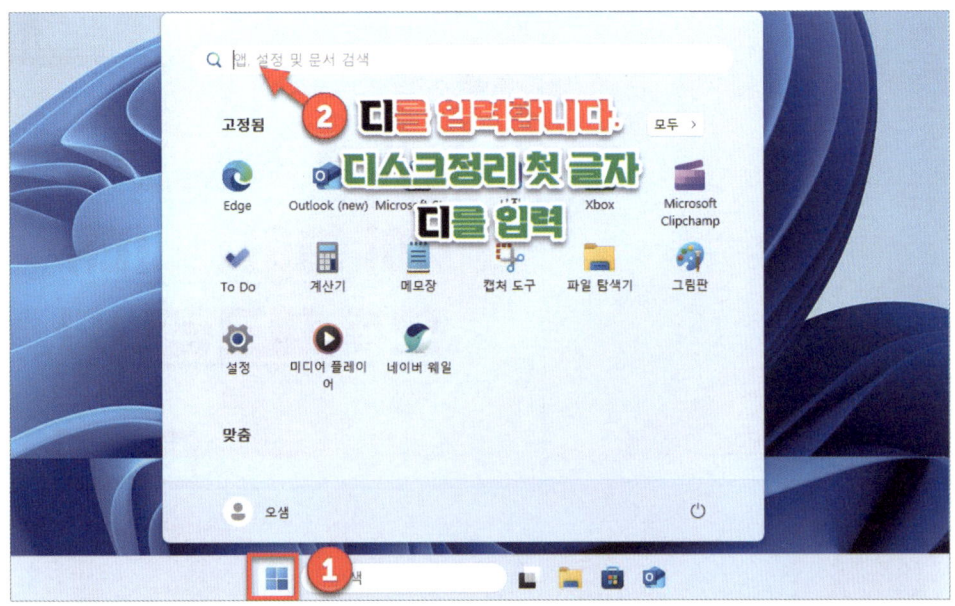

02 디스크 정리를 찾아서 표시가 되면, 오른쪽 창에서 **관리자 권한으로 실행**을 클릭합니다.

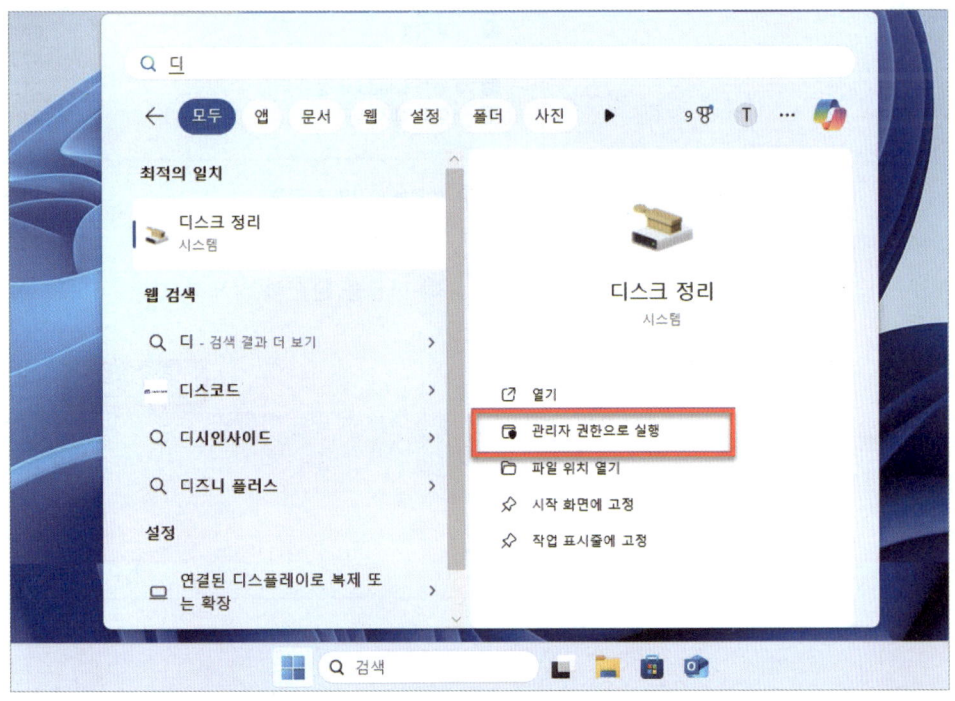

03 일반 사용자로 디스크 정리를 할 때보다 많은 옵션을 체크할 수 있게 나옵니다. **모두 체크**한 후 **확인**을 클릭합니다.

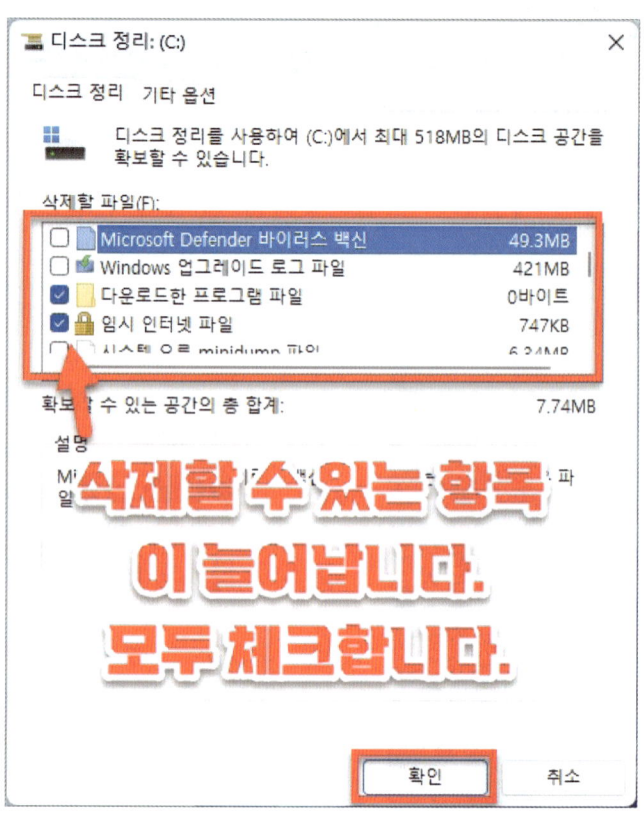

04 **파일 삭제**를 클릭하면 앞의 과정보다 더 많은 시간이 소요되며, 디스크 정리를 수행합니다.

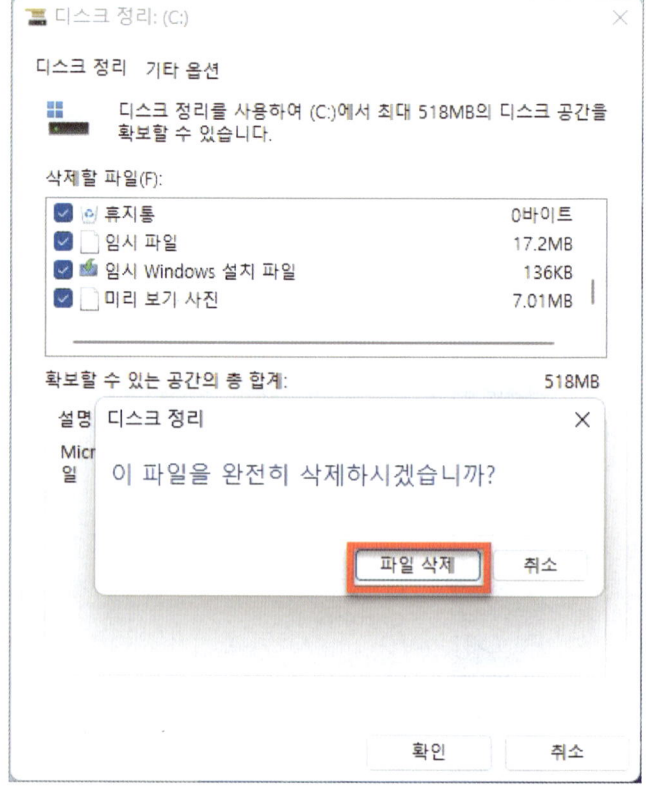

STEP 3 ▶ 드라이브 조각 모음 및 최적화

01 내 PC를 실행한 후 ❶**로컬 디스크(C:)**를 선택한 다음 ❷… **(더보기)** ▶ ❸**최적화**를 클릭합니다.

02 ❶**C:드라이브**를 선택한 후 ❷**최적화** 버튼을 클릭합니다. 디스크 드라이브가 여러 개인 경우 같은 방법으로 최적화를 수행할 수 있습니다.

다른 방법으로 드라이브 조각 모음 및 최적화

01 파일 탐색기에서 ❶**내 PC**를 클릭한 후 작업할 디스크에 ❷**마우스 오른쪽 버튼**을 클릭한 후 ❸**속성**을 클릭합니다.

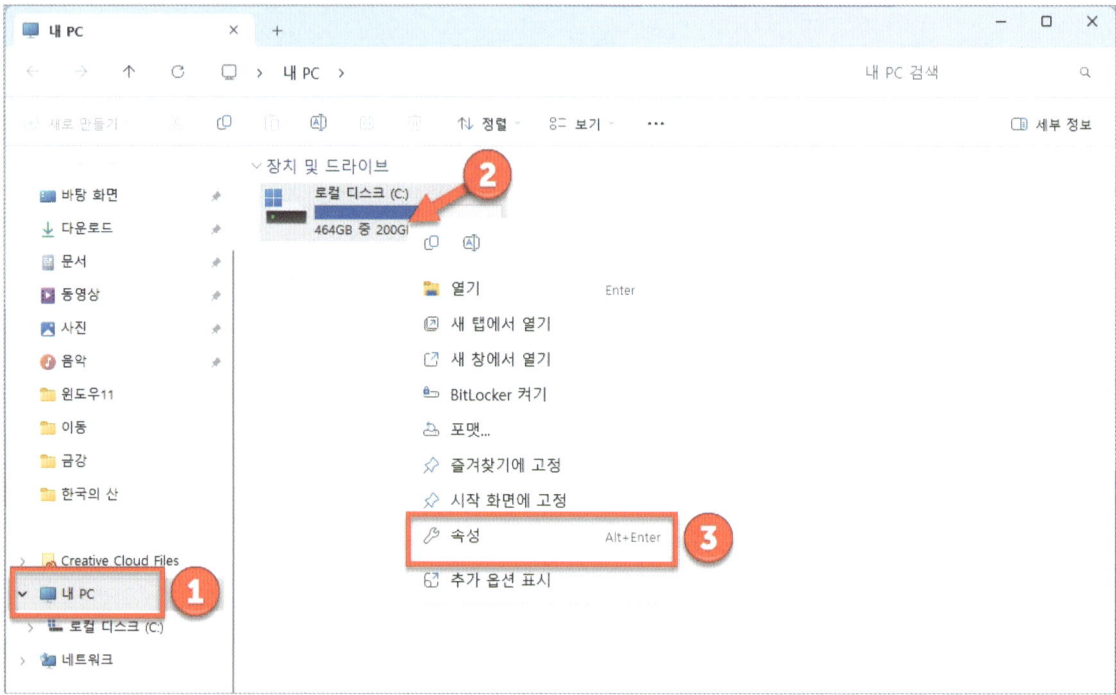

02 ❹**도구** 탭을 클릭한 후 ❺**최적화** 버튼을 클릭합니다.

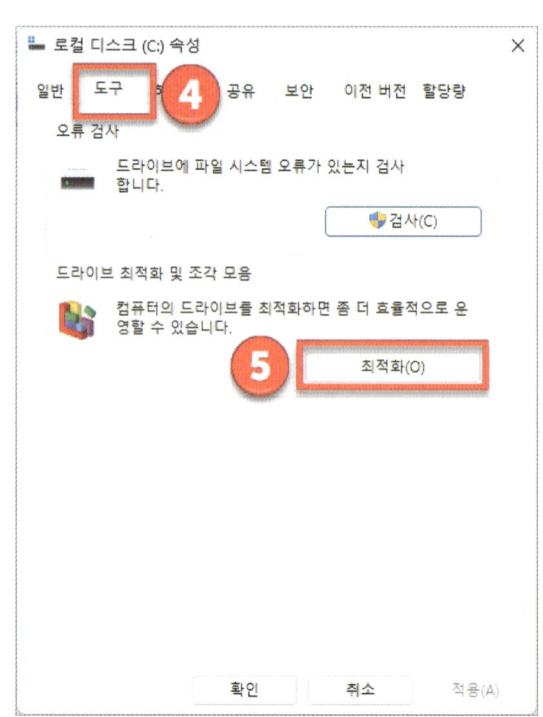

STEP 4 ▸ 전원 설정을 균형으로 변경한 최적화

가장 기본적인 윈도우 11 최적화 설정으로, 기본 전원 관리 옵션을 "절전"으로 사용하는 경우 PC 속도가 느릴 수 있습니다. 이 설정은 에너지 절약을 위해 PC 성능을 떨어뜨리기 때문입니다. 전원 관리 옵션을 확인하여 "절전"에서 **"고성능" 또는 "균형"으로 변경**하면 즉시 성능이 향상됩니다.

컴퓨터의 사양과 구성에 따라 종류가 다르게 표시되는 경우도 있으나 절전을 고성능 또는 균형으로만 변경해도 됩니다.

01 ❶**시작** 버튼을 클릭한 후 ❷**설정**을 클릭합니다.

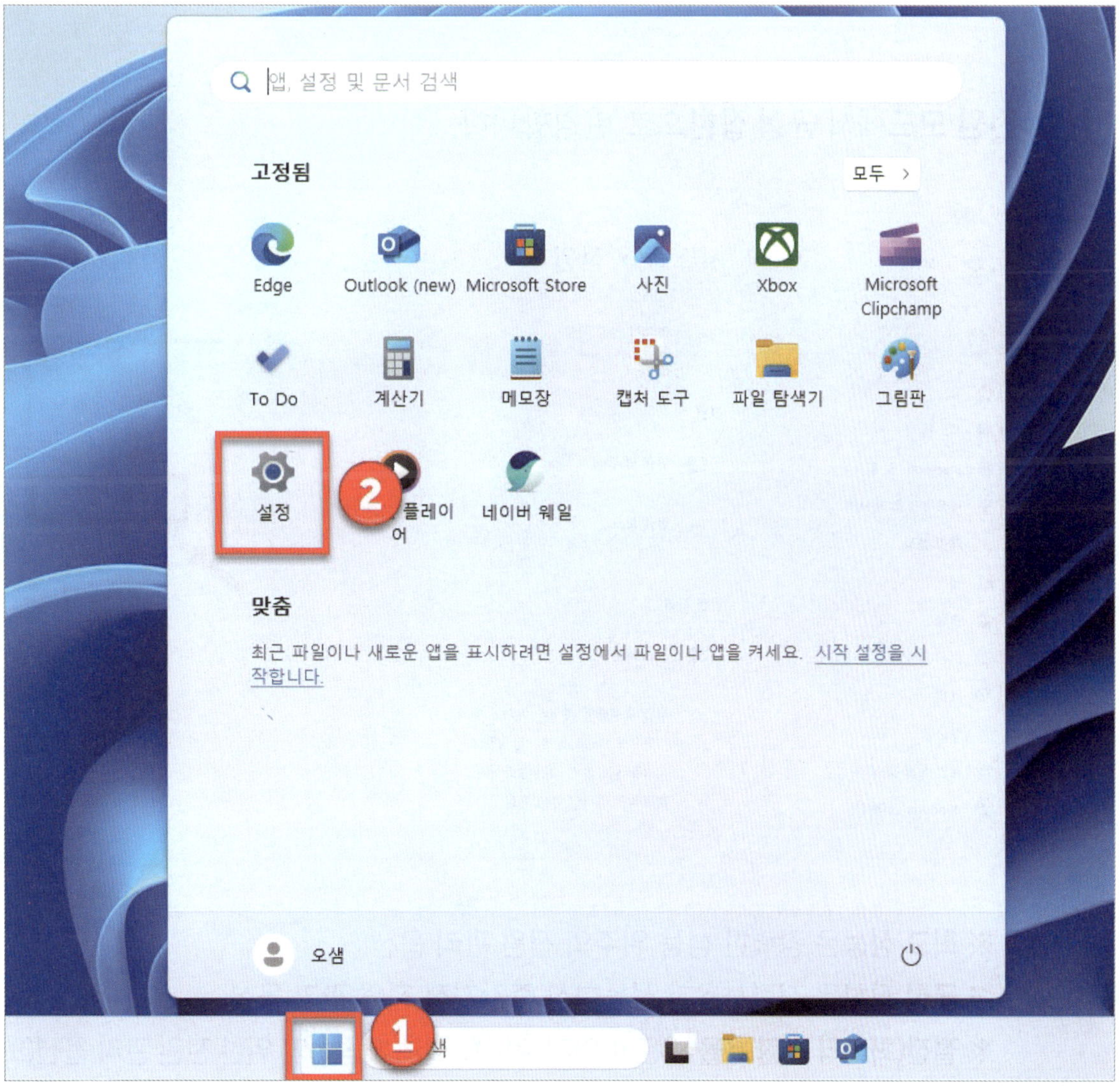

02 설정 창이 열리면 좌측 카테고리에서 ❶시스템을 클릭한 후 ❷전원을 클릭합니다.

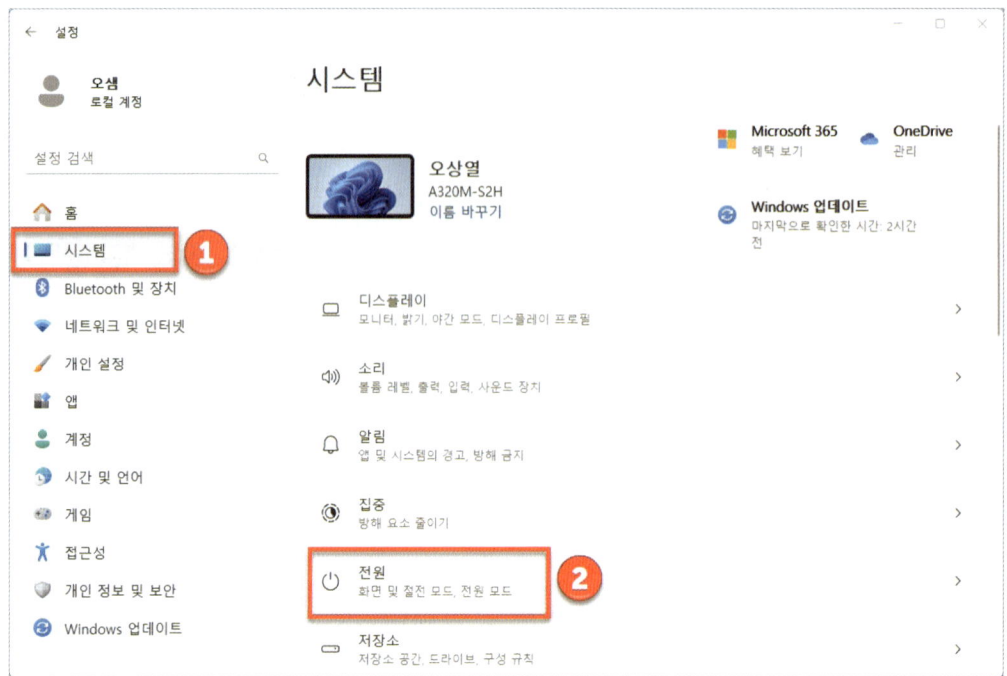

03 전원 모드에서 균형 잡힌으로 변경합니다.

※ 최고 성능은 강력한 성능 위주의 전원 관리 옵션
※ 균형 잡힌은 전력사용과 성능향상 중간지점 전원 관리 옵션
※ 절전(최고의 전원 효율성)은 배터리 수명을 길게 제공하기 위한 전원 관리 옵션(노트북)

STEP 5 ▶ 저장 공간 자동으로 정리하기

01 **시작** 메뉴에서 **설정**을 누릅니다. ❶**시스템** ▶ ❷**저장소**를 차례대로 클릭합니다.

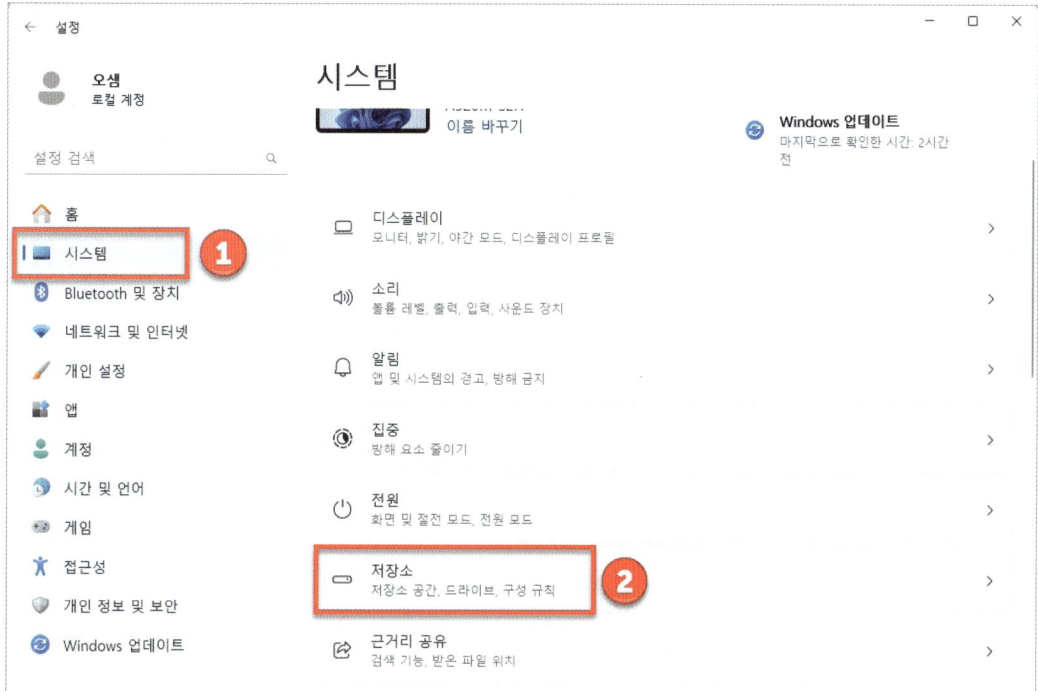

02 ❶**저장 공간 센스**를 **켬**으로 설정하고, ❷**추천 정리**를 클릭합니다.

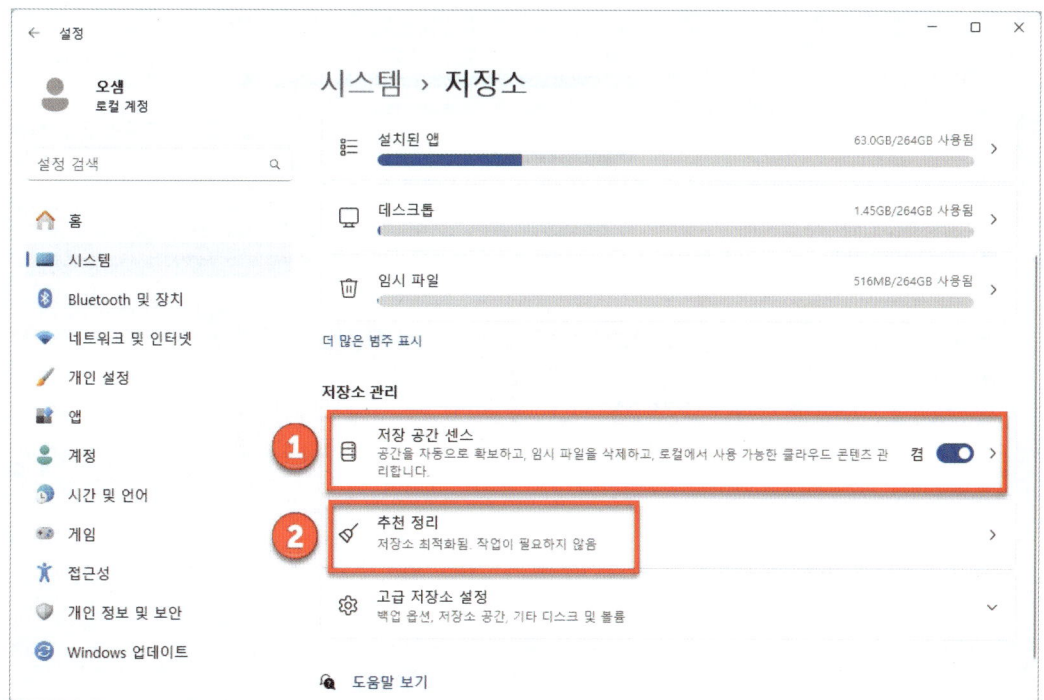

CHAPTER 05 내 PC 최적화하기   **089**

03 크거나 사용되지 않은 파일은 ❸ 모두 선택한 후 ❹ 정리 버튼을 클릭합니다.

04 아래와 같이 임시 파일도 삭제하여 저장 공간을 확보하세요.

STEP 6 ▸ 바이러스 및 위협 방지

PC 속도를 늦게 만드는 가장 큰 요인은 CPU 및 시스템 리소스를 차지하는 블로트웨어 또는 애드웨어입니다. 먼저 시스템 검사를 실행하여 애드웨어 및 맬웨어를 찾습니다. 윈도우 11의 기본 제공 맬웨어 방지 앱 **윈도우 디펜더**를 사용할 수 있습니다.

01 작업 표시줄의 돋보기(검색)을 클릭한 후 **바이러스 및 위협 방지**를 검색합니다.

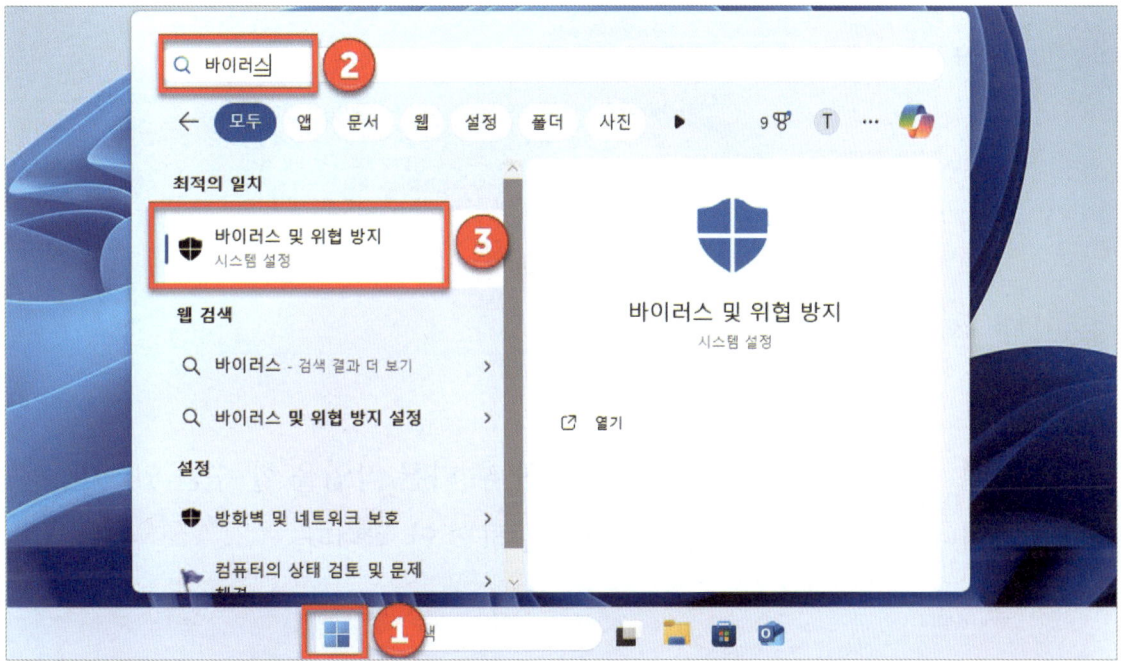

02 **검사 옵션**을 클릭합니다.

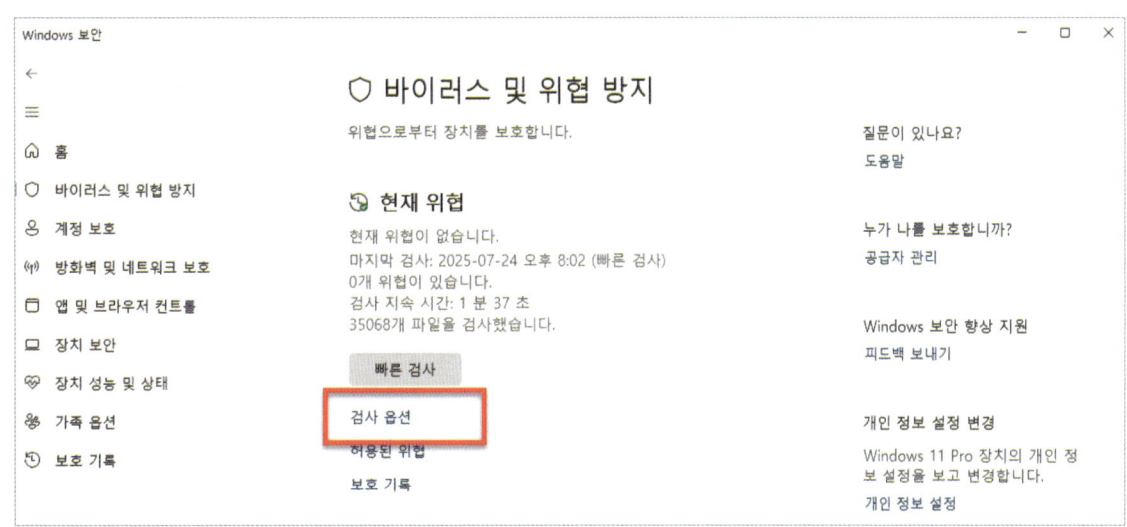

03 빠른 검사는 큰 의미가 없으므로 ❶**전체 검사**를 선택한 후 ❷**지금 검사** 버튼을 클릭합니다. (연습은 **빠른 검사**로 하세요.)

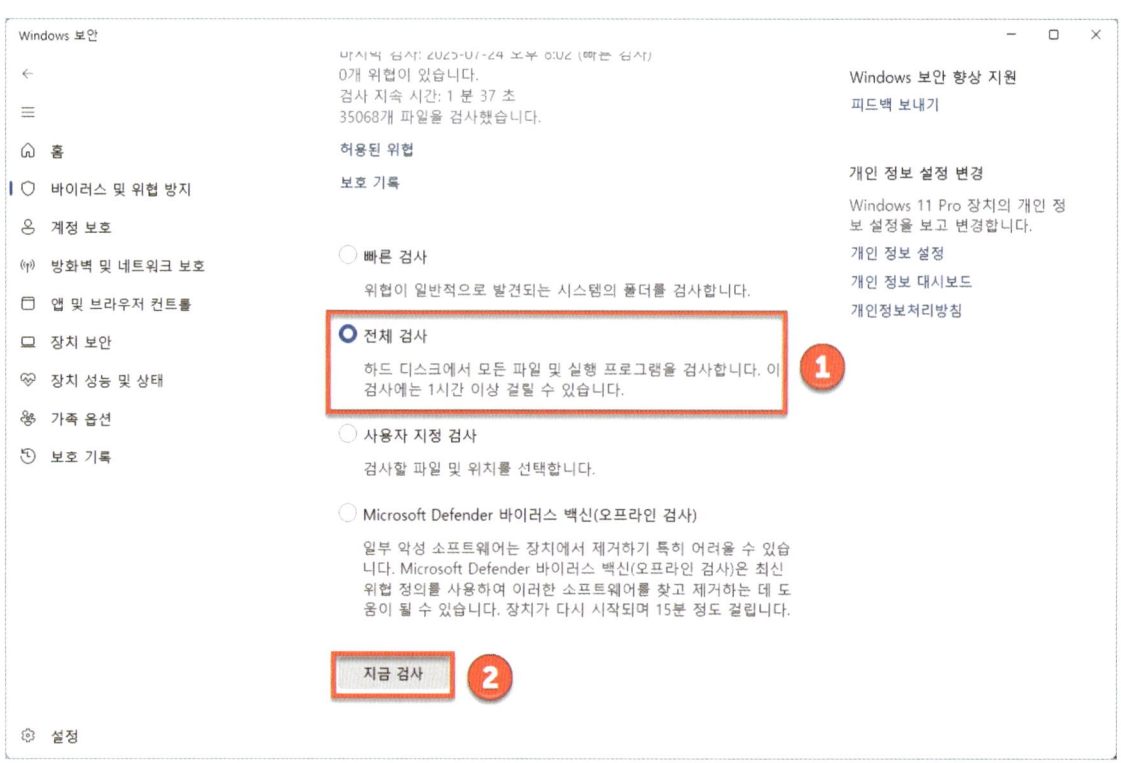

04 작업 시간이 많이 필요해서 최소화한 후 다른 작업을 할 수는 있지만, 앱을 설치하거나 제거하는 등의 시스템 작업은 하면 안 됩니다.

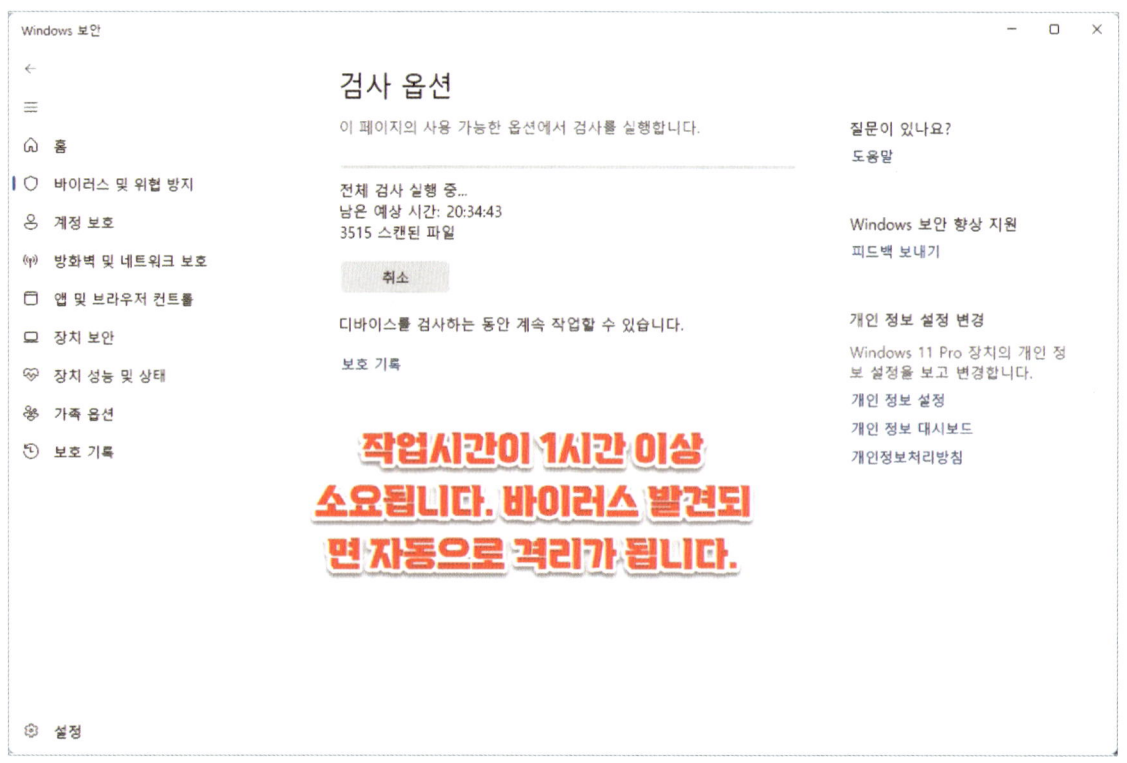

STEP 7 ▶ 윈도우 11 완전 종료하기

01 시스템 종료는 부팅 속도를 빠르게 하기 위해 절전 모드 상태로 변경됩니다. 전원을 완전 차단한 종료를 위해 ❶**시작** 버튼을 클릭하고 ❷**전원 표시**를 클릭합니다.

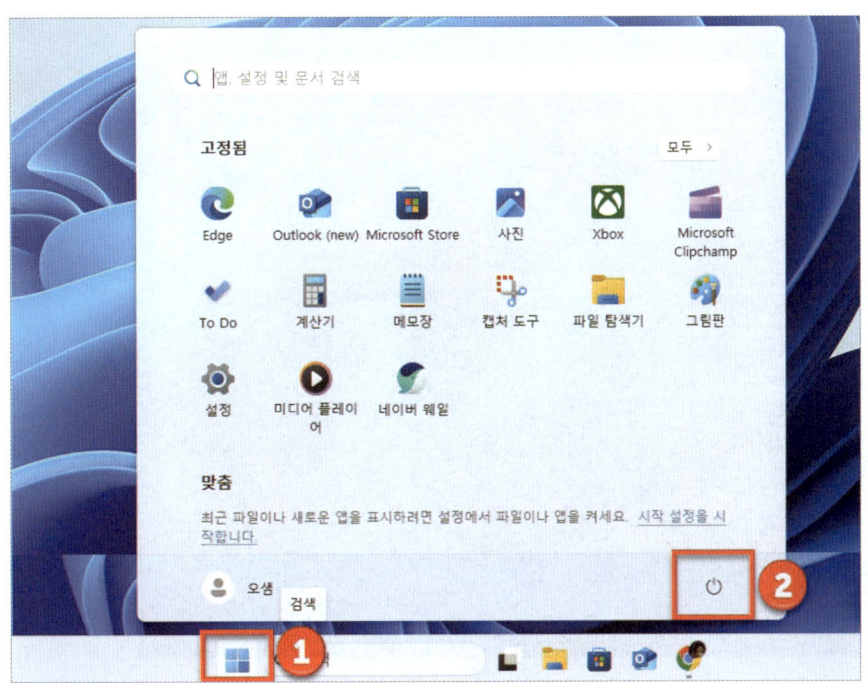

02 `Shift`**를 누른 상태**에서 ❸**다시 시작**을 클릭하면 종료되는 화면이 나오면서 고급 옵션 화면이 시작됩니다.

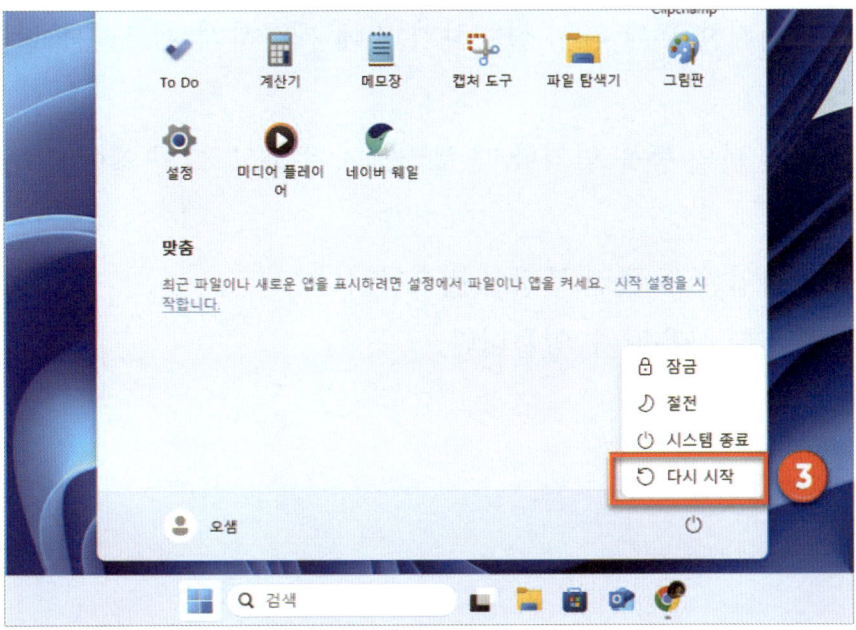

03 아래와 같이 옵션을 선택하는 화면이 나타나게 됩니다. 여기서 **PC 끄기**를 하면 전원이 완전 차단된 종료가 됩니다(노트북 배터리를 아낄 수 있습니다). **계속**을 클릭하면 절전 모드를 사용하기 위해 저장된 내용이 모두 삭제가 되어 깨끗한 상태에서 부팅이 됩니다.

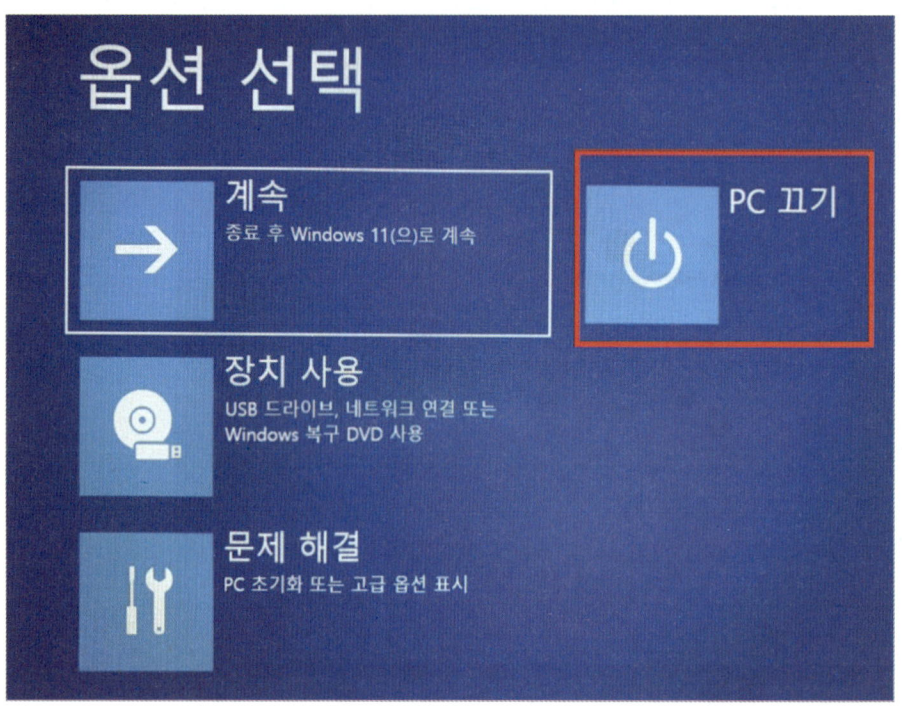

이렇게 부팅하는 이유

❶ 문제가 발생한 앱을 제거한 후에 다시 설치하기 전에 깨끗하게 메모리를 정리한 후 설치할 때 사용합니다.
❷ 엑셀, 파워포인트, 한글 파일 등을 열기할 때 불러오지 못하고, 그냥 앱에서 빠져나올 때 사용해 보세요.
❸ 디스크 정리, 최적화 작업한 후 클린 부팅이 필요합니다.
❹ 윈도우 11 복구 작업할 때 사용될 수 있습니다.

CHAPTER 06
PC Manager로 관리하기

윈도우 11에는 PC를 사용할 때 필요한 프로그램이 내장되어 있지만 상황에 따라 더 편하고 좋은 기능이 있는 프로그램을 다운로드한 후 설치할 때가 있습니다. 마이크로소프트 스토어에서 PC 관리 앱을 설치하고 사용하는 방법을 알아봅니다.

결과화면 미리보기

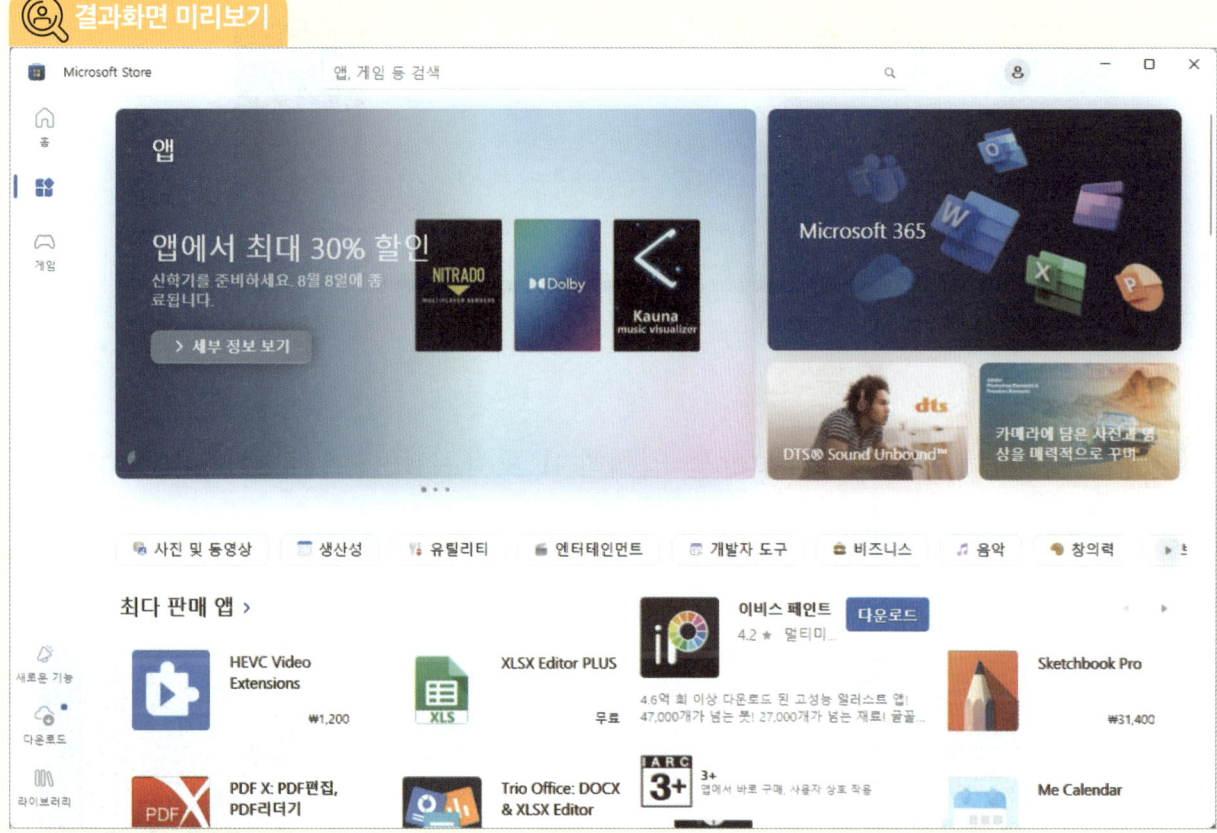

무엇을 배울까?

❶ PC 매니저 앱 설치하기
❷ PC 매니저 앱 사용하기
❸ PC 매니저로 보호하기
❹ PC 매니저로 저장소 관리하기
❺ PC 매니저로 앱 관리하기

STEP 1 > PC 매니저 앱 설치하기

01 ❶**시작** 버튼을 클릭하여 고정되어 있는 ❷**Microsoft Store**를 선택합니다.

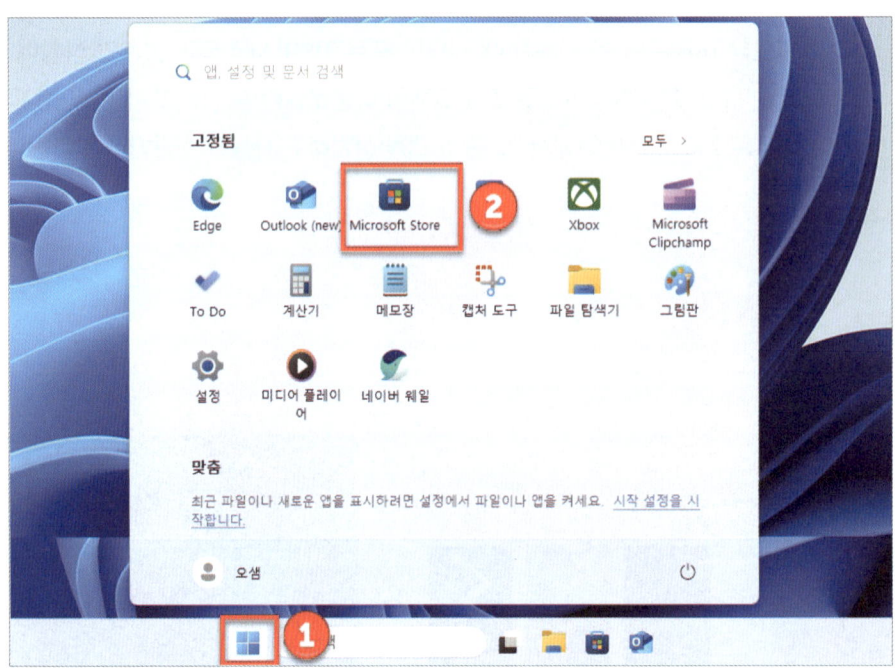

02 검색상자에 ❶**pc manager**를 입력하여 표시된 목록에서 ❷**Microsoft PC Manager**를 선택합니다.

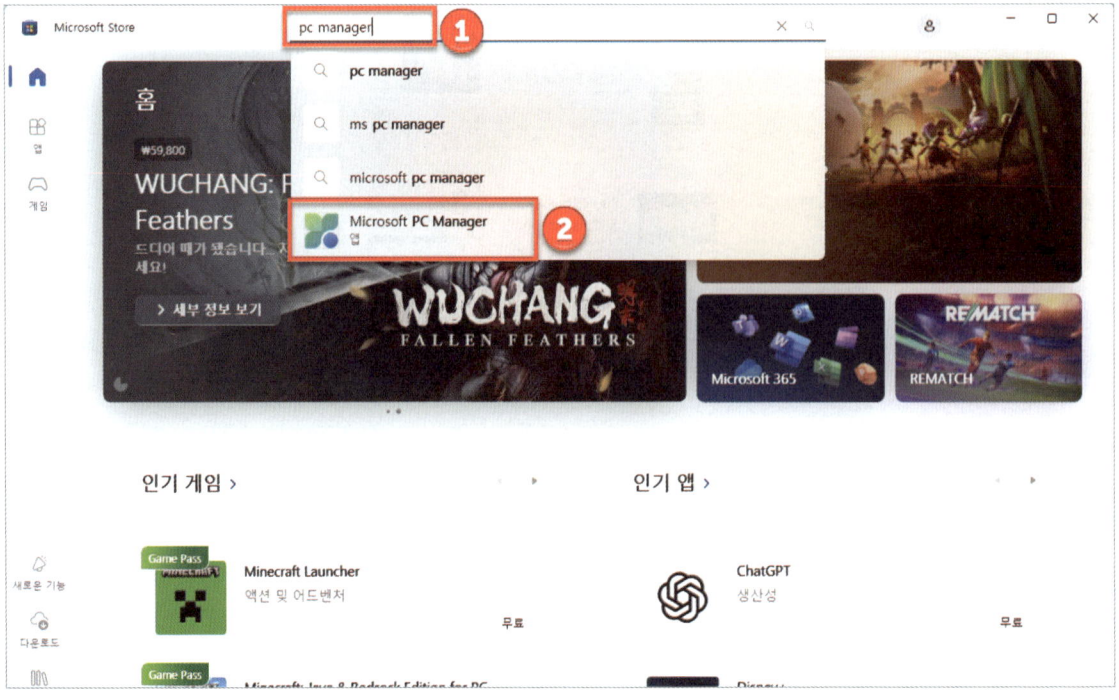

03 아래와 같은 화면에서 **다운로드** 버튼을 클릭합니다. 설치 작업이 진행되는 과정이 나오며, 잠시 기다리면 설치가 끝납니다.

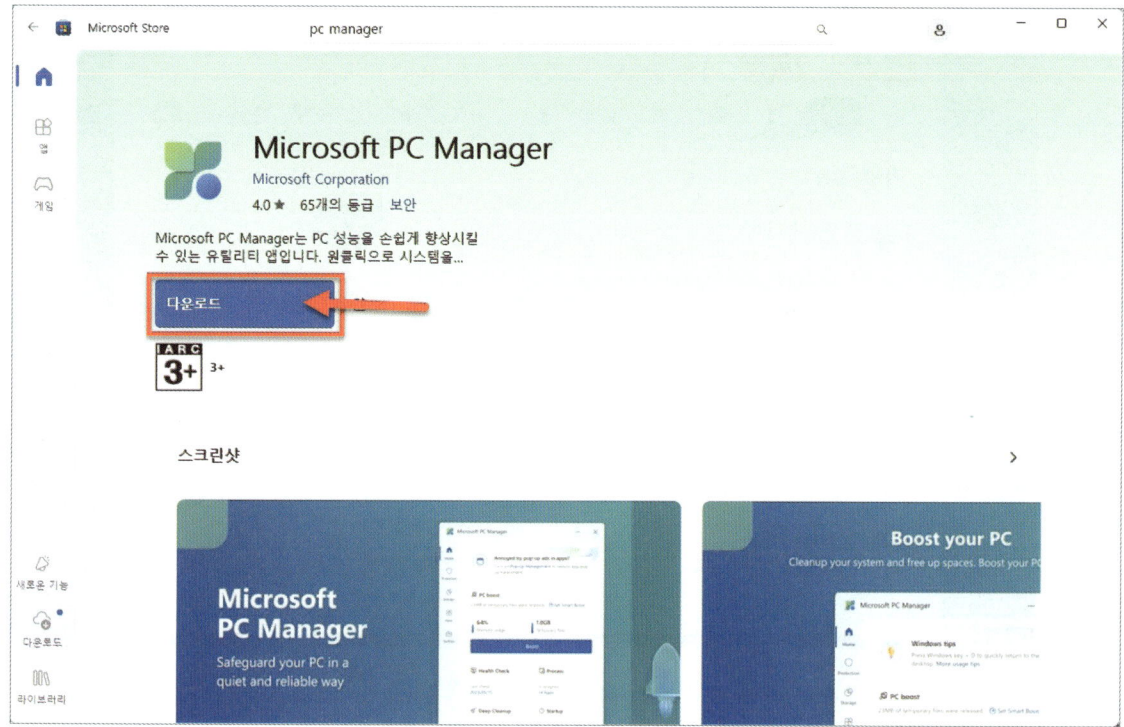

04 설치가 **완료**되면 열기 버튼이 보이게 됩니다. 여기서는 일단 **창 닫기**를 한 후 바탕 화면으로 되돌아가도록 합니다.

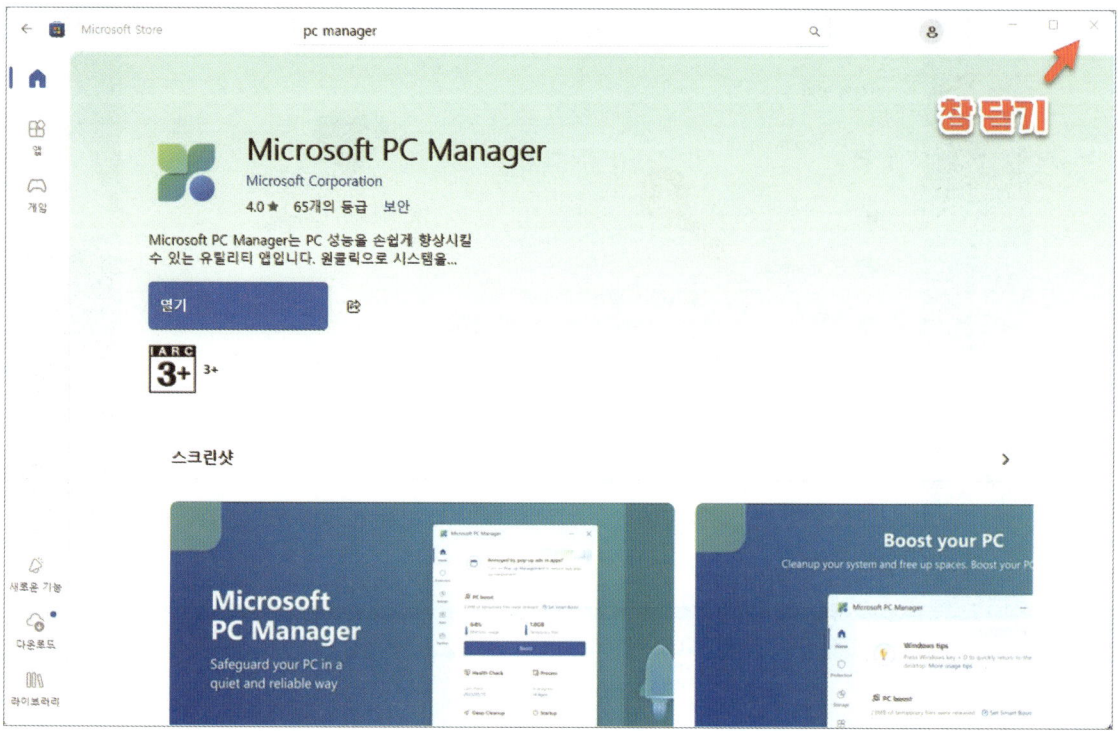

05 ❶**시작** 메뉴를 클릭하여 검색상자에 ❷**"pc"**를 입력하여 ❸**PC Manager** 앱을 찾아줍니다.

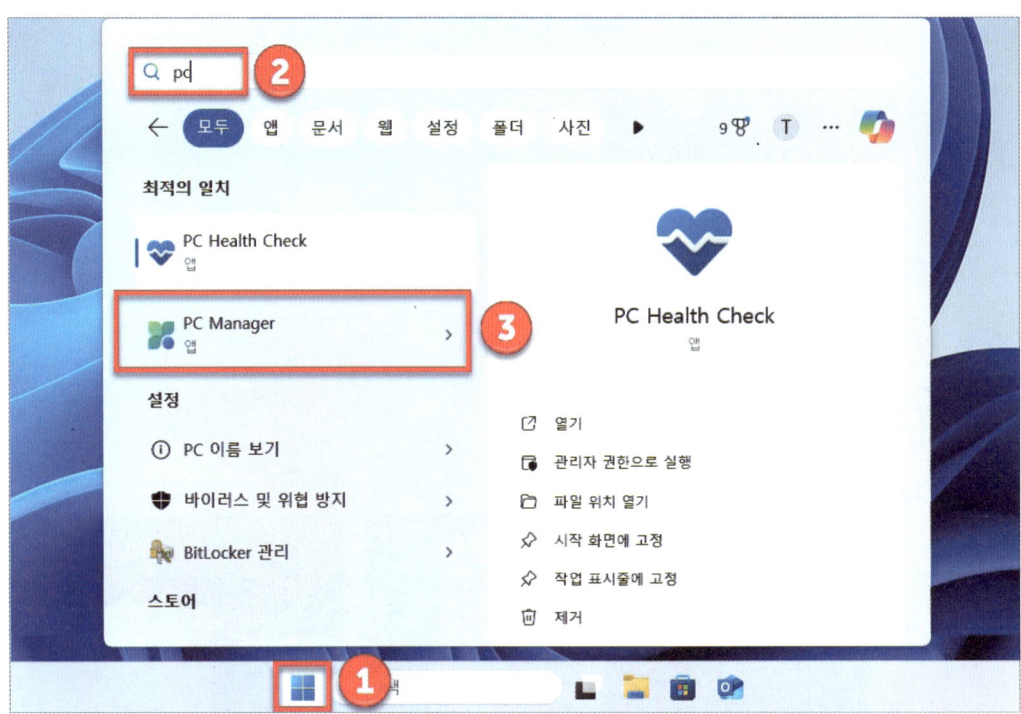

06 ❶**PC Manager** 앱에 마우스 우클릭한 후 ❷**시작 화면에 고정**을 클릭합니다.

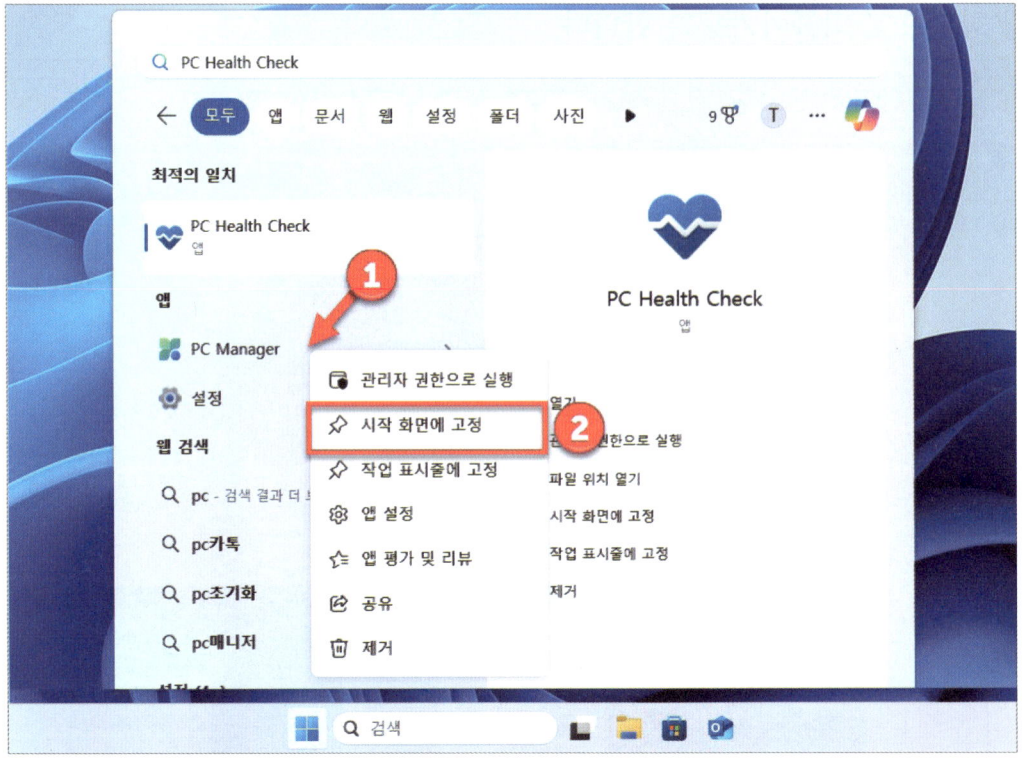

STEP 2 - PC 매니저 앱 사용하기

01 ❶**시작** 버튼을 클릭한 후 고정된 ❷**PC Manager**를 선택합니다.

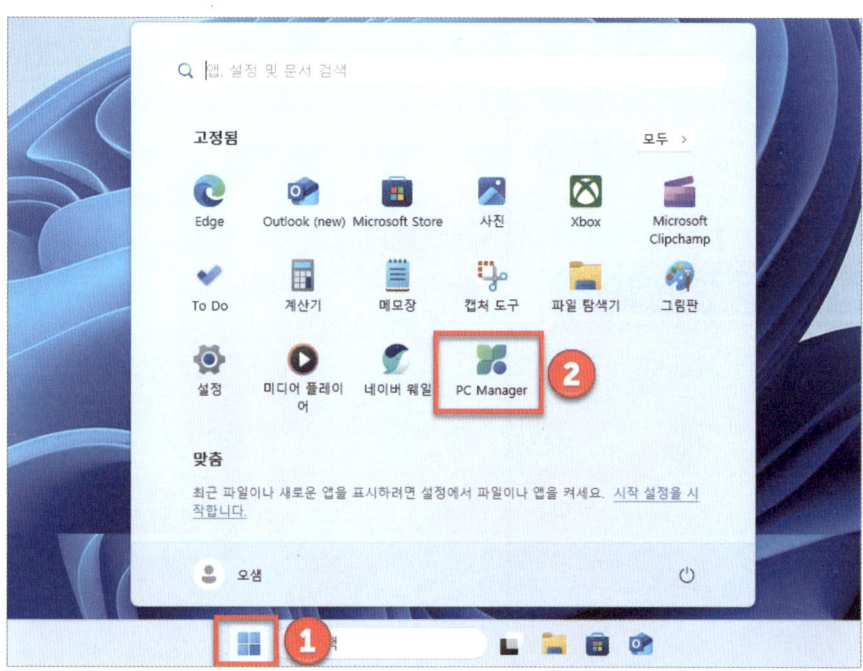

02 첫 실행 때 나오는 화면이라 다음 실행할 때는 나타나지 않습니다. 윈도우 11이 부팅될 때마다 자동으로 시작되도록 체크된 상태에서 **시작**을 클릭합니다.

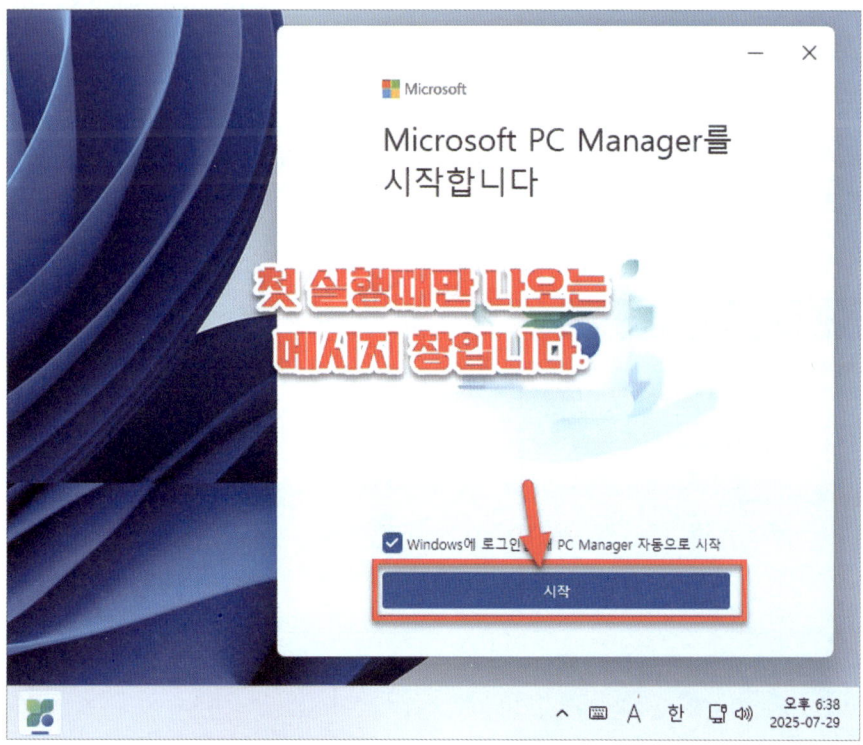

03 PC 매니저 앱을 이용하면 매우 쉽게 최적화 관리를 할 수 있습니다. **부스트**를 클릭하면 메모리 사용과 임시파일이 한 번에 정리됩니다.

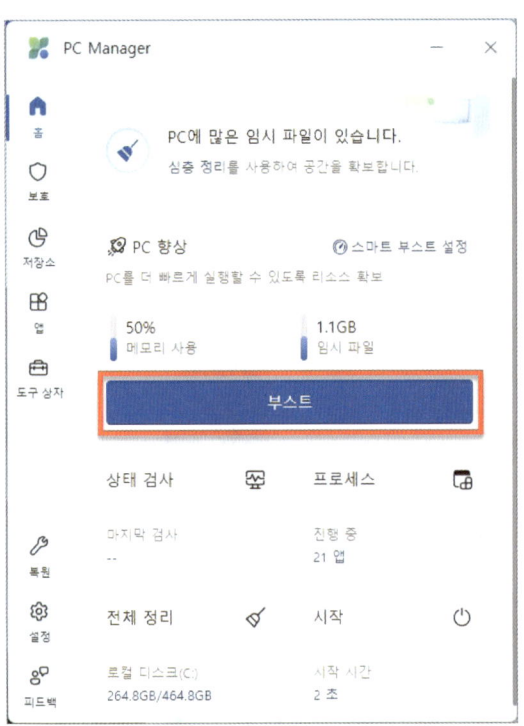

04 **상태 검사**를 클릭하여 오른쪽 창에서 **계속**을 클릭하면 작업이 완료가 됩니다.

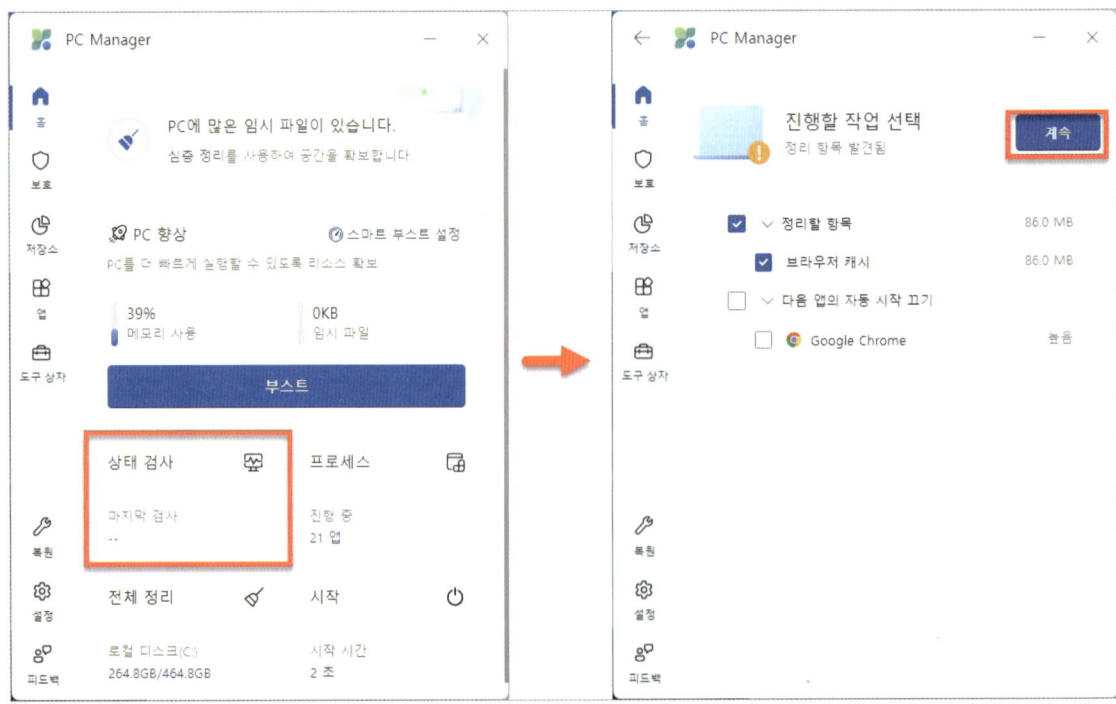

05 디스크 정리를 하기 위해 **전체 정리**를 클릭한 후, 오른쪽 창에서 정리할 부분을 체크한 후 **계속**을 누르면 작업이 완료됩니다.

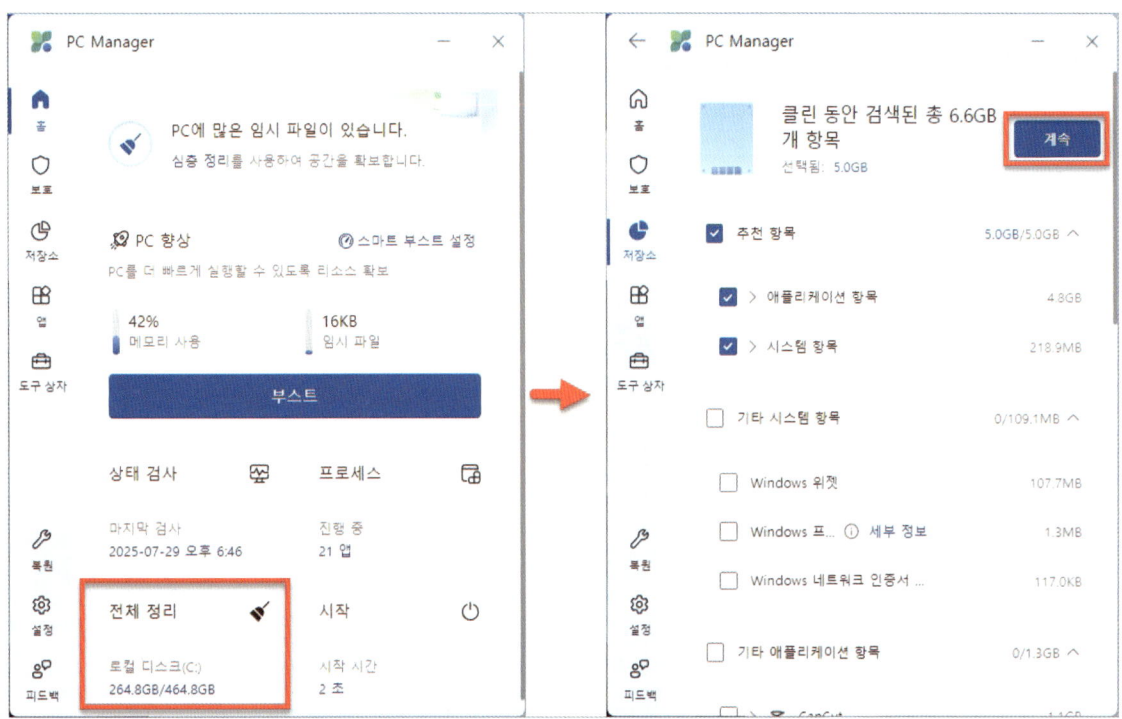

06 윈도우 11을 부팅할 때 시작되는 앱을 사용하거나 끌 수 있습니다. ❶**시작**을 클릭한 후 오른쪽 창에서 ❷**사용하지 않을 앱을 끄기**한 후 다시 ❸**홈** 버튼을 눌러 처음으로 되돌아갑니다.

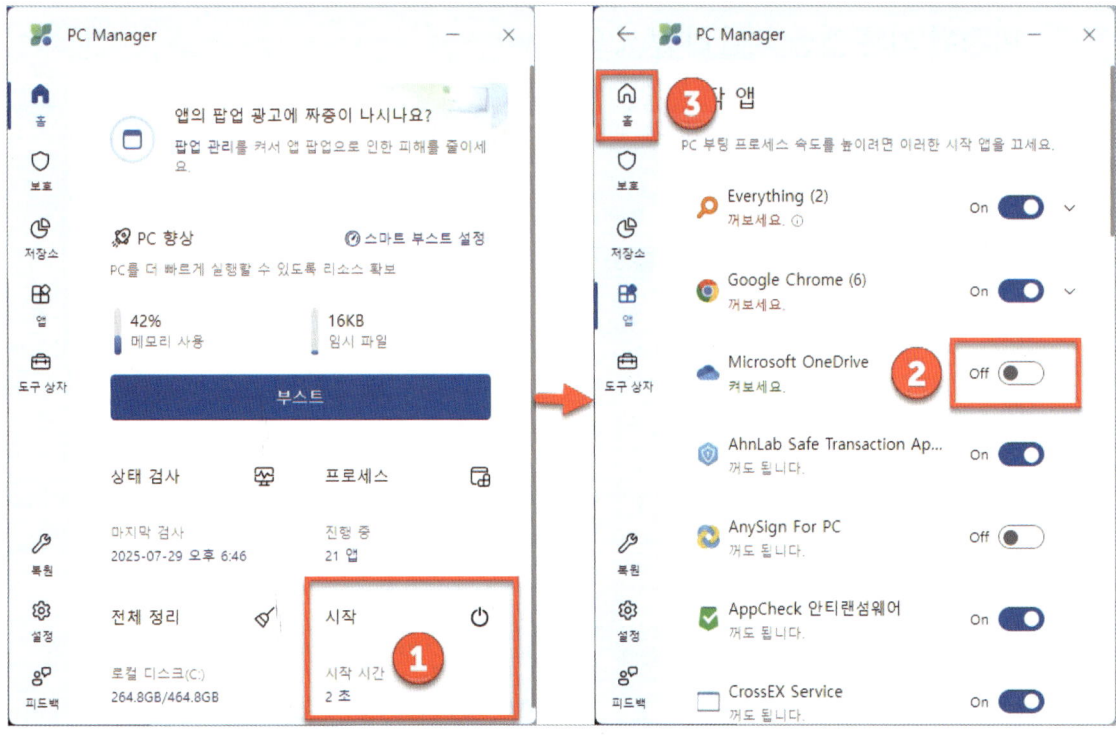

STEP 3 — PC 매니저로 보호하기

01 ❶보호에서 ❷작업 표시줄 복구를 클릭하고, ❸복구를 클릭하면 변경된 작업 표시줄을 한 번에 되돌려 줍니다.

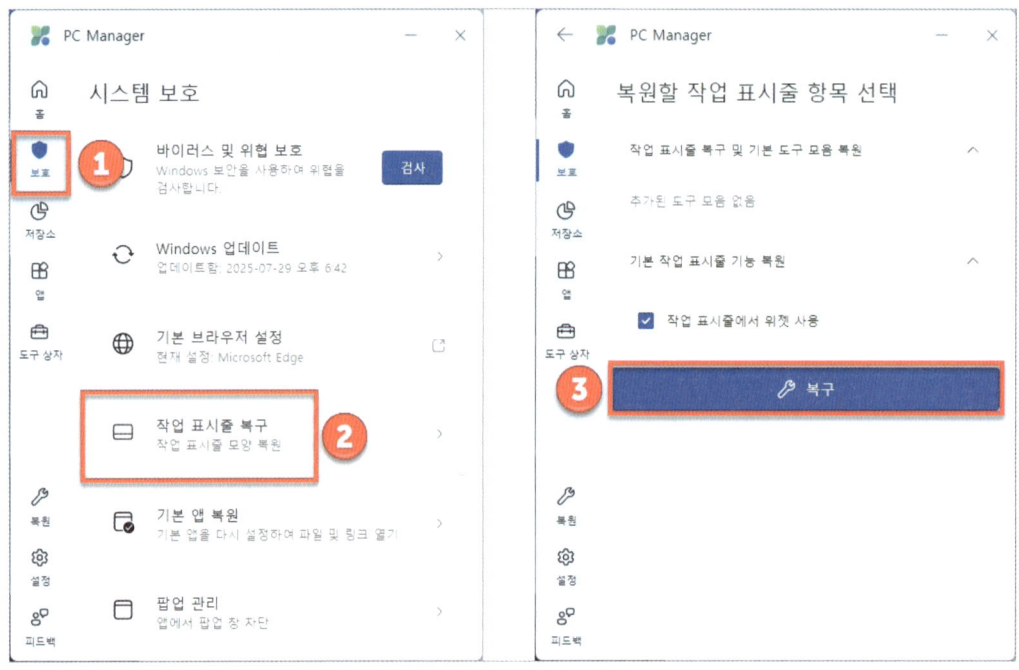

02 ❶보호에서 ❷기본 앱 복원을 선택한 후, 마이크로소프트 앱이 아닌 다른 것으로 변경된 기본 앱을 되돌려 보세요.

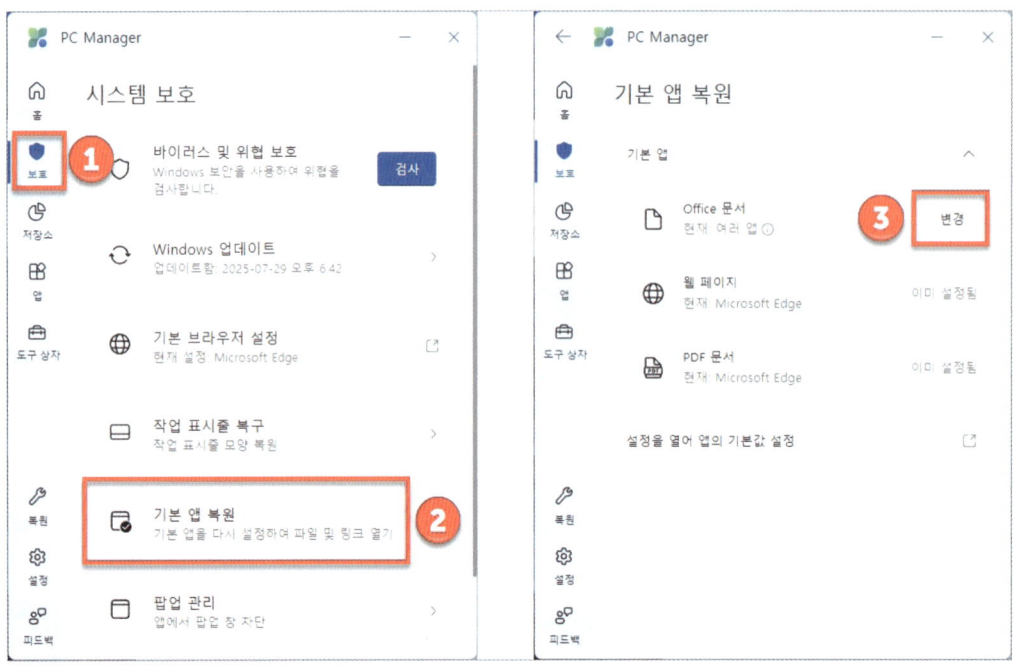

STEP 4 > PC 매니저로 저장소 관리하기

01 다운로드한 파일들이 분산되어 있을 경우 활용해 보세요. ❶**저장소**를 클릭한 후 ❷**다운로드한 파일**을 선택합니다.

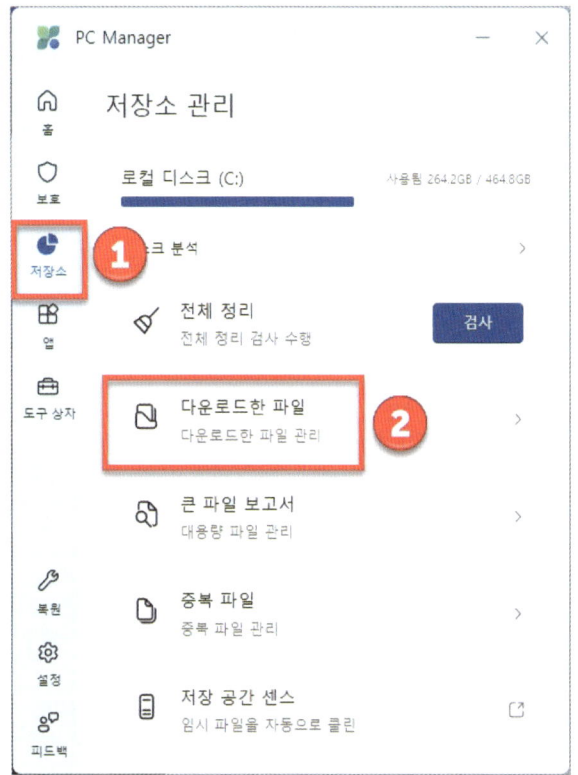

02 아래와 같이 다운로드한 파일이 모두 나타나며, 파일 유형별로 찾아볼 수도 있습니다. ❶**제거할 파일을 모두 선택**한 후 ❷**완전히 삭제**를 눌러서 작업을 진행합니다.

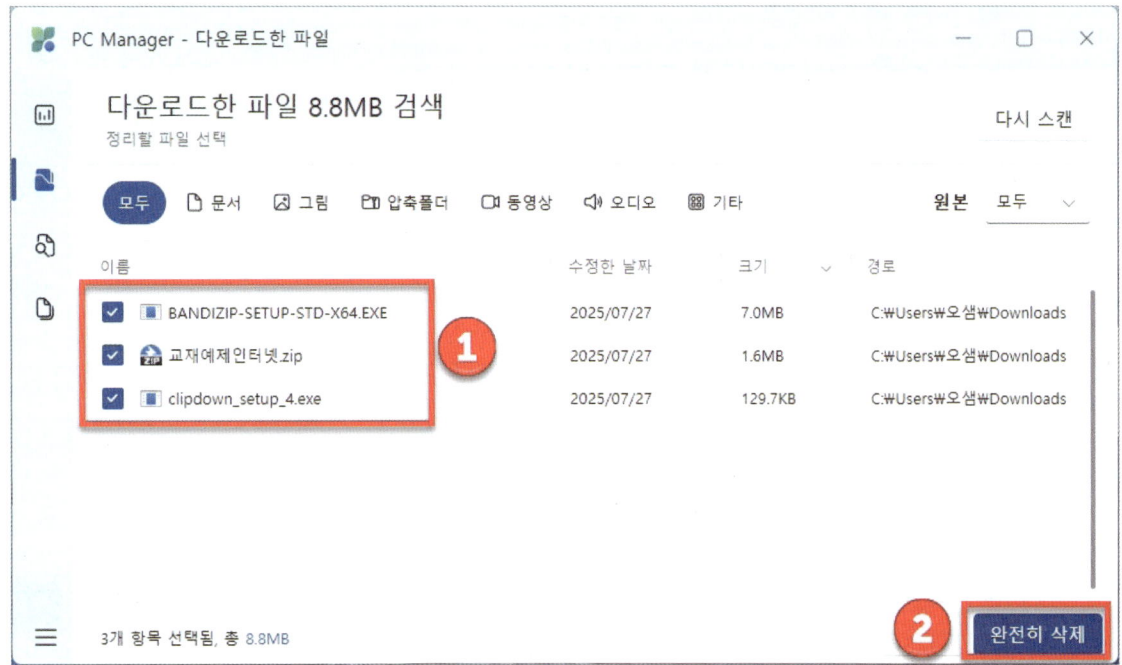

CHAPTER 06 PC Manager로 관리하기 **103**

03 컴퓨터를 사용하여 문서를 저장하거나, 다운로드를 했을 경우에 같은 파일이 존재할 수 있습니다. 중복 파일을 제거하려면 **❶저장소**에서 **❷중복 파일**을 선택합니다.

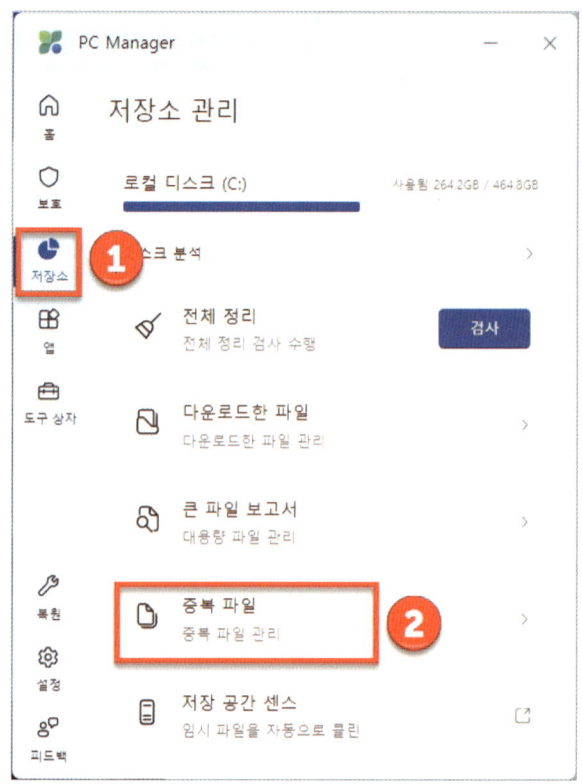

04 디스크 드라이브에 각기 다른 폴더에 저장이 되어 있어도 동일한 파일을 찾아서 목록으로 나열해 줍니다. 파일이 여러 개 중복된 것이므로 1개는 체크를 하지 않고 **❶나머지를 모두 체크**한 후 **❷완전히 삭제**를 클릭합니다. **휴지통에 보관되지 않으므로 신중하게 작업합니다.**

STEP 5 ▸ PC 매니저로 앱 관리하기

01 ❶앱을 선택한 후 ❷프로세스 관리를 클릭하고 일시적으로 필요가 없는 프로그램의 ❸종료를 클릭합니다.

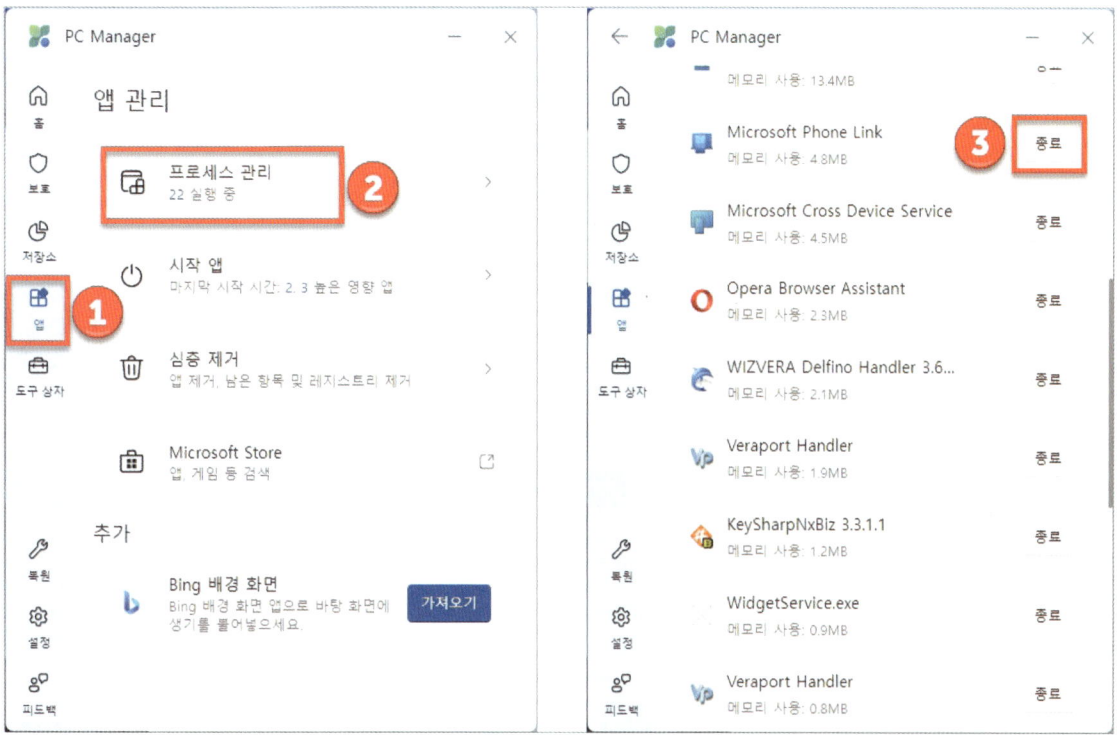

02 종료를 클릭해 실행된 프로그램을 끝냅니다. 윈도우 11이 부팅될 때 수 많은 앱과 처리기(드라이버 등)이 실행됩니다. 일시적으로 필요가 없는 경우 이렇게 관리할 수 있습니다.

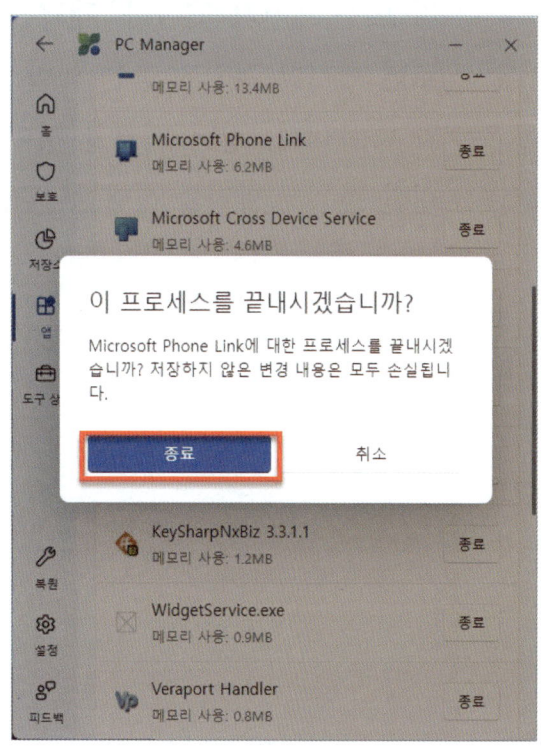

CHAPTER 06 PC Manager로 관리하기 105

03 설치된 앱을 제거할 때 남은 항목과 레지스트리 등 기록된 것이 찌꺼기로 남아 있을 수 있는데 이러한 것을 깔끔하게 지워줄 수 있습니다. ❶**앱**을 클릭한 후 ❷**심층 제거**를 눌러서 찌꺼기가 남은 프로그램 옆의 ❸**제거**를 누르면 해결됩니다.

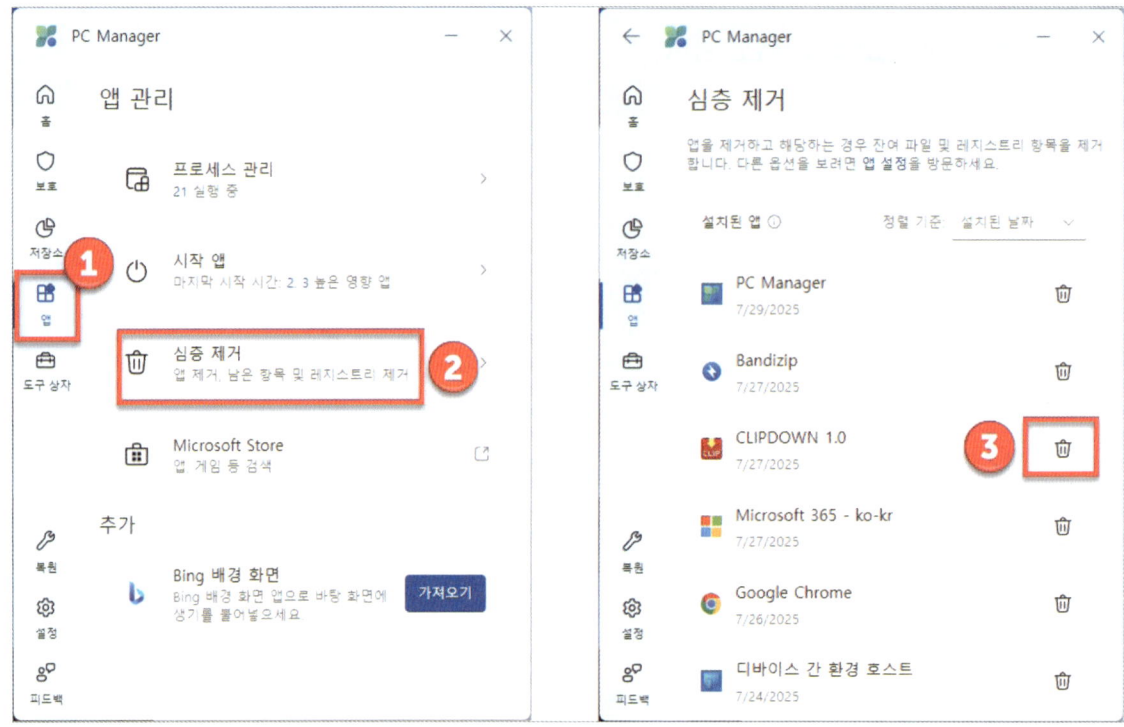

04 제거하려는 앱에 대한 관련 정보까지 모두 제거가 됩니다. **제거**를 누르면 제거할 것인지 묻는 대화상자가 나옵니다. 정말 제거할 것이 확실한 경우에 제거를 진행합니다.

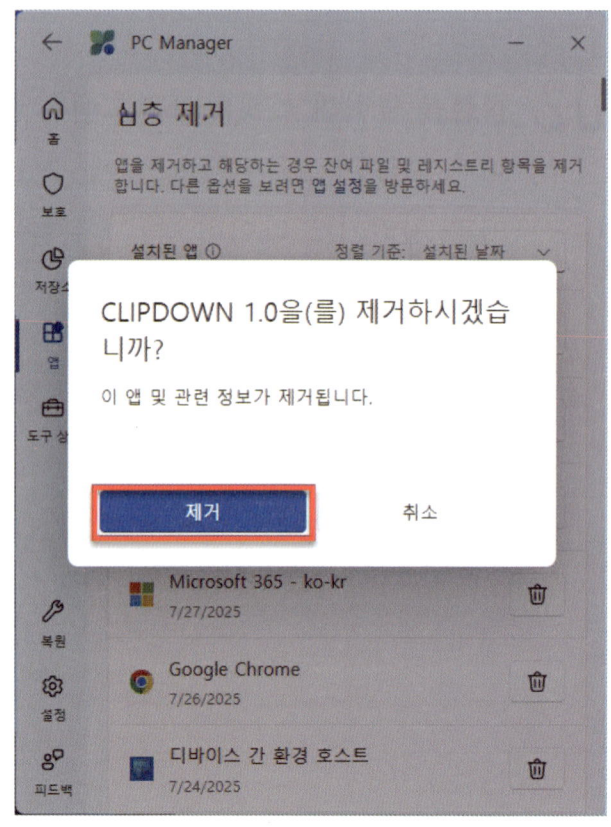

CHAPTER 07
USB 메모리 사용하기

여기에서는 크기가 작아 파일을 이동하기 편한 USB 메모리 종류를 살펴보고, USB 메모리를 PC에 연결하여 자료를 복사/이동하는 방법과 USB 메모리를 PC에서 제거하는 방법을 알아보겠습니다.

결과화면 미리보기

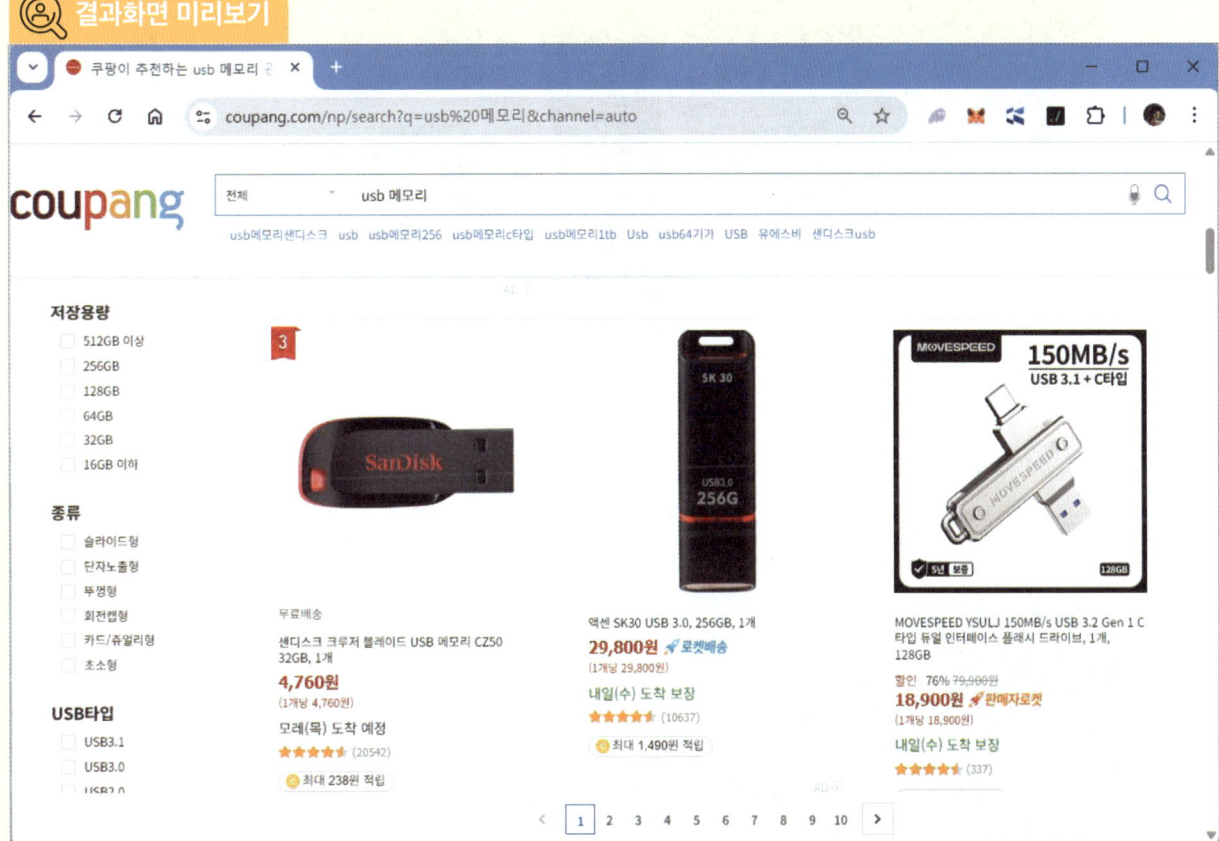

무엇을 배울까?

❶ USB 메모리 연결하기
❷ USB 메모리 포맷하기
❸ USB 메모리에 파일 보내기
❹ 내 PC로 파일 가져오기
❺ PC에서 USB 메모리 제거하기

STEP 1 - USB 메모리 연결하기

01 USB 메모리를 컴퓨터 본체의 USB 포트에 연결합니다. 보통 본체의 앞이나 뒤에 있는데, USB 메모리 접촉 단자의 색상을 보고 파란색은 **파란색**에, 나머지 다른 색은 검은색 USB 단자에 연결(마운트)합니다.

02 USB 메모리가 연결되면 모니터 화면 오른쪽 하단에 **자동 실행 알림상자**가 나타날 수도 있으나, 설정 알림을 끄면 나타나지 않을 수도 있습니다.

STEP 2 > USB 메모리 포맷하기

01 **내 PC**를 실행하여 USB 메모리가 마운트된 곳에 ❶**마우스 우클릭**을 해서 ❷**포맷**을 선택합니다. **데이터가 지워지므로 실습에 주의하세요.**

02 파일 시스템은 ❶**NTFS**로 변경하고 ❷**빠른 포맷**을 체크한 후 ❸**시작**을 클릭합니다.

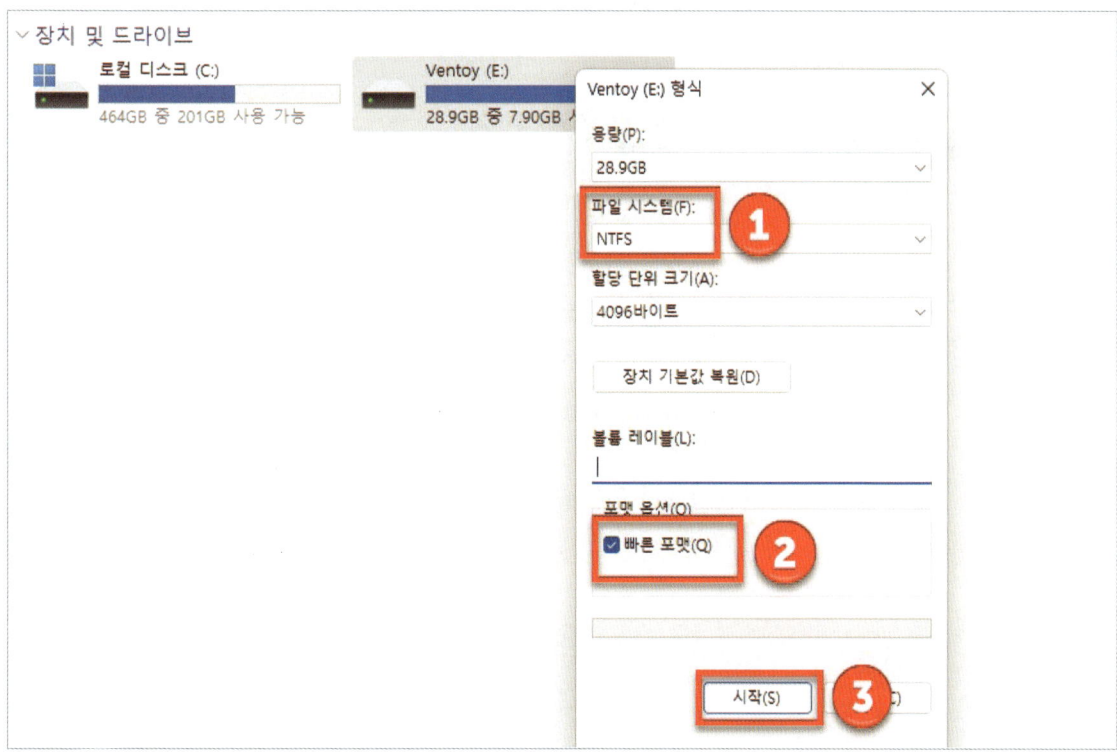

03 경고창이 나오는데 모든 데이터가 지워지고 복구할 수 없다는 메시지입니다. **확인**을 클릭하면 포맷 작업이 진행됩니다.

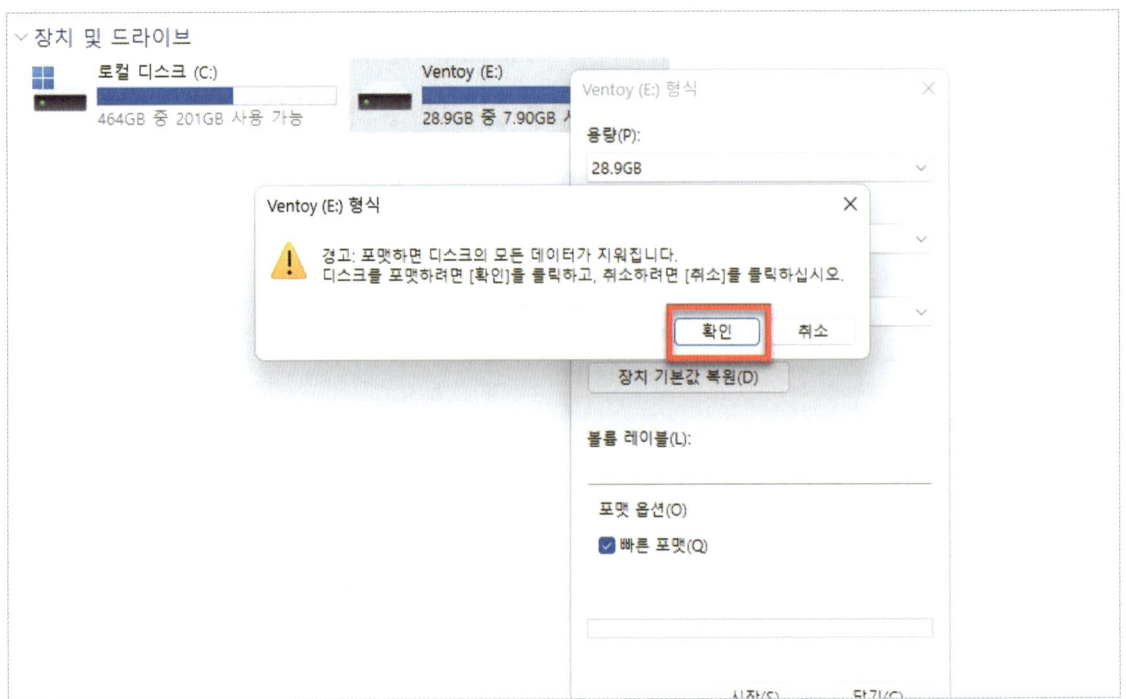

04 포맷 작업이 진행된 후 완료가 되면 **확인**을 클릭하고, **닫기**를 클릭해서 포맷 작업을 완료합니다. USB 메모리는 불량이 있을 수 있으므로, 상대적으로 시간이 더 걸리기는 하지만 **빠른 포맷을 해제**한 후 포맷을 완료하는 것이 좋습니다.

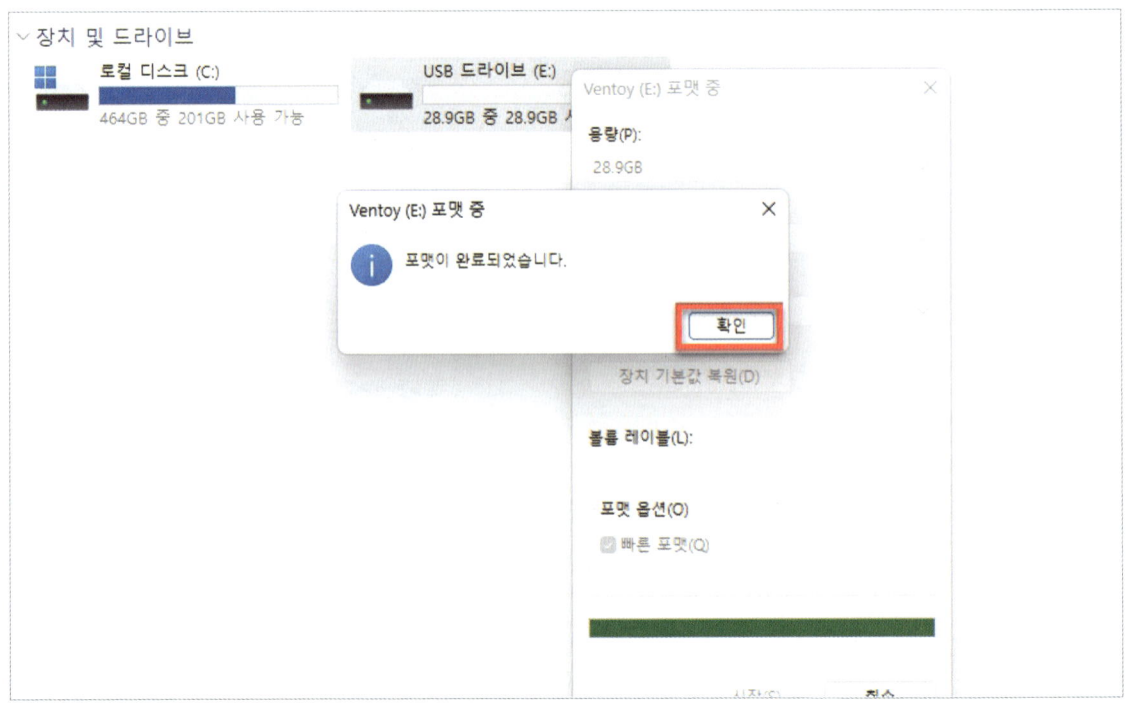

STEP 3 - USB 메모리에 파일 보내기

01 ❶**사진** 라이브러리에서 앞 과정에서 압축을 해제한 폴더인 ❷**교재예제인터넷** 폴더를 더블클릭해서 열어줍니다.

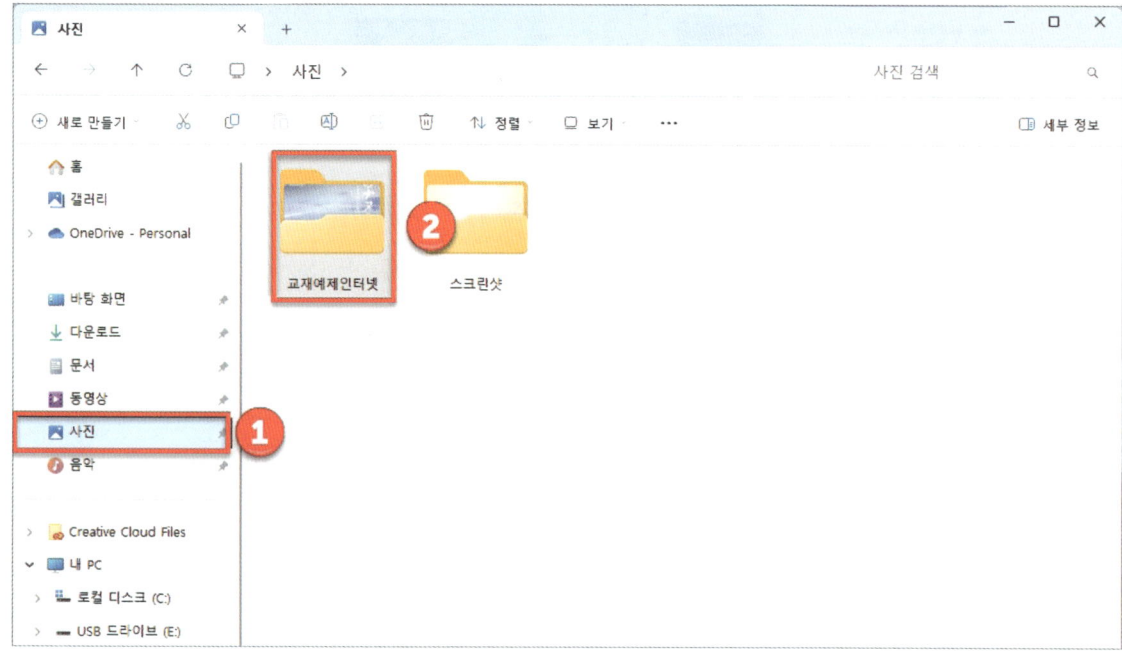

02 ❸**...(더보기)** ▶ ❹**모두 선택**을 차례로 클릭해서 폴더 안에 있는 모든 파일을 한꺼번에 선택합니다.

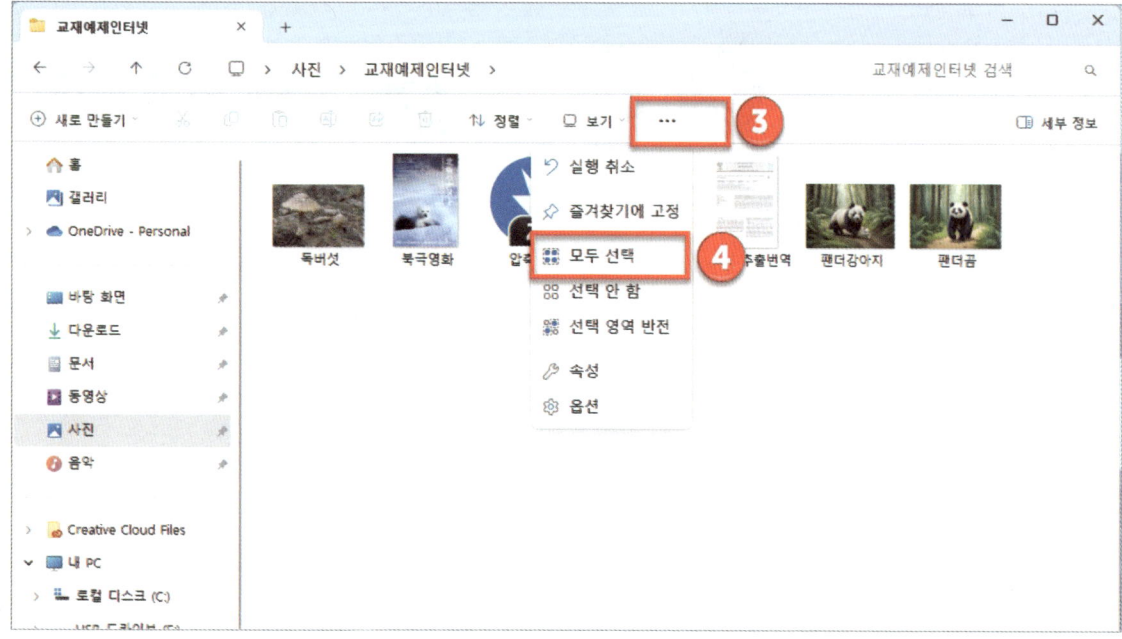

03 선택된 파일을 아래처럼 **USB 드라이브로 드래그**합니다. 드라이브 이름이 다를 경우에는 파일을 드래그하면 **복사**가 됩니다.

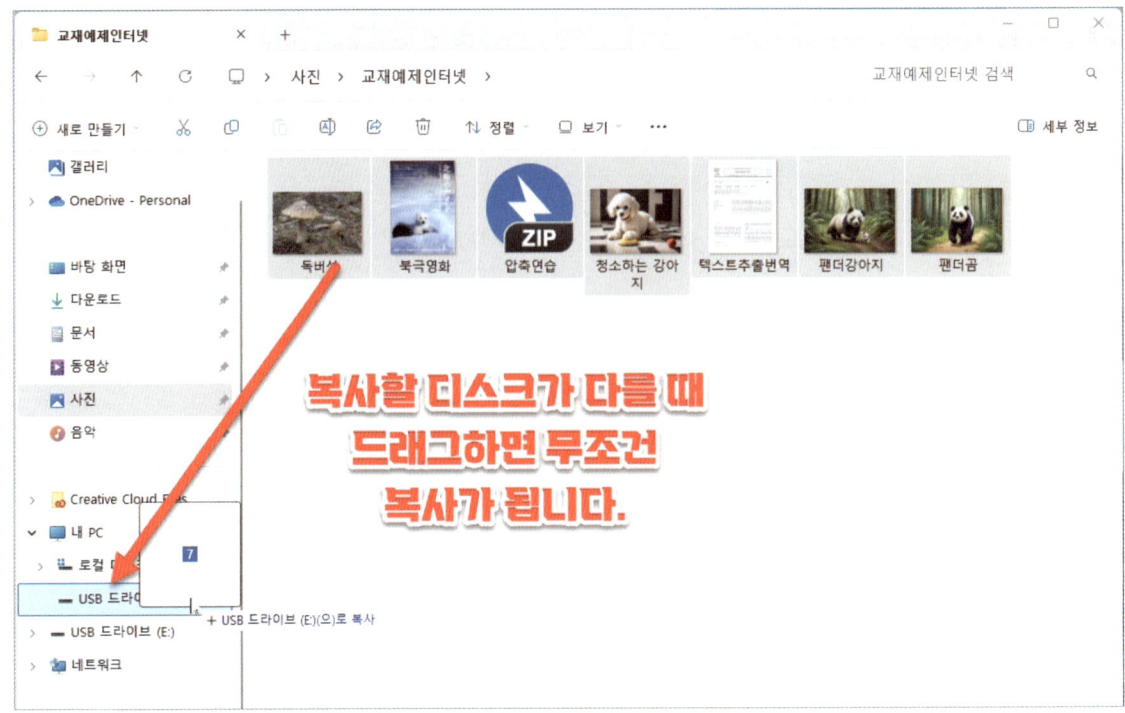

04 복사 작업이 끝나면 왼쪽 탐색 창에서 **USB 드라이브**를 클릭하면 오른쪽 내용 창에 **7개의 파일**이 보내진 것을 확인합니다.

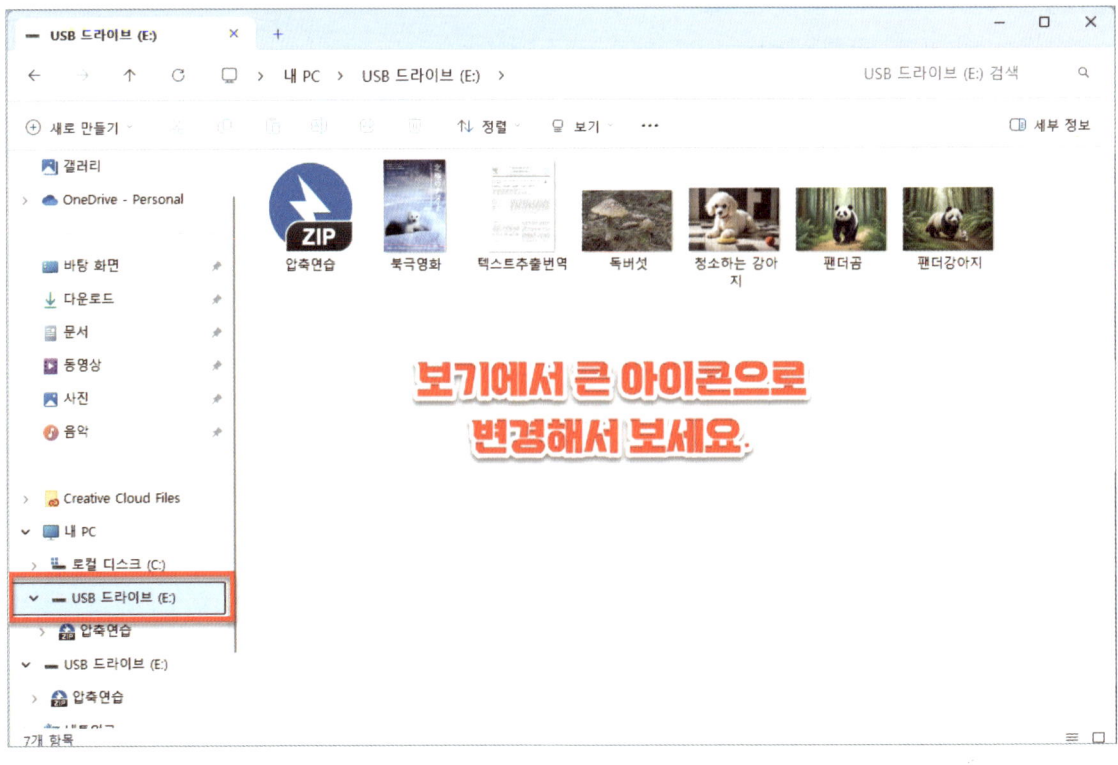

STEP 4 > 내 PC로 파일 가져오기

01 파일 탐색기를 실행한 후 좌측 탐색 창에서 ❶USB 드라이브를 클릭한 후 오른쪽 내용 창에서 가장 앞에 표시된 ❷압축연습 파일을 클릭합니다.

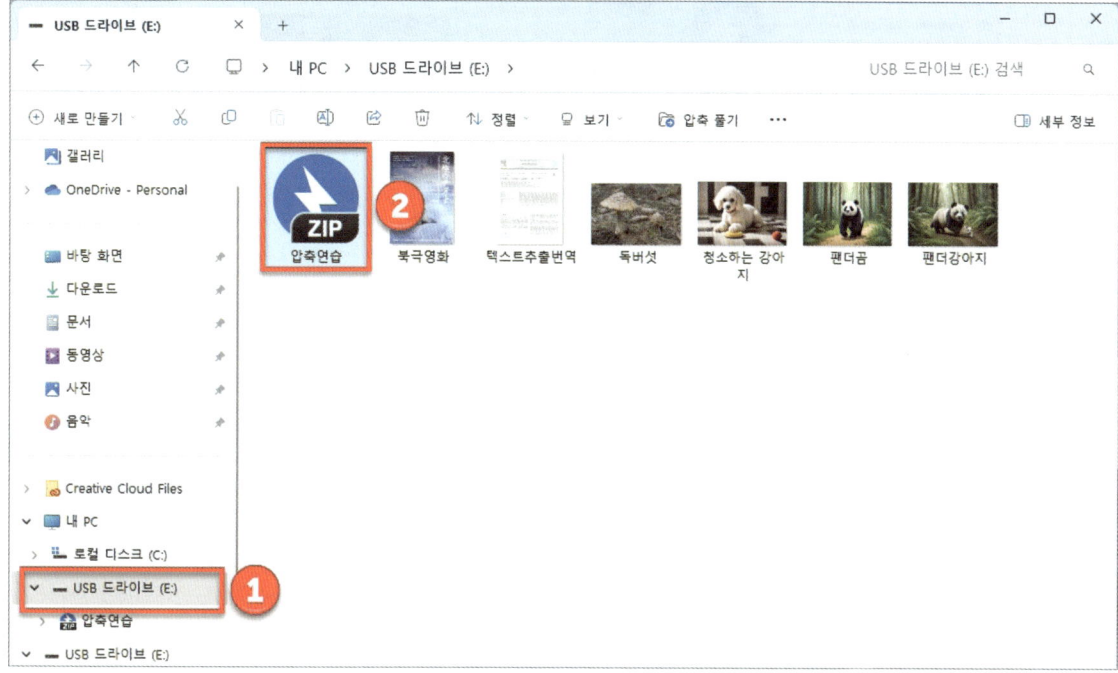

02 여러 파일을 한꺼번에 선택하기 위하여 마지막 파일을 Shift +클릭해서 전체 파일을 선택합니다.

03 잘라내기를 해도 되지만 안전하게 도구모음에서 **복사**를 클릭합니다. 단축키 Ctrl+C를 사용해도 됩니다.

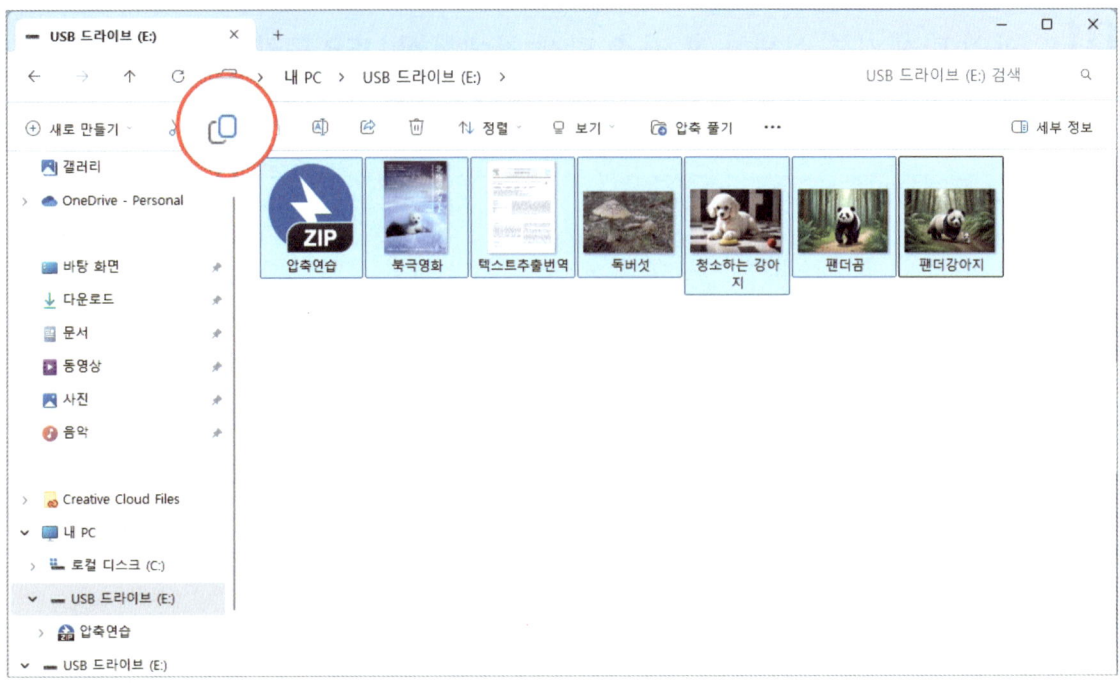

04 계속해서 붙여넣을 장소를 선택하면 되는데, 왼쪽 탐색 창의 즐겨찾기에 있는 ❶**문서**를 클릭한 후 도구모음에서 ❷**붙여넣기**를 클릭합니다. USB에 있던 파일들이 문서 라이브러리에 복사된 것을 확인합니다.

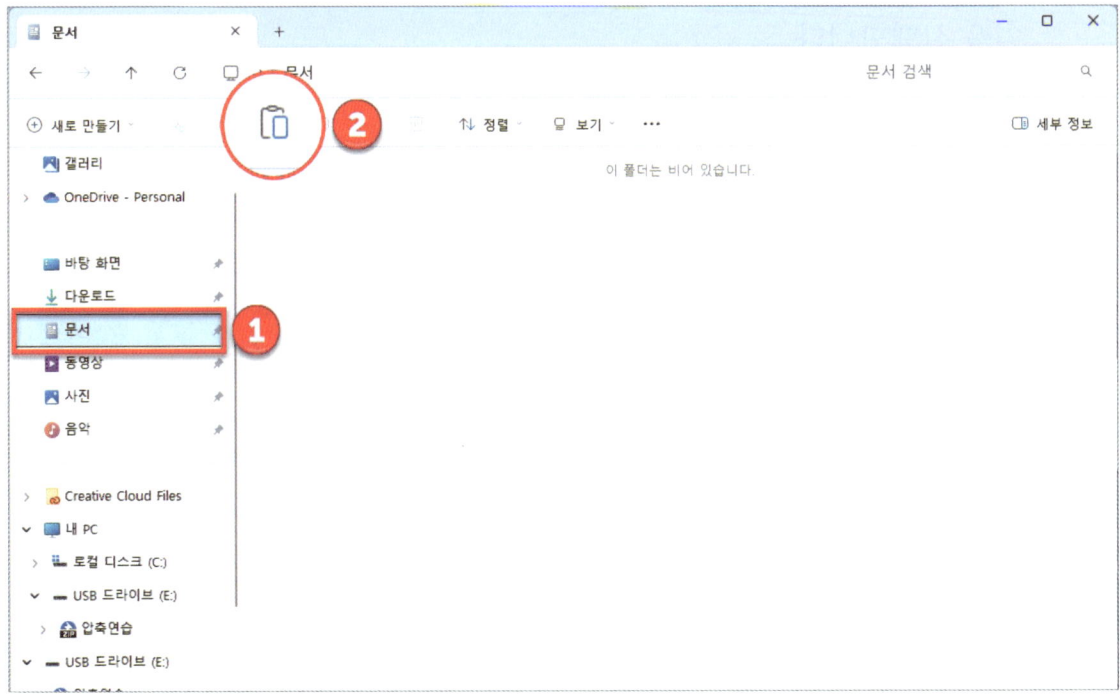

STEP 5 PC에서 USB 메모리 제거하기

01 내 PC를 실행하고 USB 드라이브를 클릭해 선택합니다.

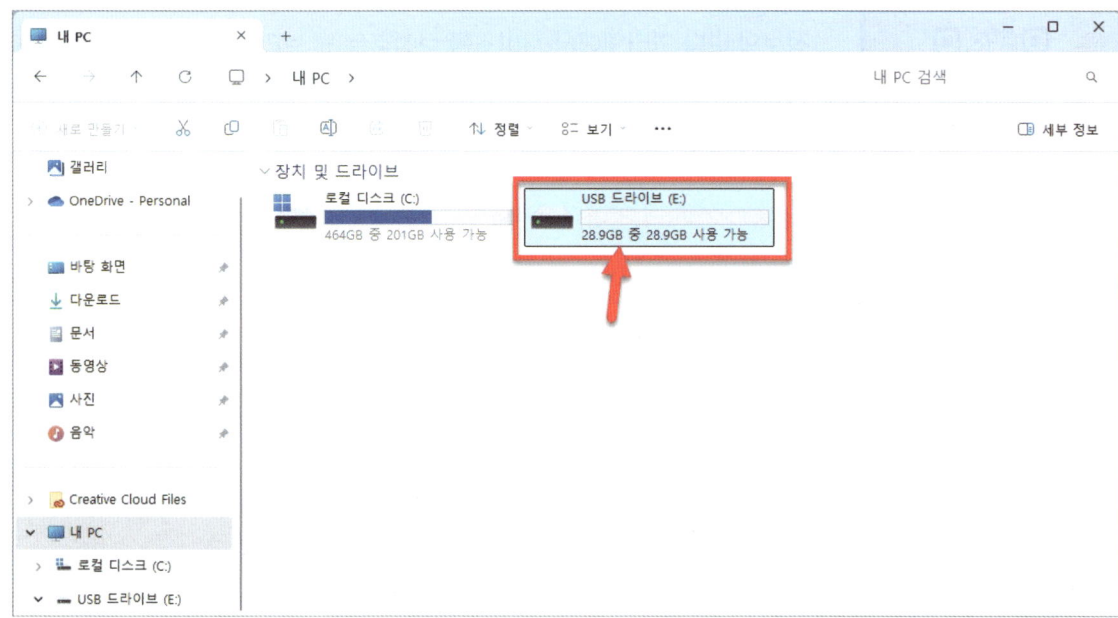

02 ❶ ...(더보기)를 클릭한 후 ❷꺼내기를 누르면 마운트가 해제되어 PC에서 USB 메모리를 안전하게 분리제거할 수 있습니다.

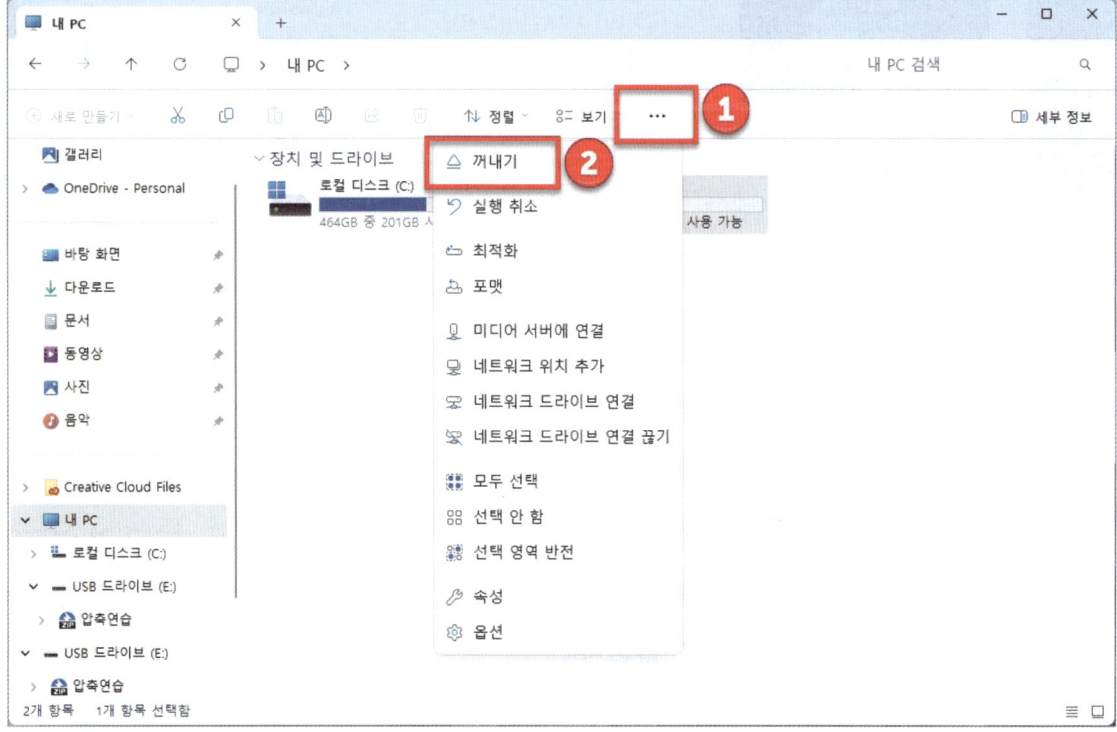

CHAPTER 08

엣지 브라우저 활용하기

정보의 바다 인터넷에서 서비스를 보여주는 웹 브라우저 중 마이크로소프트 엣지(Edge) 브라우저의 환경을 설정하고 편하게 사용할 수 있도록 설정하는 다양한 방법을 윈도우 11 버전으로 알아보겠습니다.

결과화면 미리보기

무엇을 배울까?

❶ 엣지 브라우저 페이지 설정하기
❷ 빠른 링크 연결하기
❸ 홈 버튼 활용하기
❹ 새 탭에 코파일럿 연결하기
❺ 시작 페이지 추가 및 변경하기
❻ 개인 정보와 초기화하기

116 컴퓨터 활용(윈도우 11)

STEP 1 엣지 브라우저 페이지 설정하기

01 브라우저에 보이는 페이지에 나오는 내용을 콘텐츠라고 하며, 뉴스 등을 끄면 빠르고 깨끗해 보입니다. 우측 상단의 **설정**을 클릭합니다.

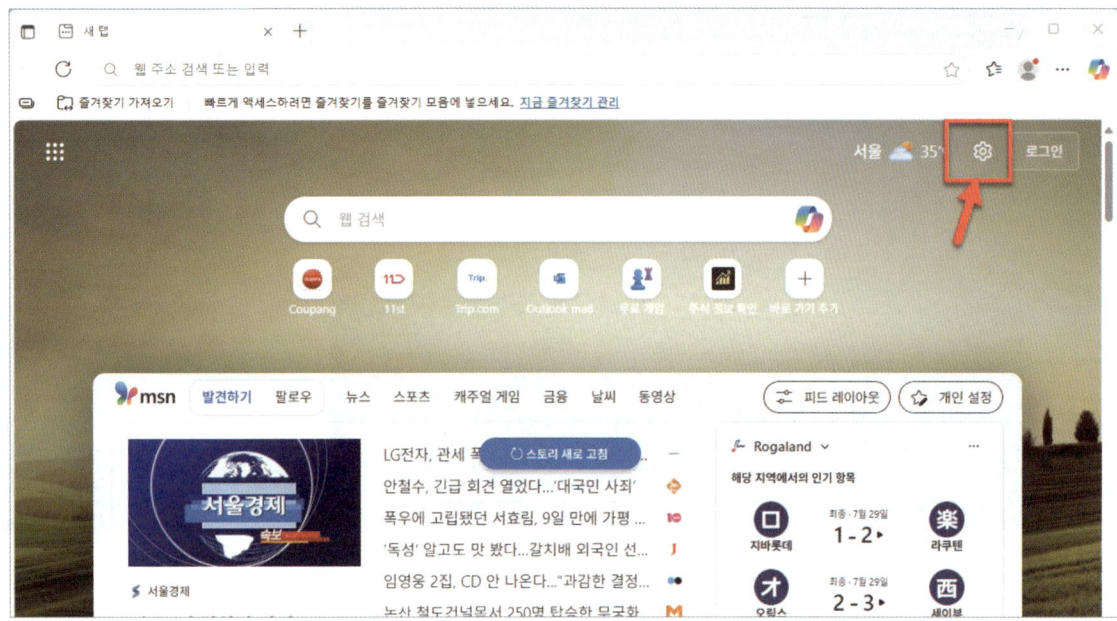

02 **페이지 설정** 대화상자가 나오면 **내용 표시**의 [켜기]를 클릭해서 **[끄기]로 변경**합니다.

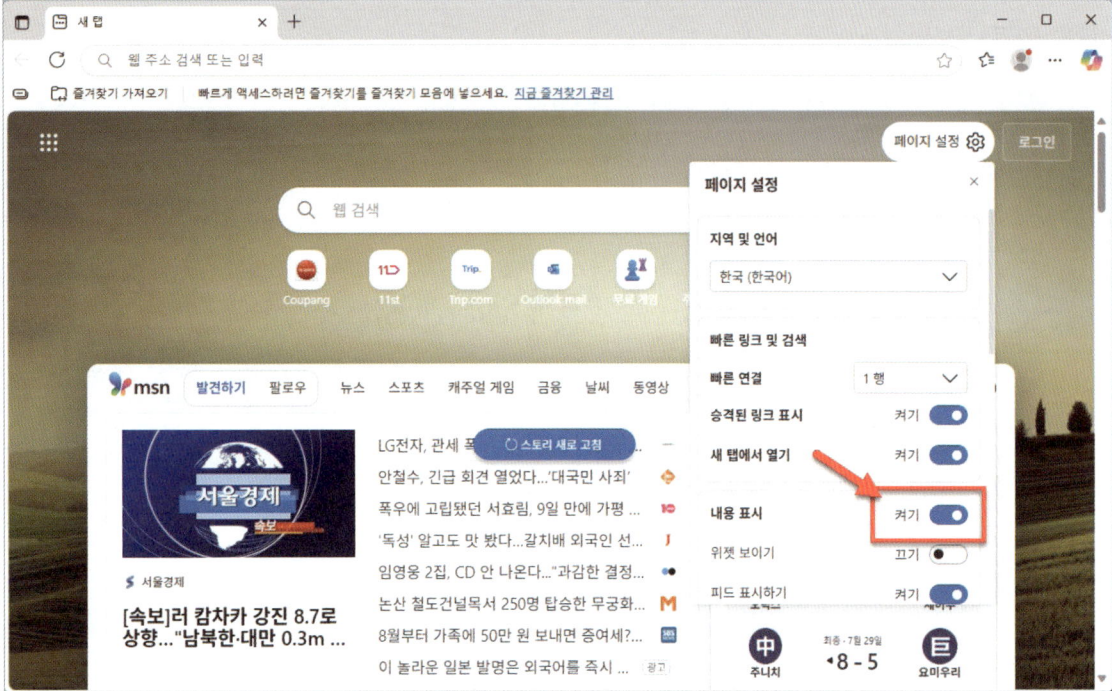

CHAPTER 08 엣지 브라우저 활용하기 117

03 내용이 꺼져서 깔끔해졌으며, 이번에는 **배경**의 [켜기]를 클릭해서 **[끄기]로 변경**합니다. 배경 그림을 없애는 설정입니다.

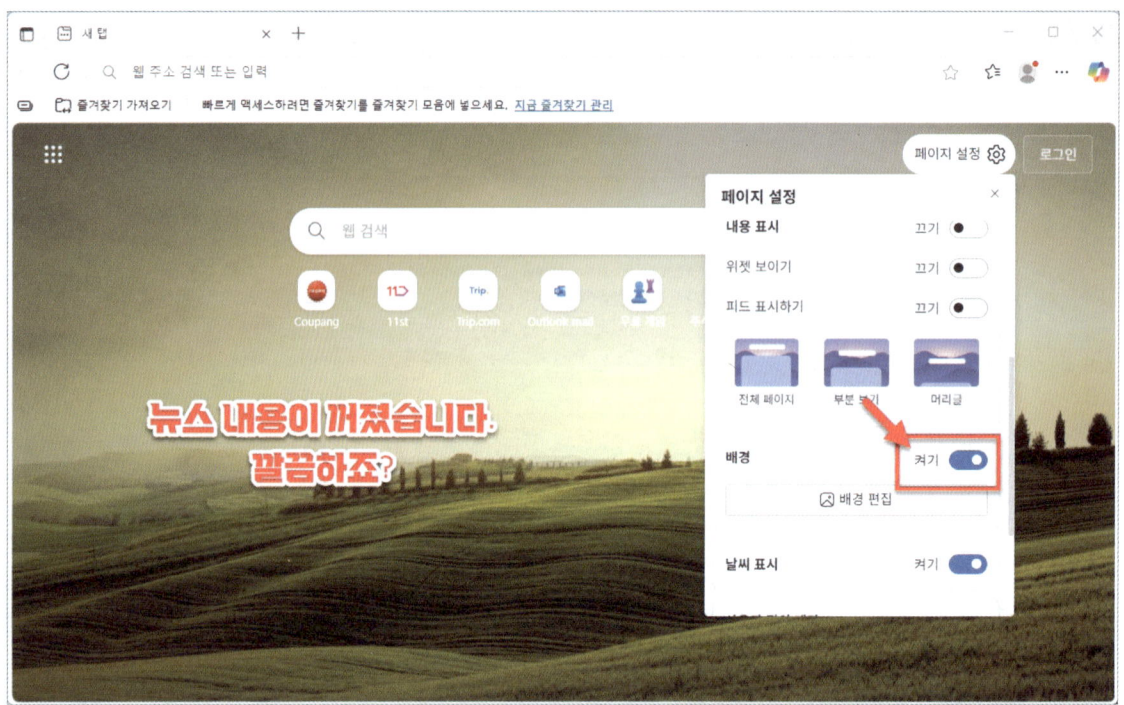

04 페이지 설정 대화상자를 끝내기 위해 대화상자의 우측 상단에 있는 **X(닫기) 버튼**을 클릭합니다. 페이지에 표시할 내용을 줄이면 속도도 빨라지고 임시 데이터 생성도 줄어듭니다.

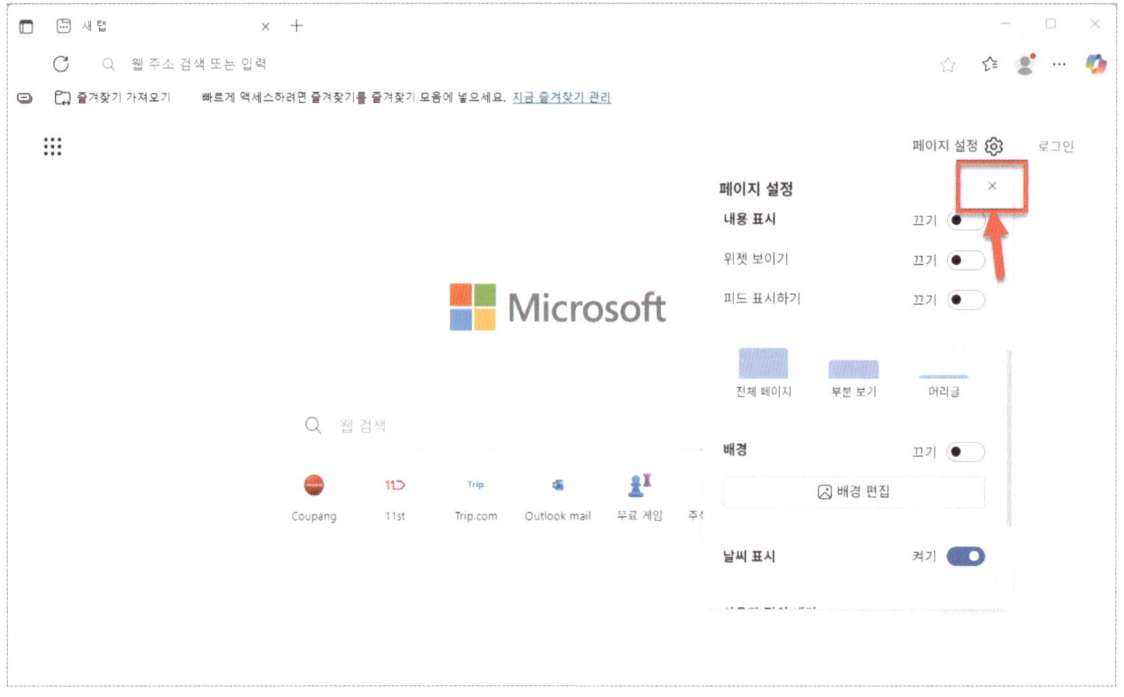

STEP 2 > 빠른 링크 연결하기

01 불필요한 링크를 제거하려면 링크 아이콘에 마우스를 올려 놓았을 때 표시되는 **...(기타옵션)**을 클릭합니다.

02 기타옵션 메뉴에서 **제거**를 선택합니다. 빠른 링크의 경우 제거나 이름 바꾸기는 할 수 있지만, 링크가 연결되는 페이지를 편집할 수는 없습니다.

03 같은 방법으로 필요 없는 링크 아이콘을 제거한 후, 빠른 링크 끝에 있는 **+(바로 가기추가)**를 클릭합니다.

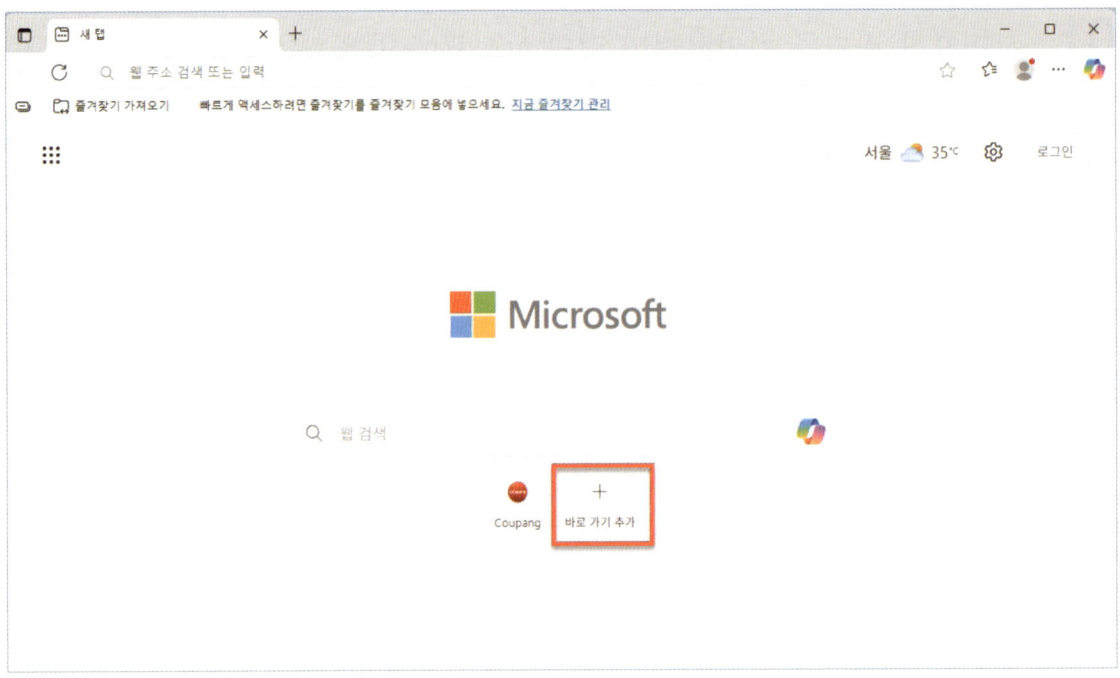

04 웹 사이트 추가 대화상자가 표시되면 이름에 ❶ **네이버**를 입력한 후 URL에 ❷ **https://naver.com**을 입력한 다음 ❸ **추가**를 클릭합니다. 주소가 틀리면 링크 아이콘이 지구본 모양으로 나오게 됩니다.

STEP 3 홈 버튼 활용하기

01 주소 표시줄 앞에 홈 버튼을 나타나게 하려면 ❶ **…(기타옵션)**을 클릭한 후 ❷ **설정**을 클릭합니다.

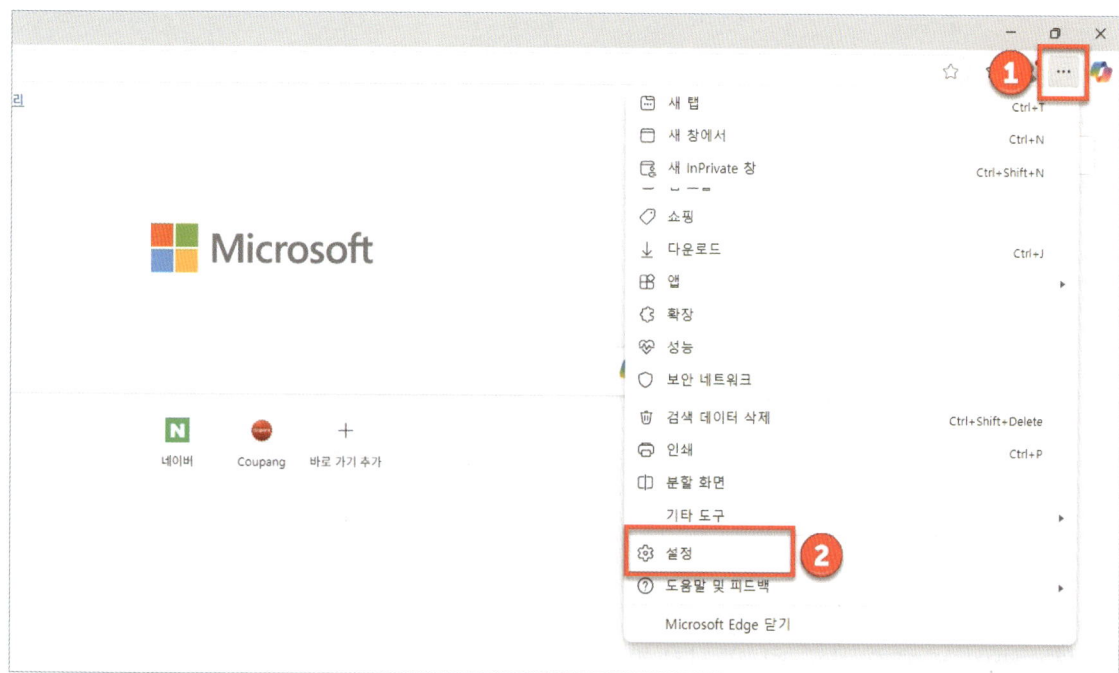

02 ❶ **시작, 홈 및 새 탭 페이지**를 클릭한 후 오른쪽 창에서 ❷ **도구 모음에 홈 버튼 표시**를 켜 줍니다.

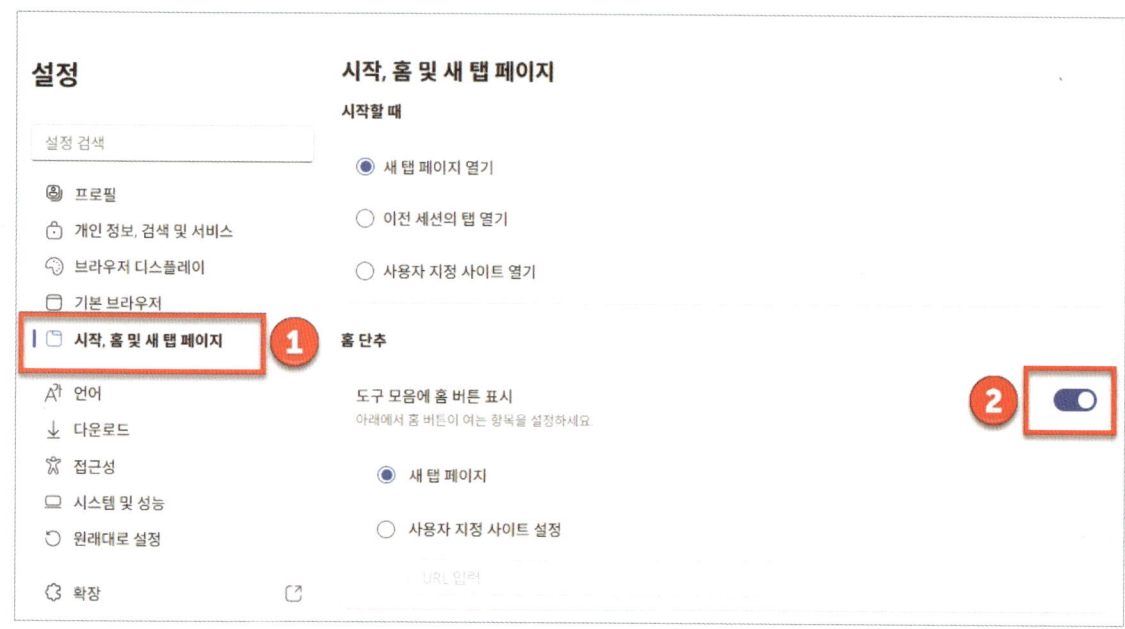

03 홈 버튼을 클릭하면 구글 사이트가 나오도록 ❸**사용자 지정 사이트 설정**을 체크한 후 ❹**https://google.com** 을 입력한 다음 창을 닫습니다.

04 엣지 브라우저를 다시 실행하면 주소 표시줄 앞에 **홈 버튼**이 표시가 되었으며, **홈 버튼**을 클릭하면 구글 사이트가 연결됩니다.

STEP 4 ▸ 새 탭에 코파일럿 연결하기

01 엣지 브라우저에 인공지능 AI 서비스인 **코파일럿**을 새 탭에 연결할 수 있습니다. 엣지 브라우저의 **설정**을 열어줍니다.

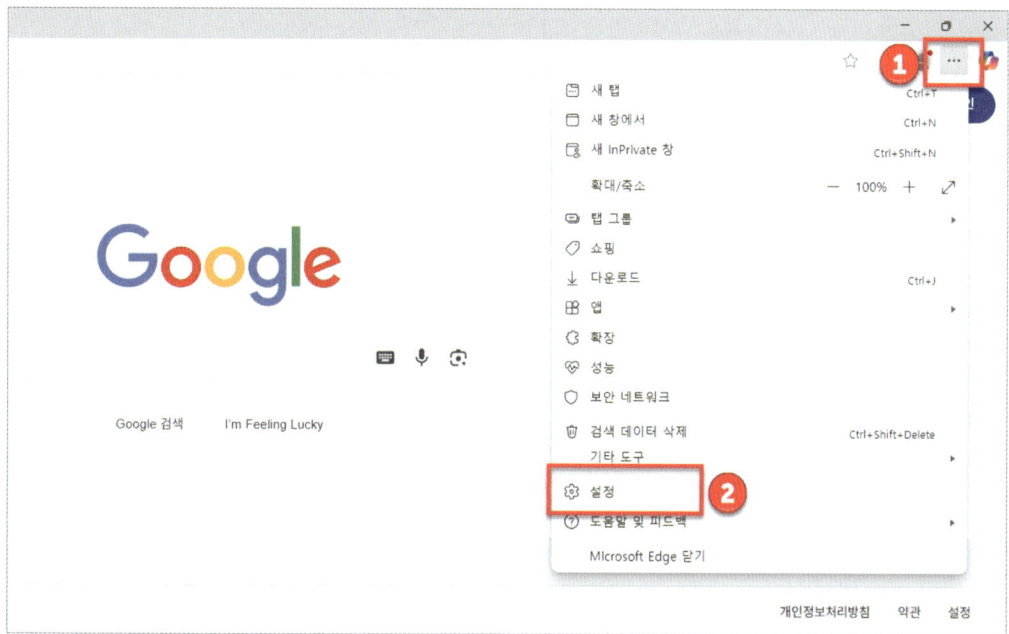

02 **시작, 홈 및 새 탭 페이지**를 클릭한 후, **Copilot 새 탭 페이지**를 활성화합니다.

CHAPTER 08 엣지 브라우저 활용하기

03 엣지 브라우저의 **새 탭**을 클릭하면 인공지능 코파일럿 화면이 나타납니다.

04 프롬프트에 "냉장고에 있는 계란, 브로콜리, 양배추와 마늘로 요리할 수 있는 레시피를 그림으로 알려줘"를 입력한 후 Enter 를 누르세요.

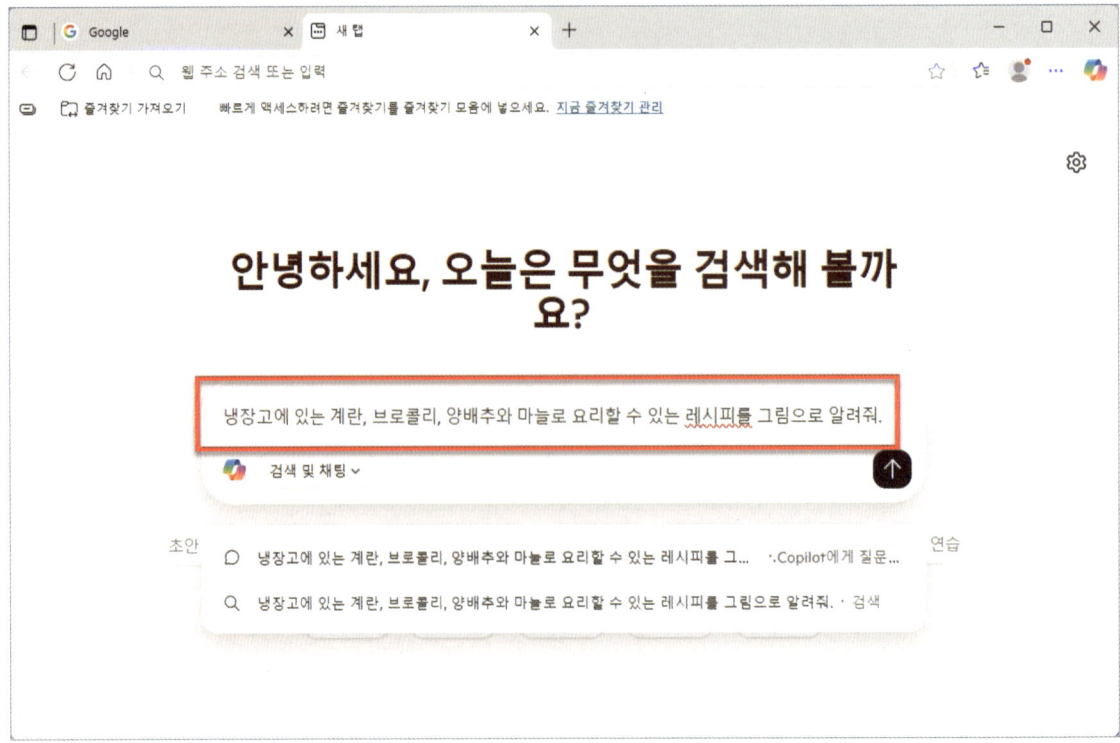

05 아래와 같이 질문에 대한 답을 생성하여 보여주게 됩니다. 질문이 좋으면 결과도 좋게 나옵니다.

06 프롬프트에 **"재료별로 영양소와 칼로리를 작성해줘"**라고 입력한 후 Enter 를 눌러서 결과를 확인해 보세요.

재료	칼로리	단백질	탄수화물	지방	식이섬유	주요 영양소 및 효능
🥚 계란	147 kcal	12.6g	0.8g	9.9g	0g	비타민 D, B12, 콜린, 루테인 → 근육 생성, 뇌·눈 건강, 면역력 강화
🥦 브로콜리	34 kcal	2.8g	6.6g	0.4g	2.6g	비타민 C, K, 설포라판 → 항산화, 면역력, 항암 효과
🥬 양배추	25 kcal	1.3g	5.8g	0.1g	2.5g	비타민 C, K, 글루코시놀레이트 → 위 건강, 소화 촉진, 항염 효과
🧄 마늘	149 kcal	6.4g	33.1g	0.5g	2.1g	알리신, 비타민 B6, 셀레늄 → 항균, 혈액순환, 면역력 강화

📌 참고: 마늘은 향신료로 사용되는 양이 적기 때문에 실제 섭취 칼로리는 낮습니다.

이 재료들은 각각의 영양소가 풍부해서 함께 조리하면 **균형 잡힌 한 끼**가 될 수 있어요. 특히 **계란의 단백질, 브로콜리와 양배추의 식이섬유, 마늘의 항산화 성분**이 조화를 이루어 건강한 식단으로 딱이죠!

혹시 이 재료들을 활용한 **다른 요리 아이디어나 영양 밸런스를 더 높일 수 있는 재료 추천**도 원하시나요? 😊

STEP 5 〉 시작 페이지 추가 및 변경하기

01 엣지 브라우저가 처음 열릴 때 보이는 **시작 페이지**를 변경하려면, 엣지 브라우저의 **설정**을 열어줍니다.

02 ❶**시작, 홈 및 새탭 페이지**를 선택한 후 ❷**사용자 지정 사이트 열기**를 체크하고 ❸**사이트 추가** 버튼을 클릭합니다.

03 "https://naver.com"을 입력한 후 **추가** 버튼을 클릭하고, 엣지 브라우저 창을 닫아줍니다.

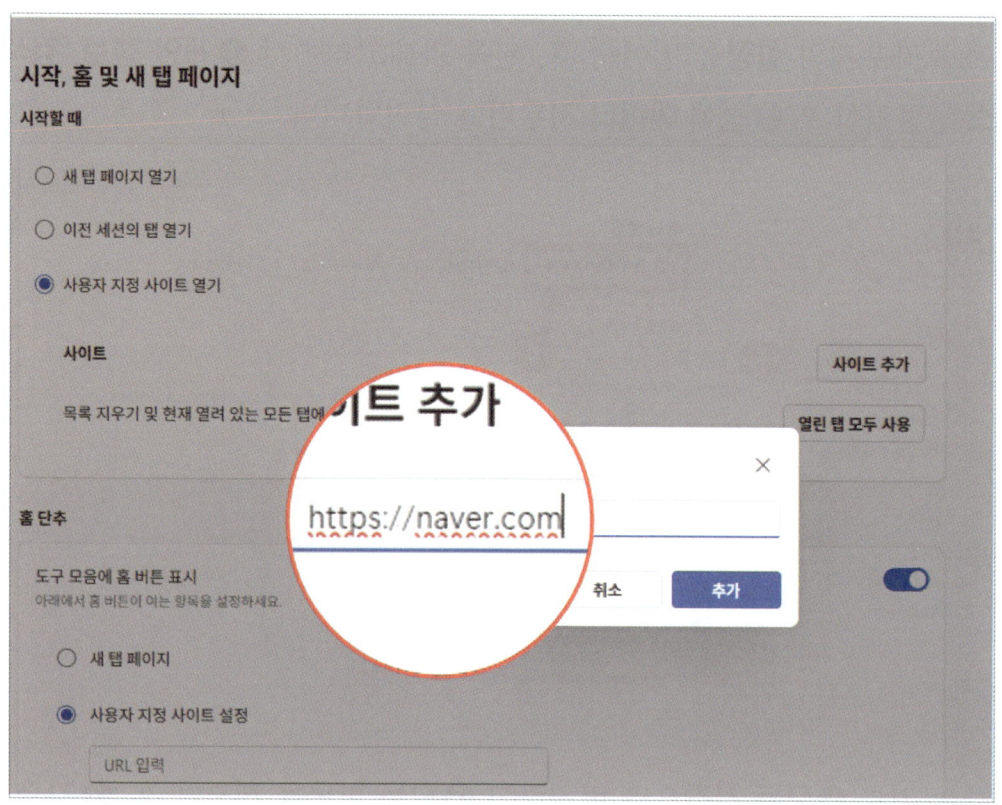

04 엣지 브라우저를 바탕 화면에서 실행하면 아래와 같이 네이버 홈페이지가 시작 페이지로 나타나게 됩니다.

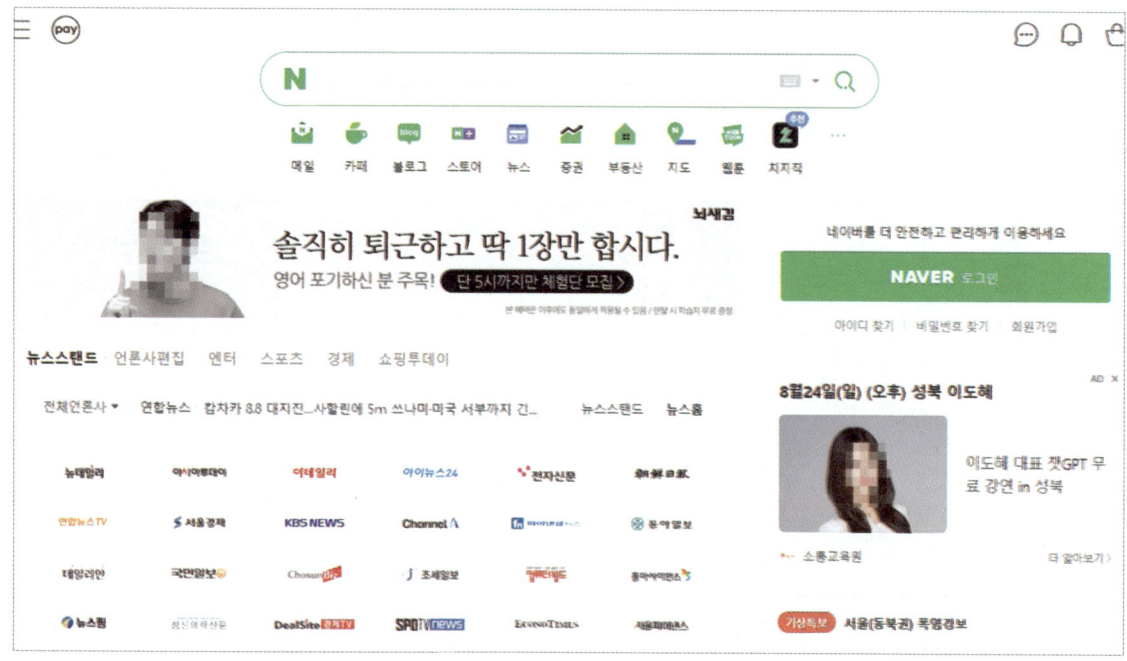

STEP 6 > 개인 정보와 초기화하기

01 엣지 브라우저의 **설정**을 열어준 후, 왼쪽 카테고리에서 ❶**개인 정보, 검색 및 서비스**를 클릭한 후 ❷**검색 데이터 지우기**를 클릭합니다.

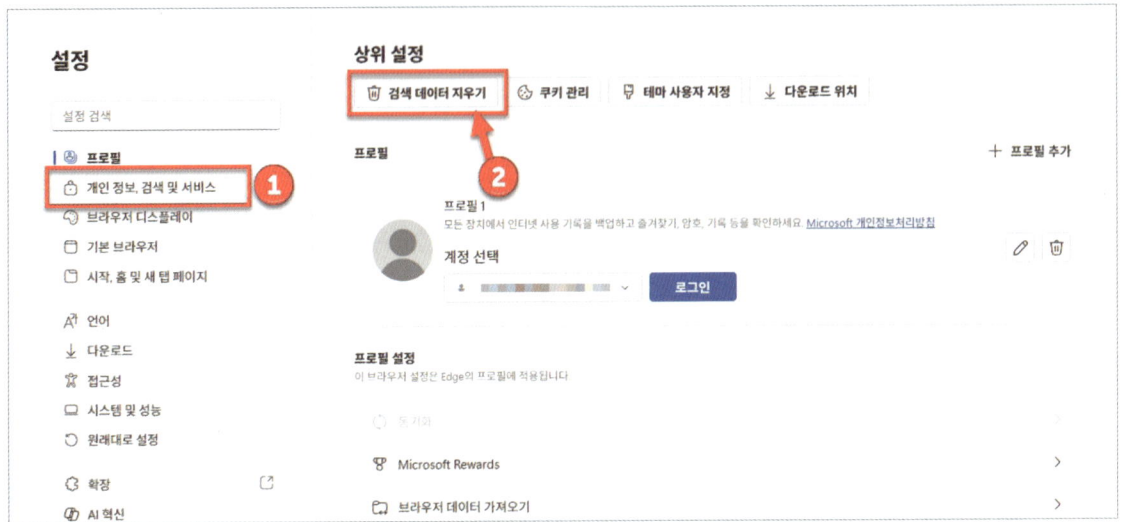

02 시간 범위를 ❶**모든 시간**으로 변경하고 ❷**모든 항목을 체크**한 후, ❸**지금 지우기**를 클릭합니다.

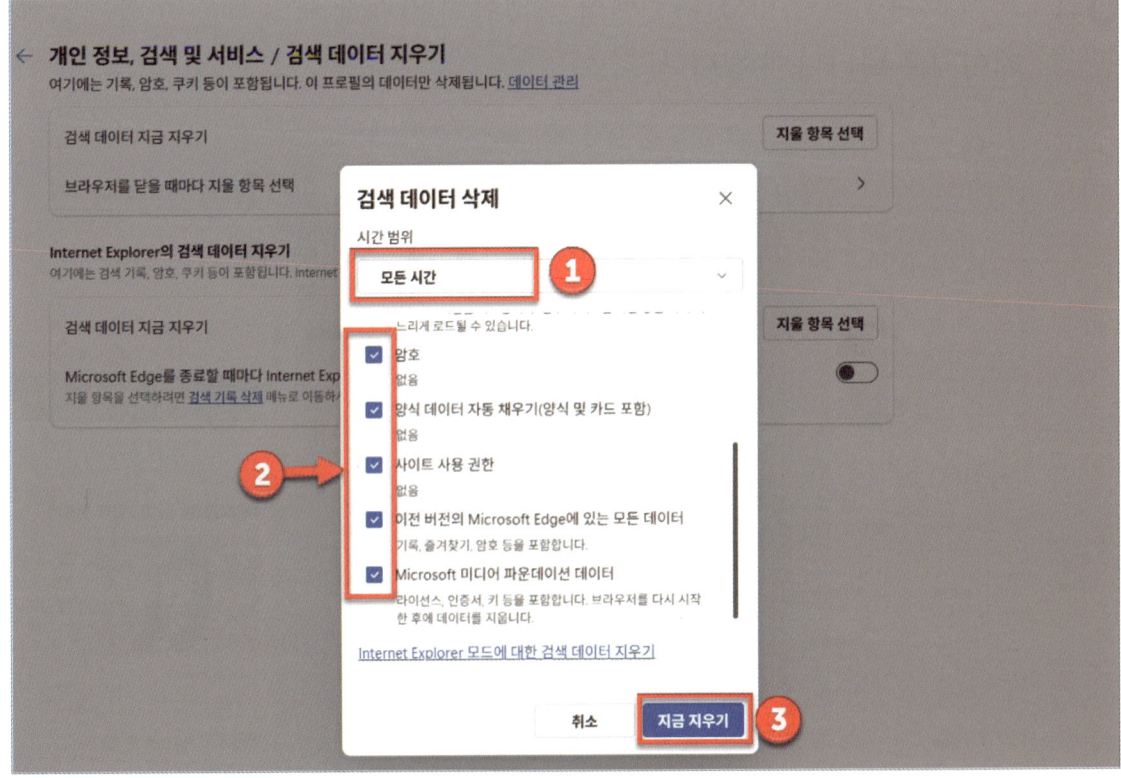

03 엣지 브라우저의 설정을 처음 상태로 돌리기 위해, 왼쪽 카테고리에서 **원래대로 설정**을 선택합니다.

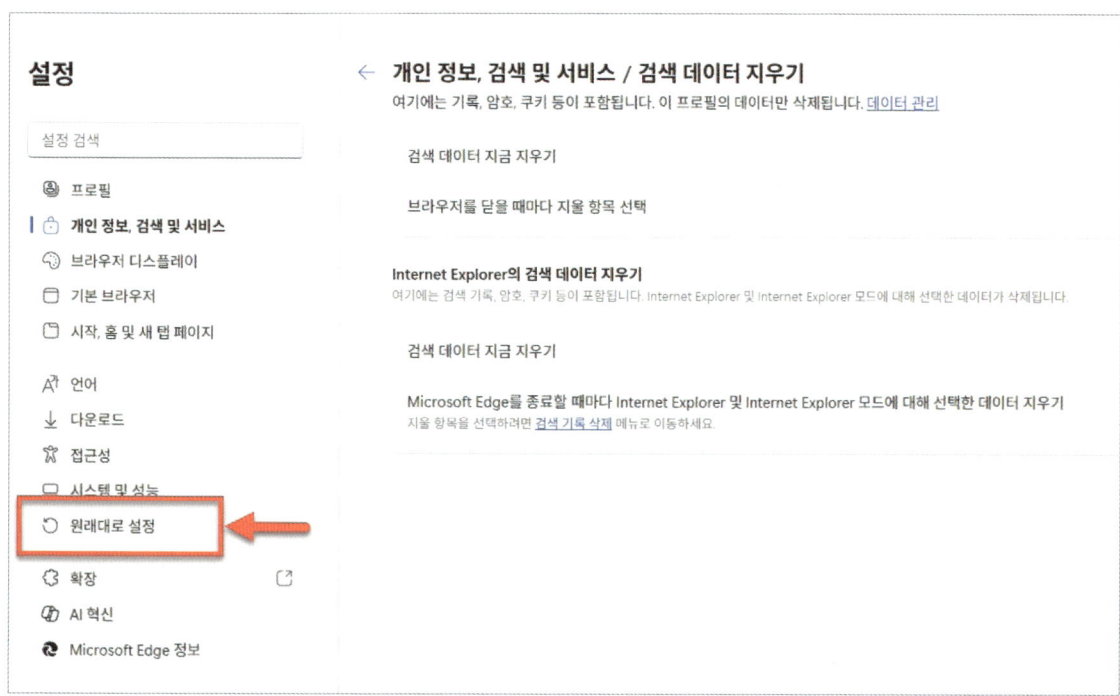

04 오른쪽 창에서 **❶설정을 기본값으로 복원**을 클릭한 후 **❷초기화** 버튼을 클릭합니다. 시작 페이지, 새 탭 페이지, 검색 엔진과 고정된 탭이 다시 원래대로 되돌아갑니다. 사용자가 생성한 즐겨찾기, 방문 기록과 암호 등은 검색 데이터 지우기를 이용해서 삭제합니다.

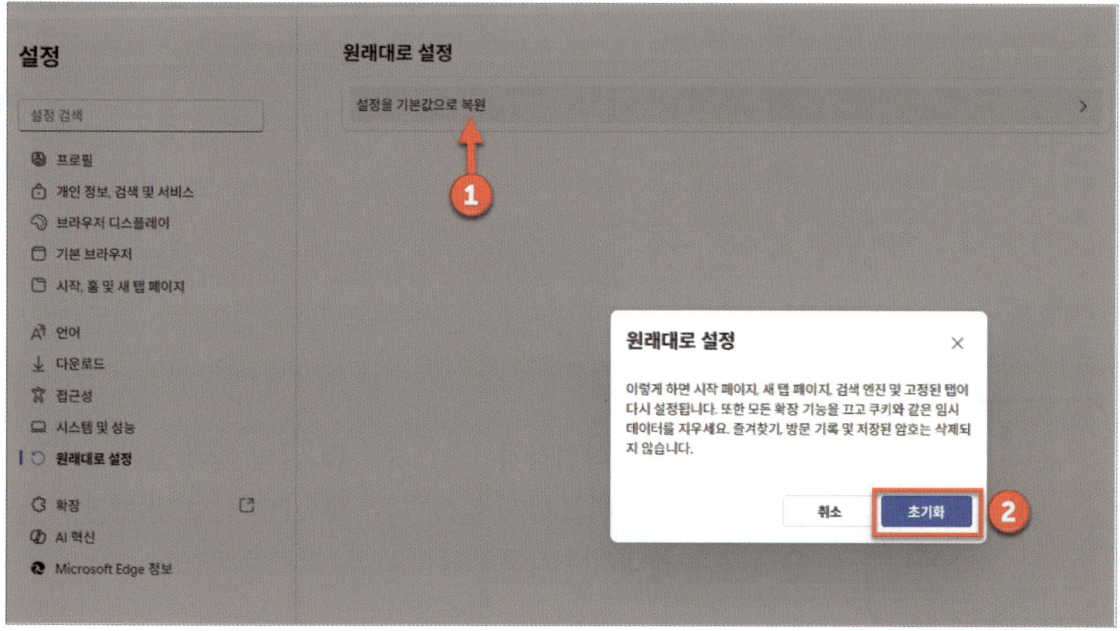

CHAPTER 09
윈도우 업데이트와 보안

윈도우 보안과 업데이트는 최신 상태를 유지하기 위해 필수적으로 해야 합니다. 컴퓨터의 상황별 알림센터를 통해서 살펴보고, 개인 정보 및 보안 작업도 살펴보겠습니다.

결과화면 미리보기

무엇을 배울까?

❶ 윈도우 보안 작업하기
❷ 바이러스 및 위협 방지 설정
❸ 윈도우 업데이트 사용하기
❹ 알림 센터 설정하기
❺ 개인 정보 및 보안

STEP 1 › 윈도우 보안 작업하기

01 작업 표시줄의 ❶**검색상자**를 클릭한 후 **보안**을 입력해서 나타나는 결과인 ❷**Windows 보안**을 클릭합니다.

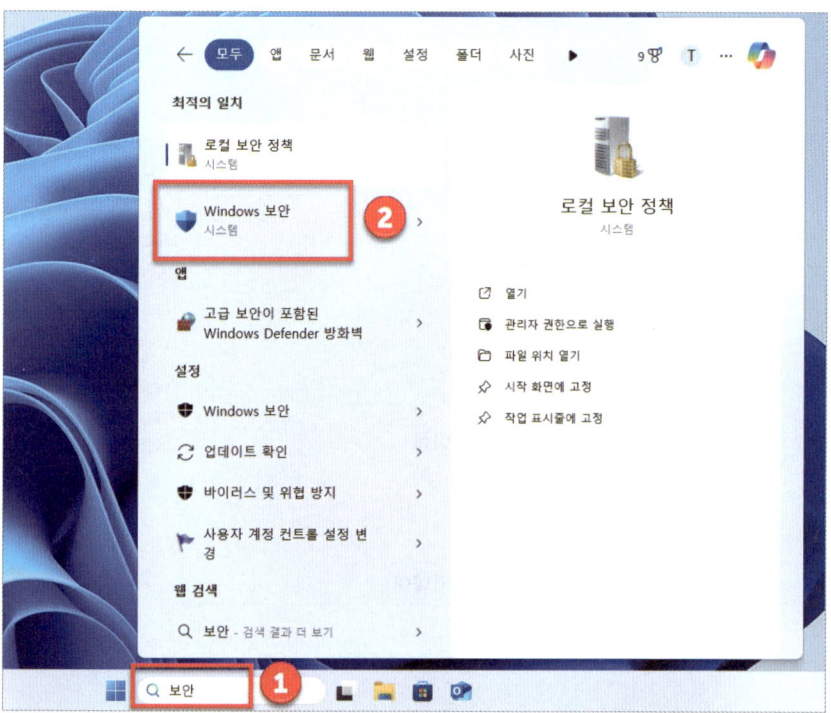

02 **바이러스 및 위협 방지**를 클릭합니다.

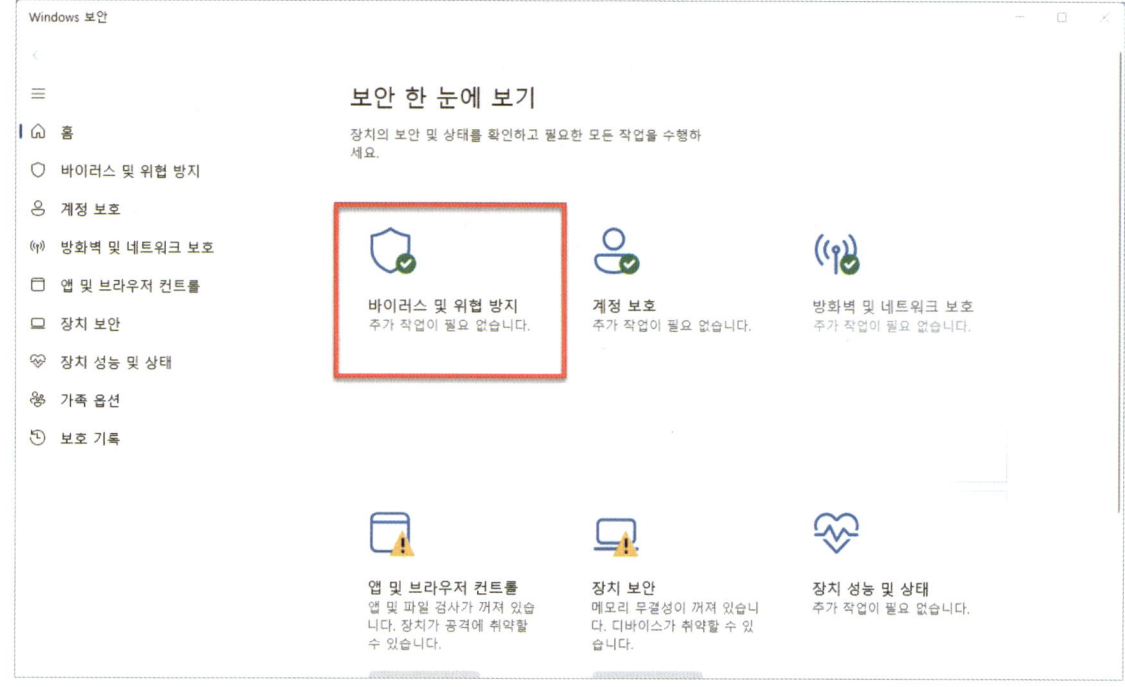

03 현재 위협 항목을 보면 마지막 검사가 언제였으며, 몇 개의 위협이 있는지, 몇 개의 파일을 검사했는지 나옵니다. **빠른 검사** 버튼을 눌러서 위협 검사를 시작합니다.

04 작업이 끝날 때까지 기다리는데, 빠른 검사 작업이 끝나면 오른쪽 하단의 알림 창에서 작업 결과를 알려주는 상자가 보입니다.

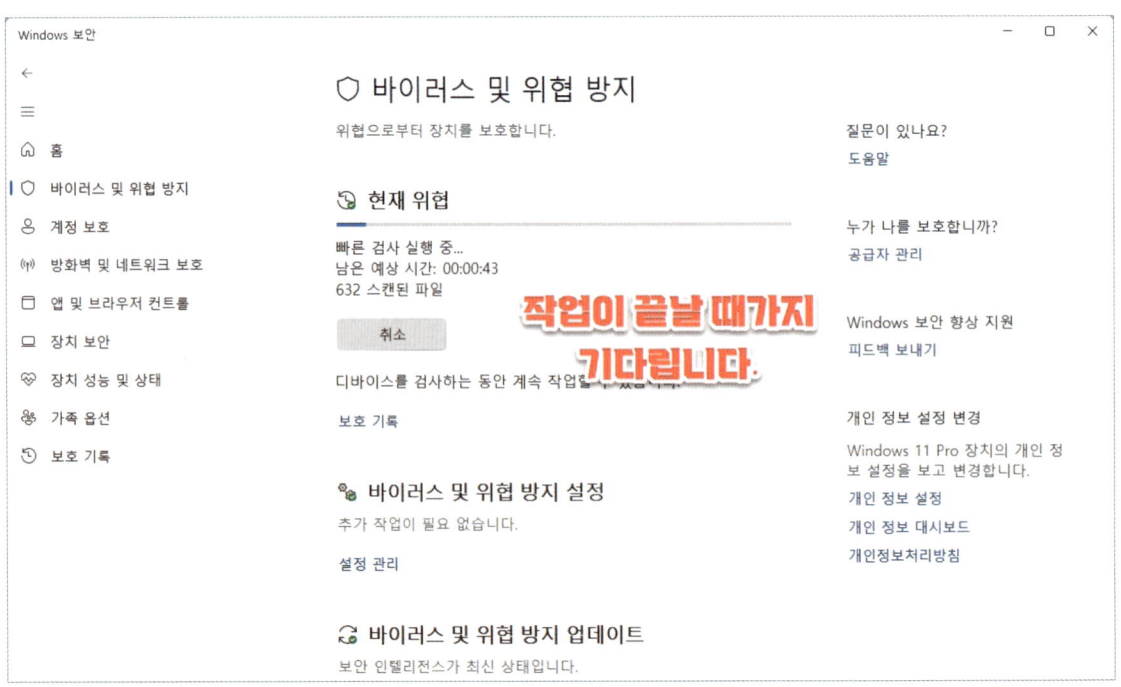

05 이번에는 빠른 검사가 아닌 **전체 검사**를 하도록 하겠습니다. 전체 검사를 위해 **검사 옵션**을 클릭합니다. 실제로 빠른 검사는 정밀하지 않기 때문에 주기적으로 전체 검사를 수행하는 것이 좋습니다.

06 ❶**전체 검사**를 선택한 후 아래에 보이는 ❷**지금 검사**를 클릭하면 약 1시간 가까운 시간 동안 정밀하게 검사를 하게 됩니다.

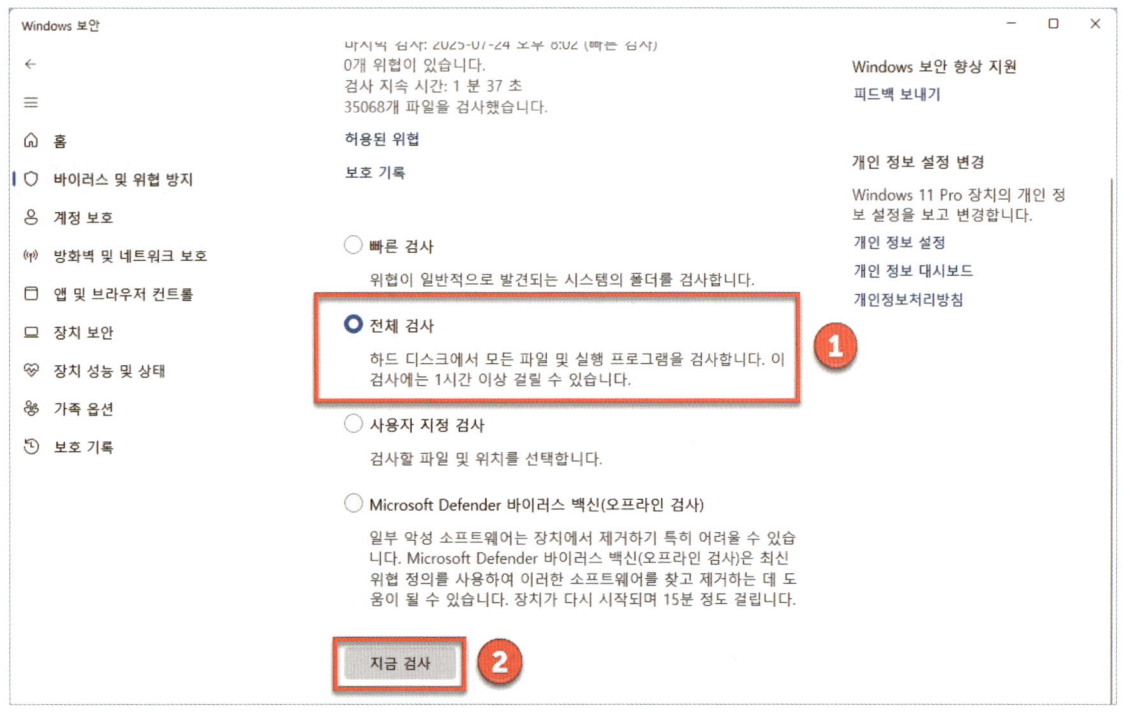

CHAPTER 09 윈도우 업데이트와 보안   **133**

STEP 2 ▶ 바이러스 및 위협 방지 설정

01 Windows 보안 화면에서 **바이러스 및 위협 방지** 설정 그룹에 있는 **설정 관리**를 클릭합니다.

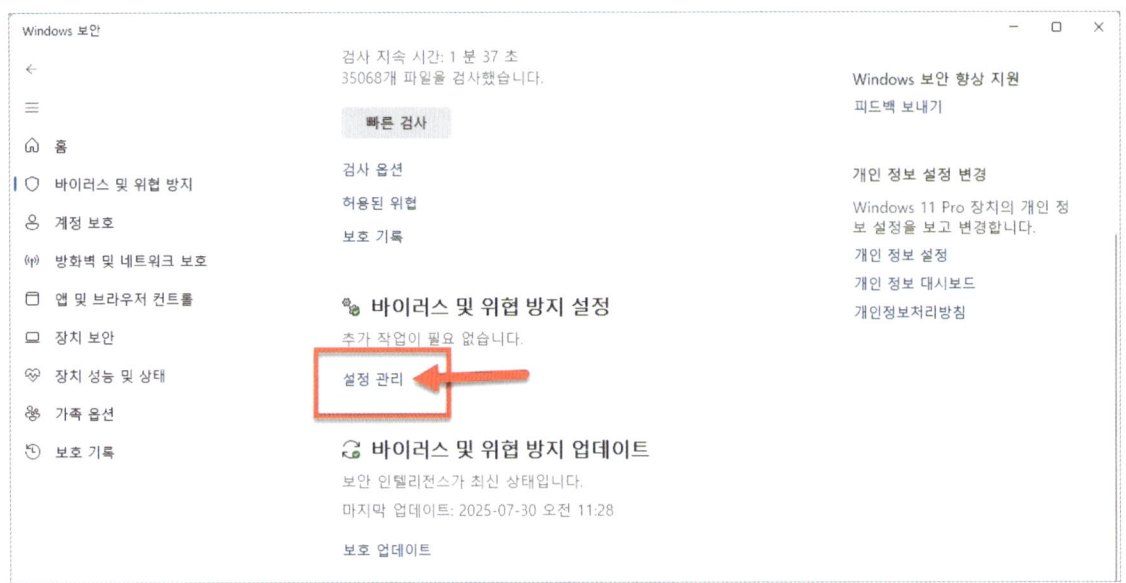

02 **실시간 보호, 클라우드 전송 보호, 변조 보호**는 **켬**으로 두고, 나머지 항목은 **끔(off)**으로 변경해 줍니다.

※ **실시간 보호**를 끄면 악성 코드가 있는 앱을 설치될 수 있으므로 **반드시 켬**으로 두어야 합니다.

간혹 악성 코드는 아니지만 악성 코드로 인식되어 설치가 안 되는 앱이 있는데, 이럴 때는 실시간 보호를 끔으로 변경한 후 설치를 진행한 후 설치가 완료되면 다시 실시간 보호를 켬으로 해 줍니다.

※ **알약, 네이버 백신, V3, 바이로봇, 하우리, 터보백신** 등을 설치할 경우, 자체적으로 실시간 검사를 하게 되므로 윈도우 11의 실시간 보호가 자동으로 꺼짐으로 변경됩니다. 백신 프로그램을 모두 제거하면 윈도우11의 실시간 보호가 켬으로 자동 변경됩니다.

※ **Microsoft Windows Defender**
Windows 보안 앱의 바이러스 및 위협 방지 페이지는 바이러스, 맬웨어 및 랜섬웨어와 같은 다양한 위협으로부터 디바이스를 보호하는 데 도움이 되도록 설계되었습니다.

03 왼쪽 카테고리에서 **장치 성능 및 상태**를 클릭해서 현재 상황을 확인해 봅니다.

STEP 3 - 윈도우 업데이트 사용하기

01 **시작** 버튼을 클릭한 후 **설정**을 선택해서 아래 화면이 열리면 **Windows 업데이트**를 클릭합니다.

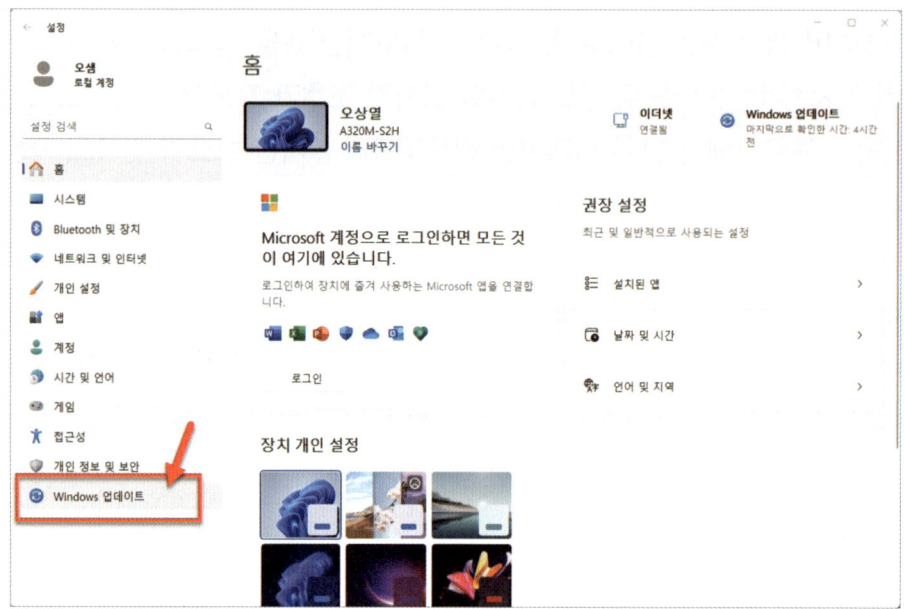

02 최신 상태라고 하더라도 ❶**업데이트 확인**을 클릭해서 확인합니다. 아래쪽에 업데이트 항목이 표시되면 ❷**다운로드 및 설치**를 클릭해 업데이트를 진행합니다.

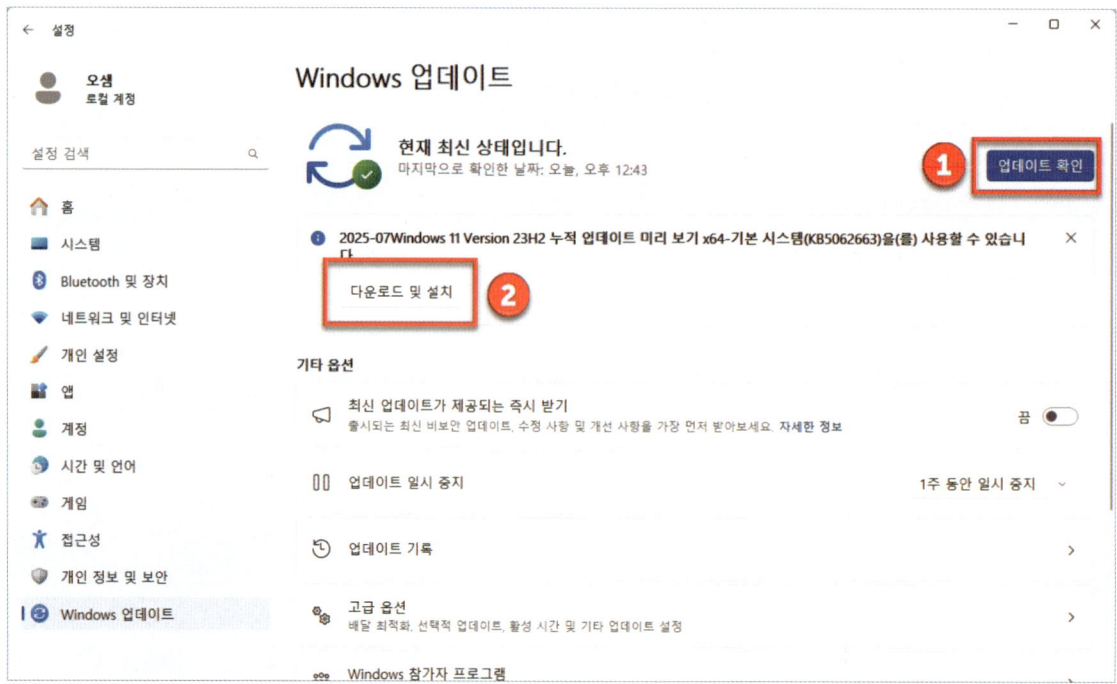

STEP 4 알림 센터 설정하기

01 **시작** 버튼을 클릭한 후 **설정**을 선택해서 아래 화면이 열리면 **시스템**을 클릭합니다.

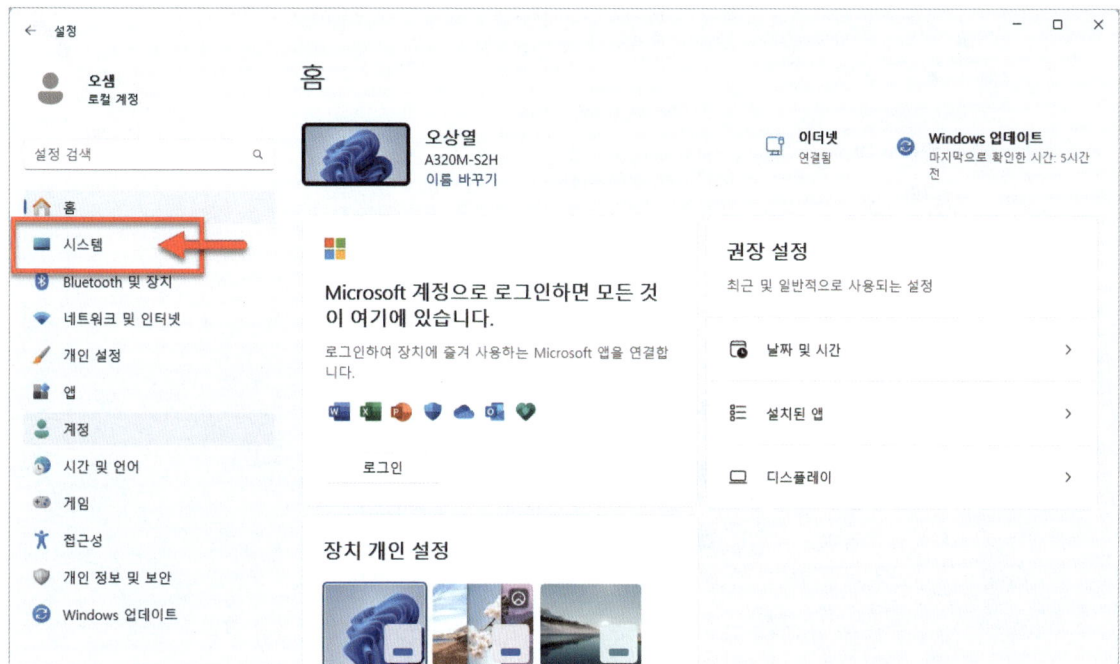

02 오른쪽 창에 시스템 설정 항목들이 표시되는데, 여기에서 **알림**을 클릭합니다.

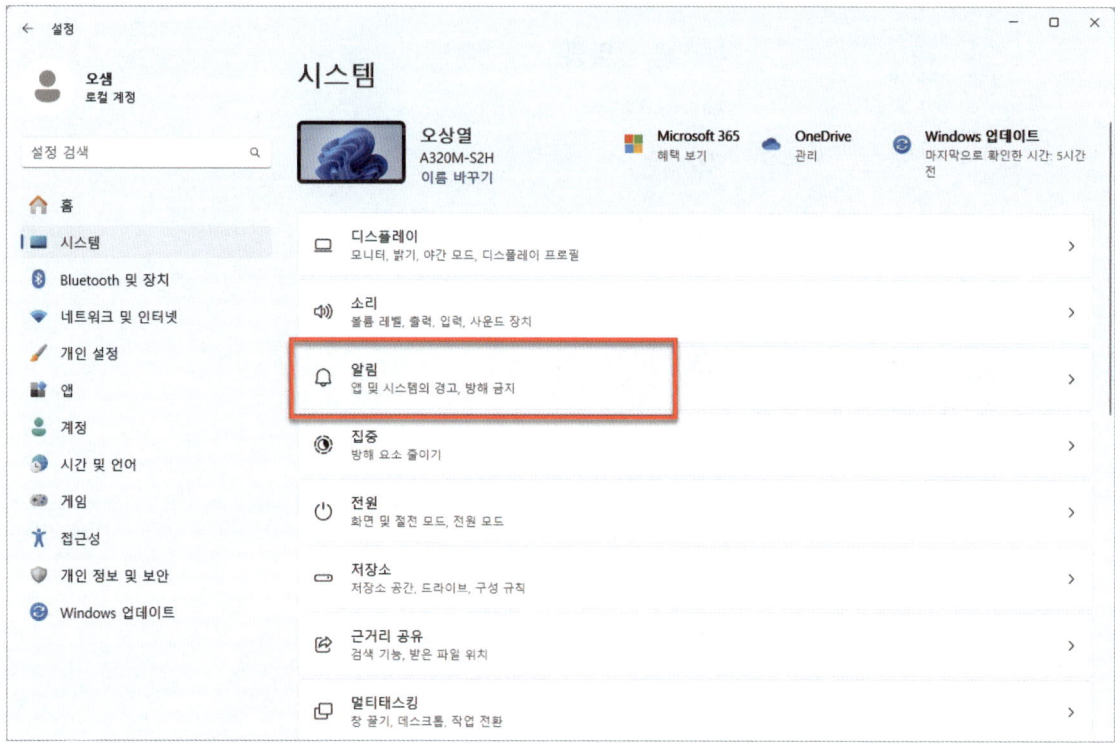

CHAPTER 09 윈도우 업데이트와 보안　**137**

03 알림(앱 및 다른 보낸 사람의 알림 받기를 끔으로 변경합니다.

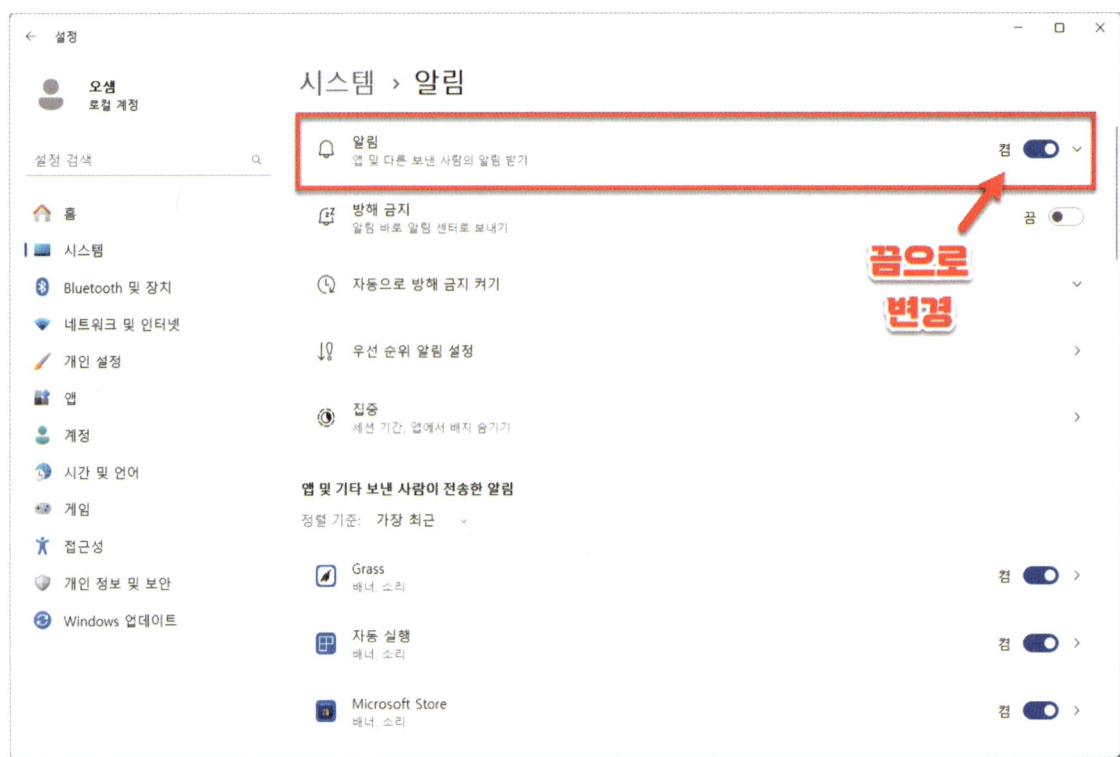

04 앱에서 어떠한 작업을 한 후에, 앱 알림 받기가 모두 해제되어 아래와 같이 전혀 알림이 오지 않게 됩니다.

05 알림 센터에 필요한 알림을 받기 위해 알림을 ❶켬으로 변경한 후 나열된 목록 중에서 ❷알림 벨 아이콘 표시를 체크합니다.

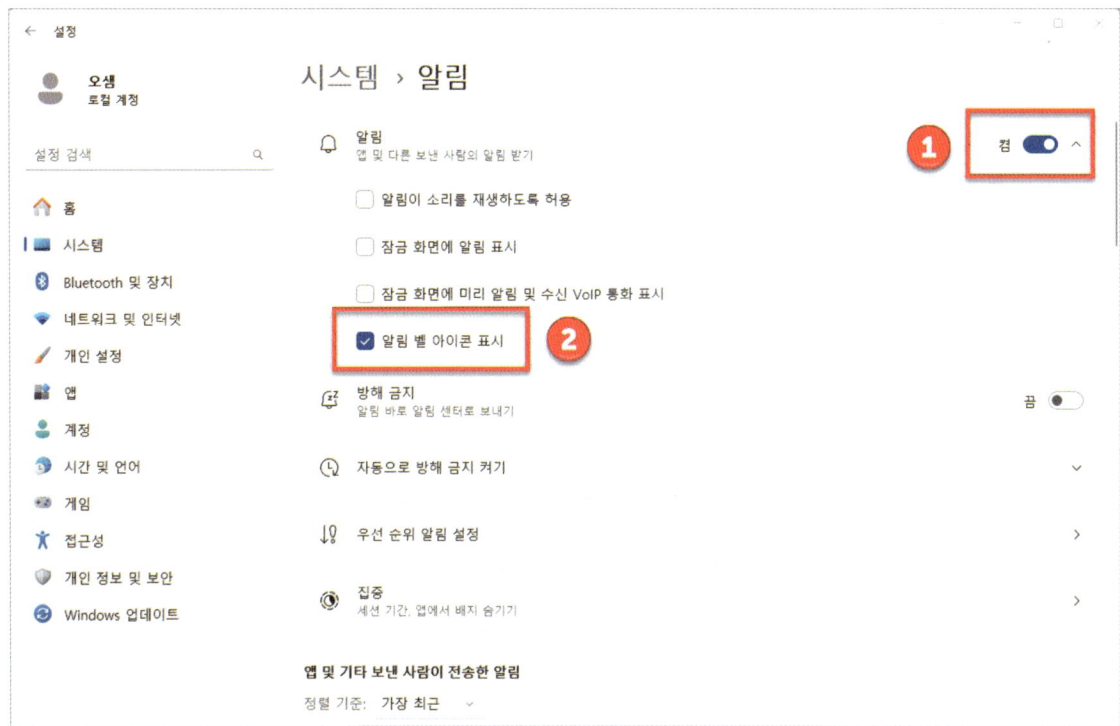

06 앱 및 기타 보낸 사람이 전송한 알림 항목에서 캡처 도구의 목록을 클릭합니다.

07 캡처 도구의 설정 화면이 아래처럼 표시되면 **알림을 끈 상태로 변경**합니다.

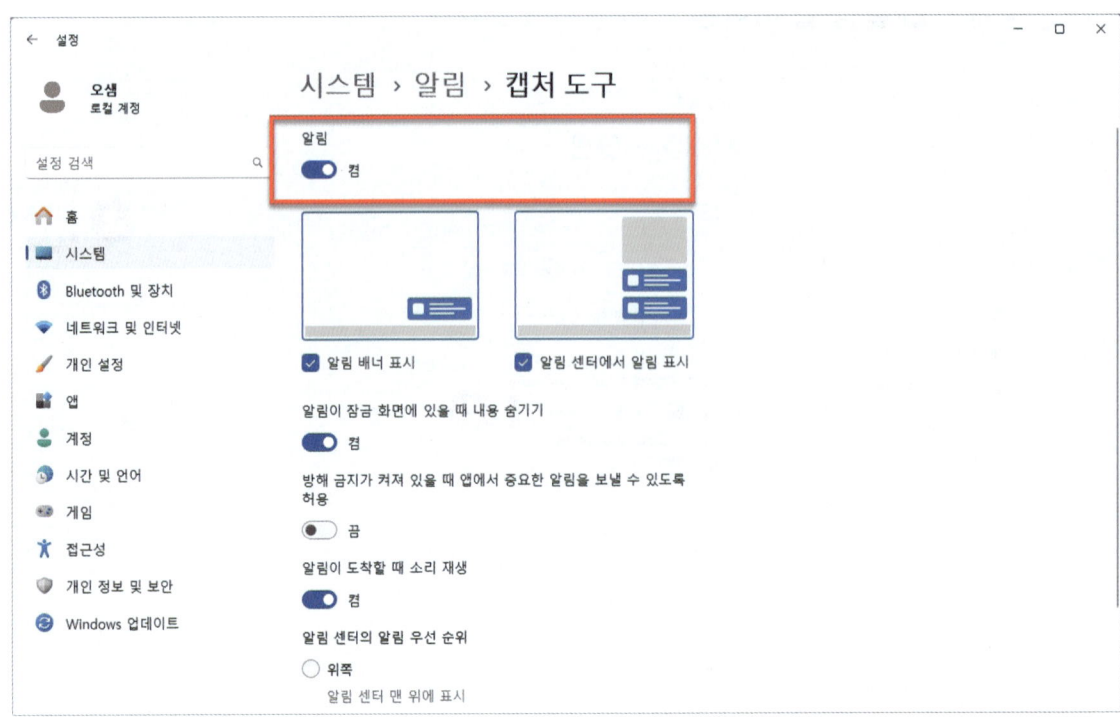

08 키보드 F12 오른쪽에 있는 PrtSc (프린트스크린)을 눌러서 현재 보이는 화면을 마우스를 드래그해서 캡처(스크린샷)합니다. 그리고 다시 캡처 도구의 알림 설정 화면에서 알림을 켠 후에 다시 한번 스크린샷을 해 보세요.

STEP 5 ▶ 개인 정보 및 보안

01 시작 버튼에서 **설정** 창을 열어줍니다. 왼쪽 카테고리에서 ❶**개인 정보 및 보안**을 선택한 후 우측 내용창에서 ❷**일반**을 클릭합니다.

02 모든 항목을 허용하지 않도록 **끔으로 변경**합니다.

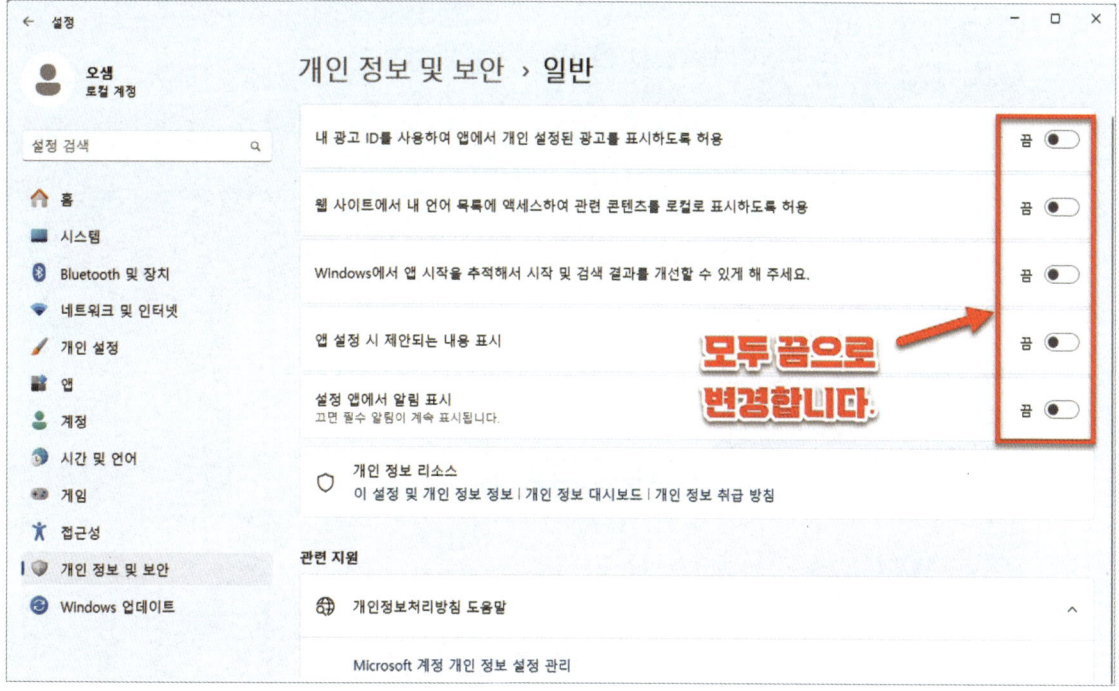

03 윈도우 11을 사용하면서 기록된 것을 지우기 위해, ❶**개인 정보 및 보안**을 선택한 후 ❷**활동 기록**을 클릭합니다.

04 이 계정의 활동 기록 지우기 항목에서 ❸**기록 지우기** 버튼을 클릭한 후 확인 창이 열리면 ❹**지우기**를 클릭합니다.

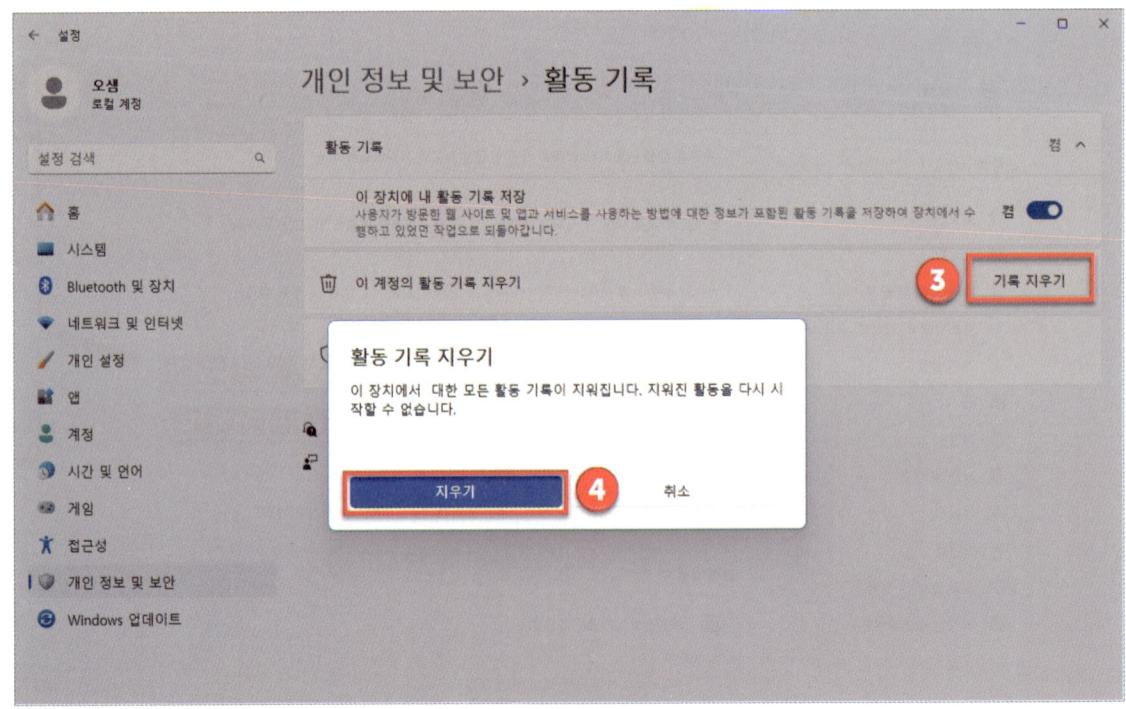

CHAPTER 10
기타 윈도우 기능 활용하기

윈도우 11에서는 인공지능이 추가되었으며, 클립보드를 여러 개 사용할 수 있어서 효과적인 복사/붙여넣기 작업을 할 수 있습니다. 여기에서는 컴퓨터 활용법이 획기적으로 좋아지게 된 몇 가지 기타 기능에 대해 살펴보겠습니다.

결과화면 미리보기

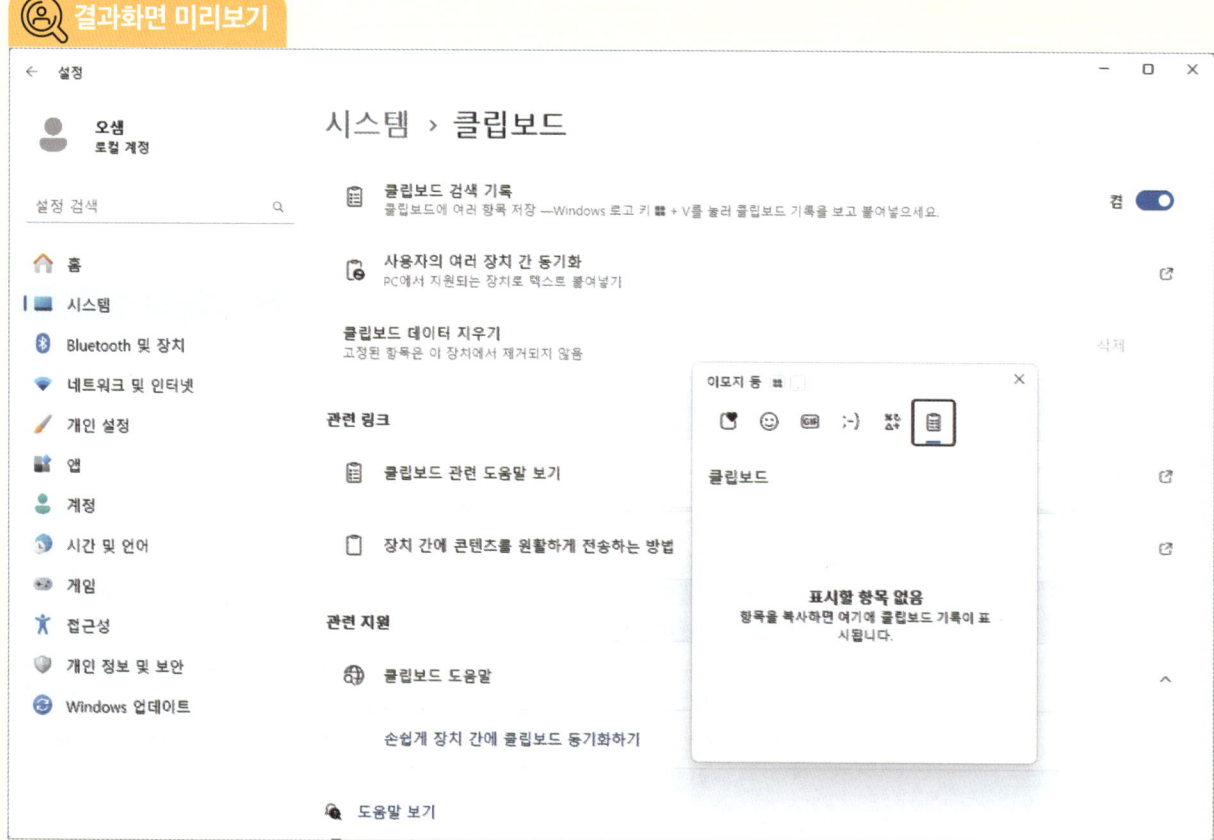

무엇을 배울까?

❶ 더욱 좋아진 클립보드 기능
❷ 사진에서 텍스트 추출하기
❸ 마우스 크기와 색상 설정하기
❹ 마우스 더블클릭 속도 설정하기

STEP 1 ▸ 더욱 좋아진 클립보드 기능

01 **시작** 버튼을 클릭한 후 **설정**을 선택하고 ❶**시스템**을 클릭합니다. 오른쪽 창에 시스템 설정 항목들이 표시되면 ❷**클립보드**를 선택합니다.

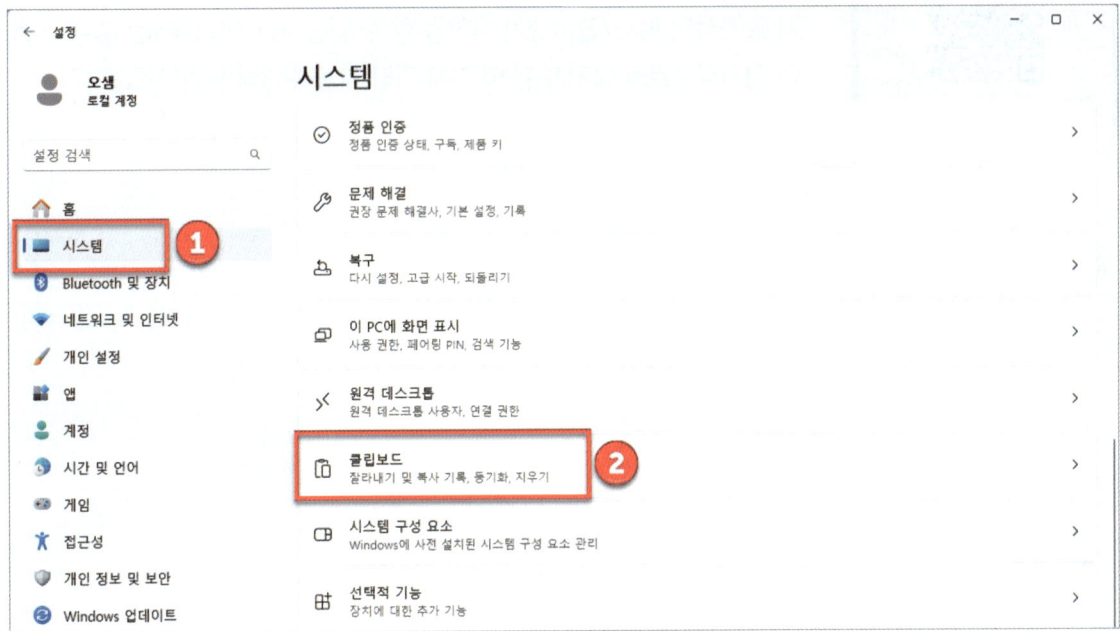

02 **클립보드 검색 기록**을 아래처럼 **활성화**한 후 **창 닫기**를 합니다.

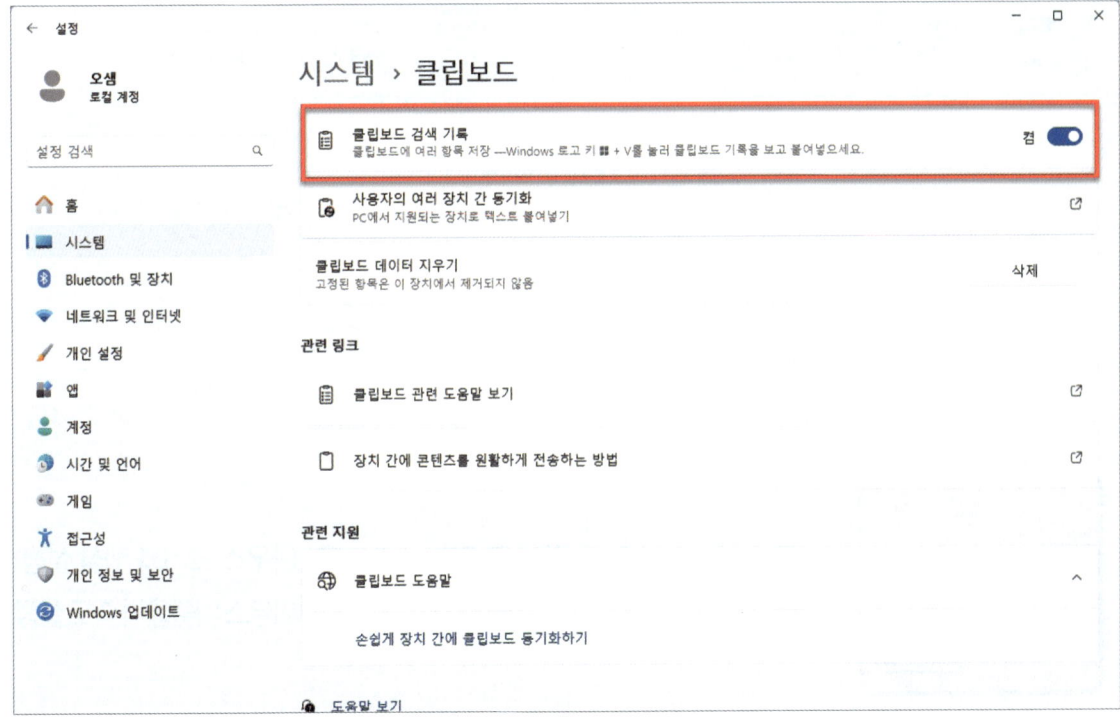

03 엣지 브라우저를 실행한 후 PrtSc 키를 누른 다음 아래와 같이 **화면을 드래그하여 캡처**합니다. 윈도우 11에서는 캡처를 하면 현재 시간으로 저장됩니다.

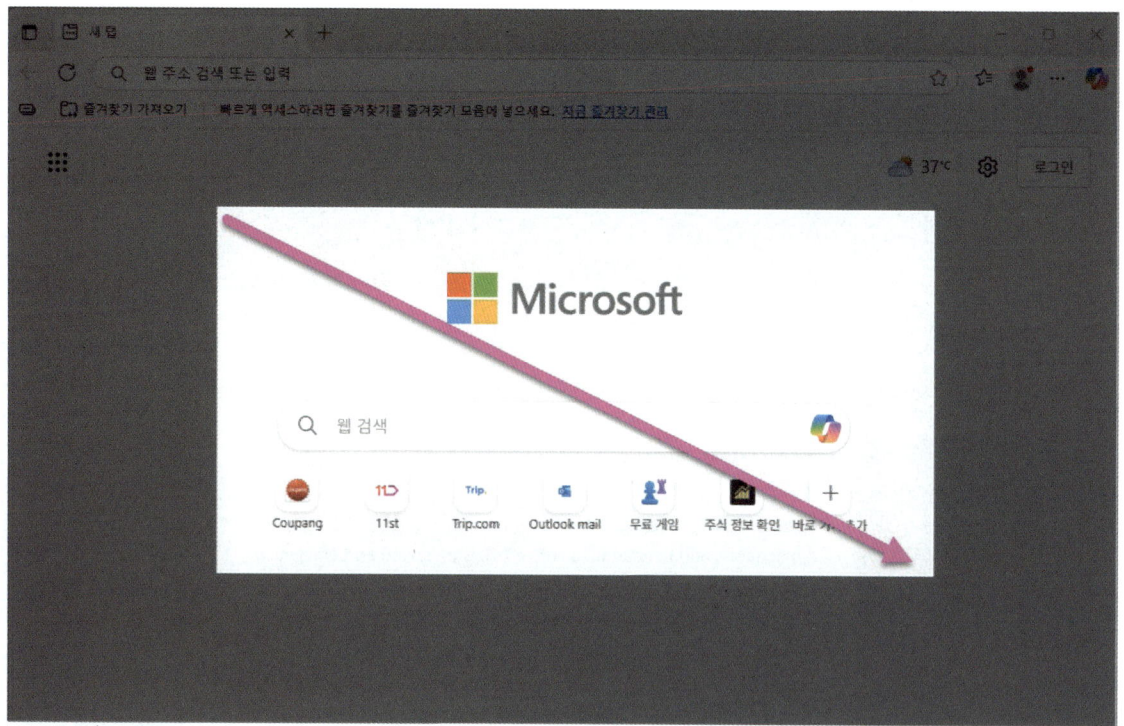

04 **내 PC**를 열어서 **사진** 라이브러리로 이동하면 **스크린샷** 폴더에 이미지 파일로 저장되어 있습니다.

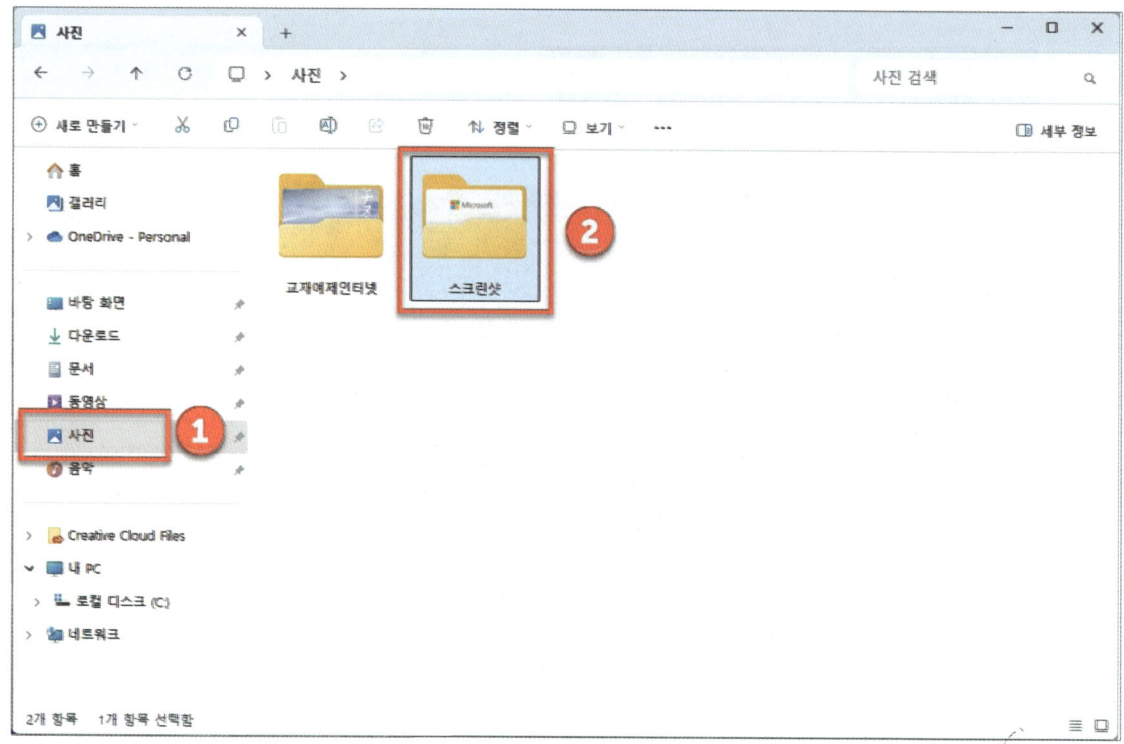

CHAPTER 10 기타 윈도우 기능 활용하기 **145**

STEP 2 사진에서 텍스트 추출하기

01 엣지 브라우저를 실행한 후 **"iso20022 coins"**를 검색한 후, 아래 내용을 `PrtSc` 키를 누른 후 **범위를 지정하여 캡처**합니다.

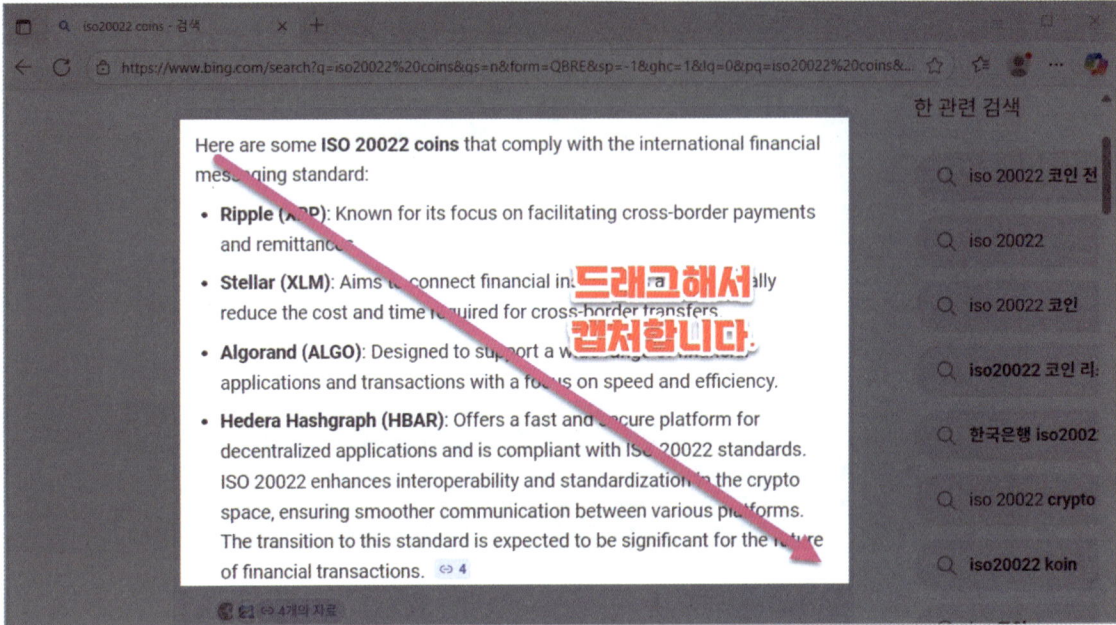

02 바탕 화면 우측 하단의 ❶**알림(종)**을 클릭한 후 아래와 같은 ❷**캡처 알림상자**를 클릭합니다.

03 **캡처 도구** 창이 실행되면 도구에서 **텍스트 작업** 버튼을 클릭합니다.

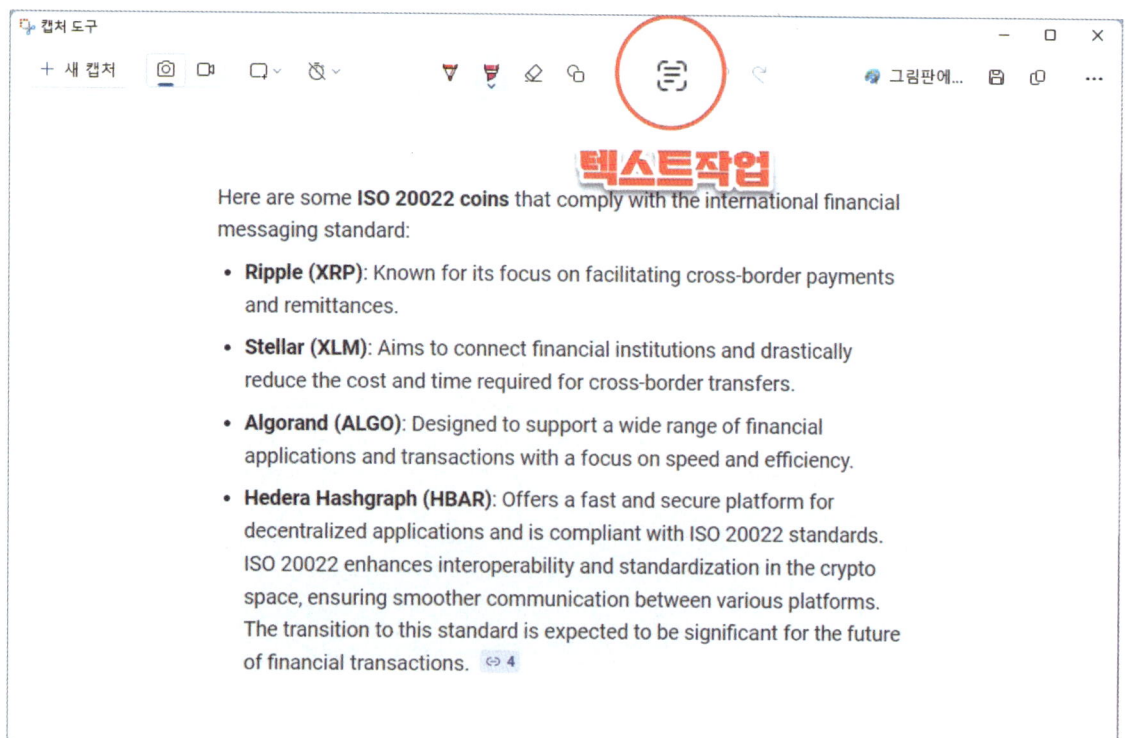

04 이미지에서 텍스트만 추출하여 아래와 같이 블록이 지정되면, **모든 텍스트 복사**를 클릭합니다.

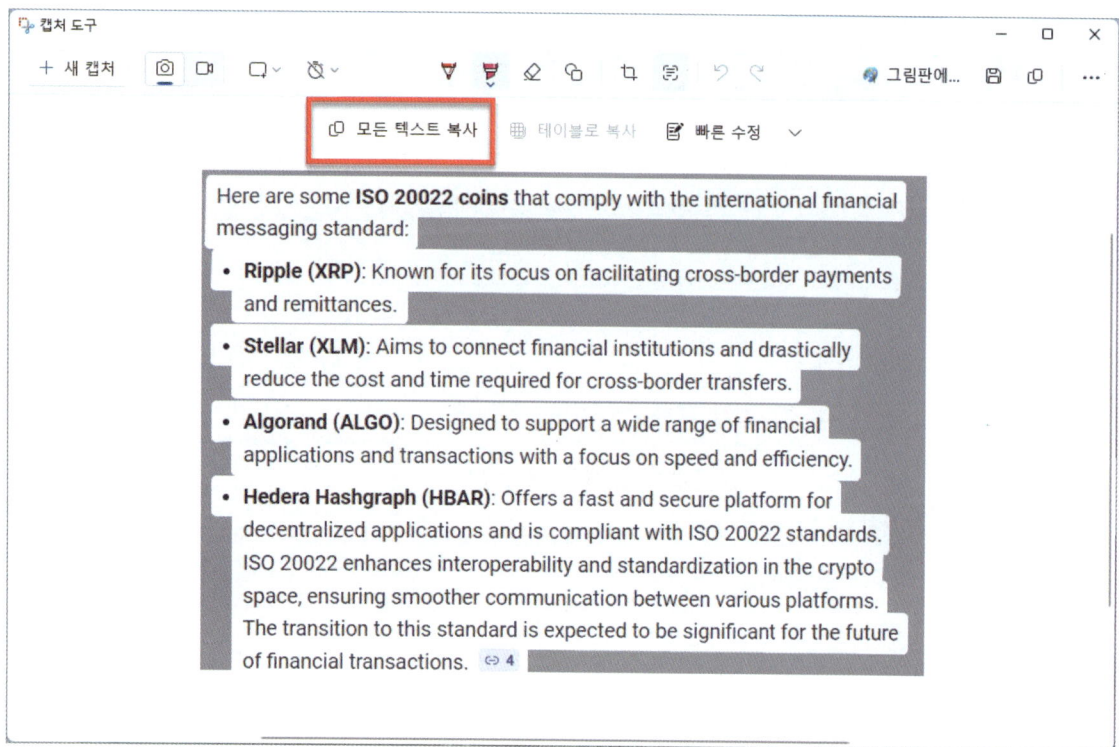

CHAPTER 10 기타 윈도우 기능 활용하기 **147**

05 바탕 화면에서 컴퓨터에 설치되어 있는 **한글** 워드프로세스를 실행합니다. 복사한 텍스트가 제대로 표시되는지 확인하기 위해서입니다.

06 빈 문서에서 ⊞+Ⅴ를 눌러 클립보드 창을 호출한 후, **텍스트로 변환된 내용을 클릭**합니다. 클립보드에 보이는 목록은 복사한 순서대로 아래에서 위로 보이게 되며, 자주 사용하는 것은 고정할 수도 있습니다.

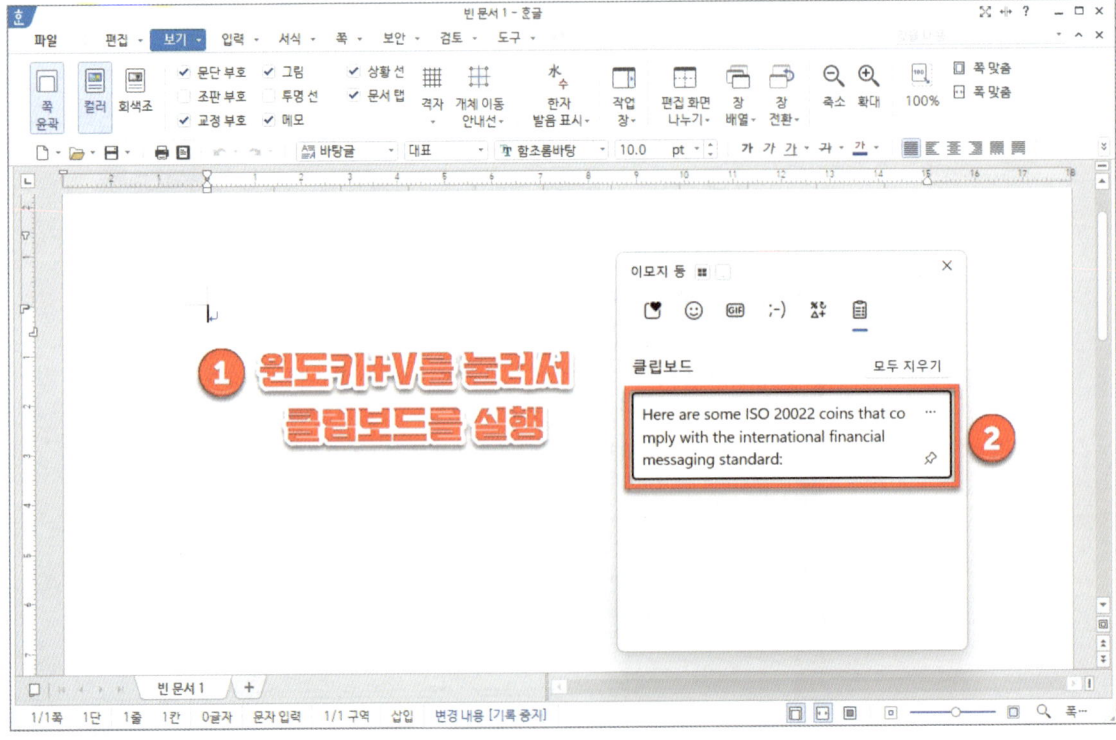

07 붙여넣기가 된 것을 확인한 후, Enter 를 눌러 다음 줄로 이동한 다음 다시 ⊞+V 를 눌러 클립보드 창에서 **캡처한 이미지를 클릭**합니다.

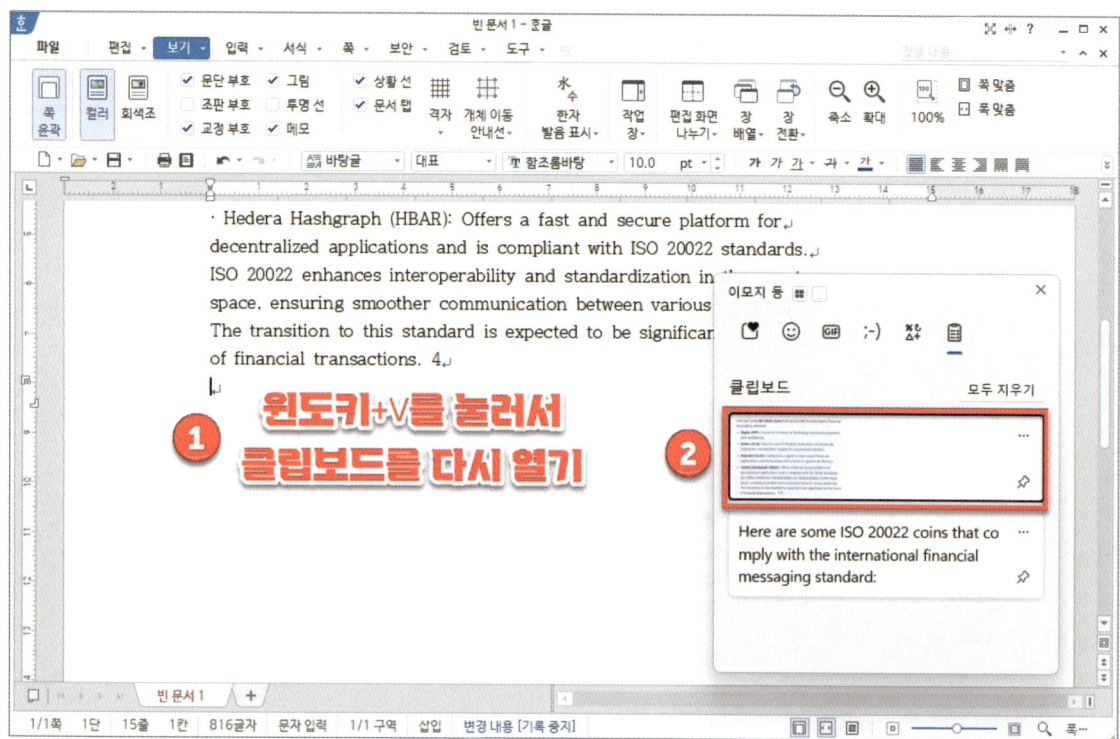

08 위에 붙여진 것은 **텍스트**인 글자로 구성된 것이며, 아래는 **이미지**로 붙여넣기가 된 것입니다. 캡처된 것은 이미지이고 복사로 붙니다.

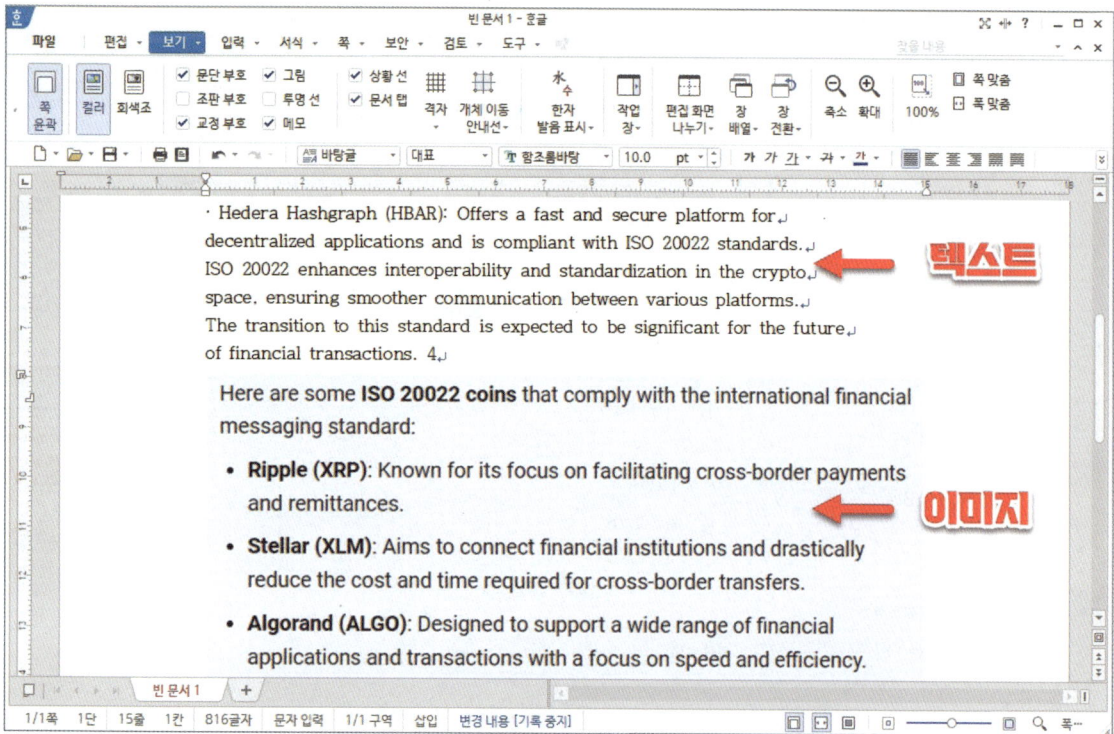

STEP 3 - 마우스 크기와 색상 설정하기

01 **시작 ▶ 설정**을 차례대로 클릭한 후 ❶**접근성 ▶** ❷**마우스 포인터 및 터치**를 선택합니다.

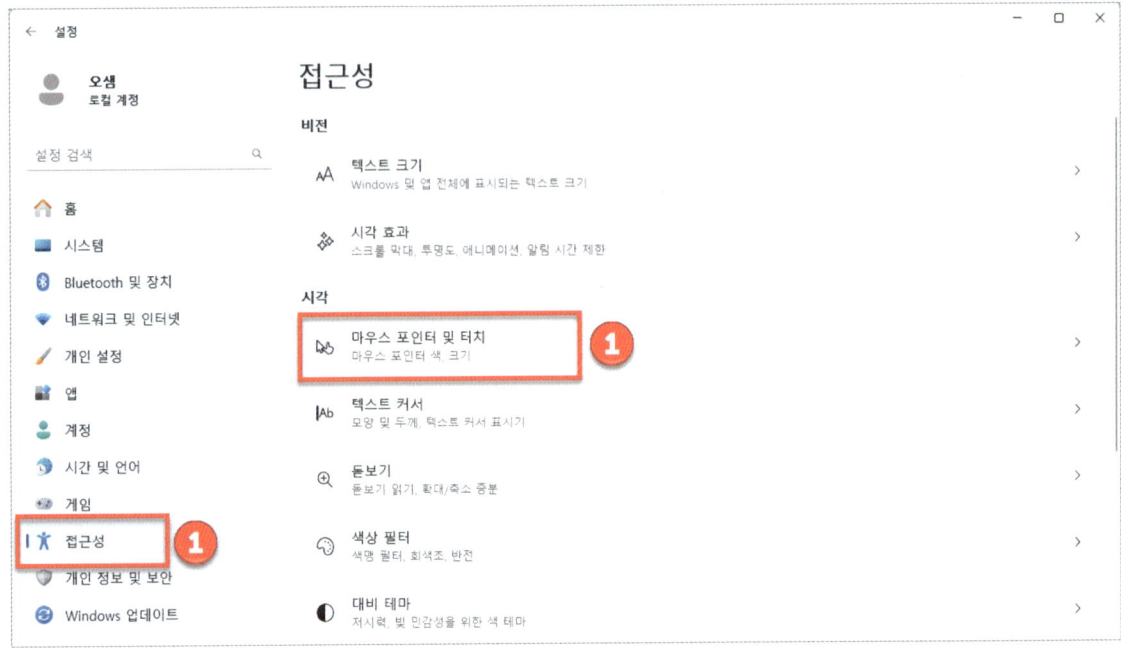

02 포인터 크기를 **5 정도**로 슬라이드 바를 이동시켜 설정합니다.

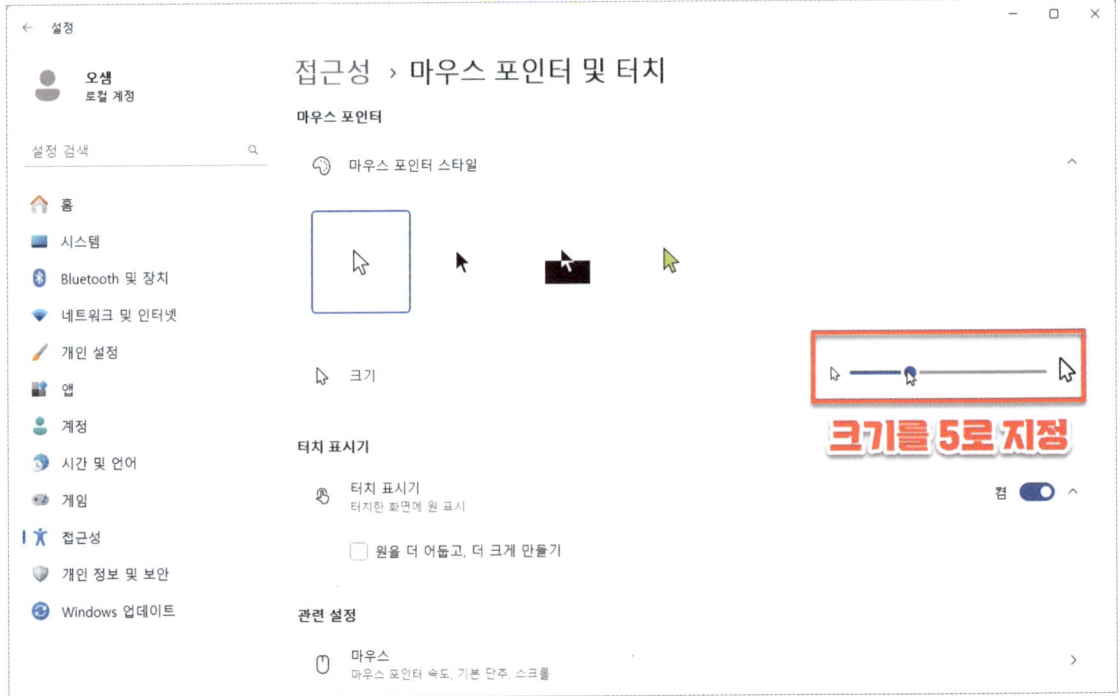

03 마우스 포인터의 색상을 변경하기 위해 스타일의 마지막에 있는 **초록색 화살표**를 클릭합니다.

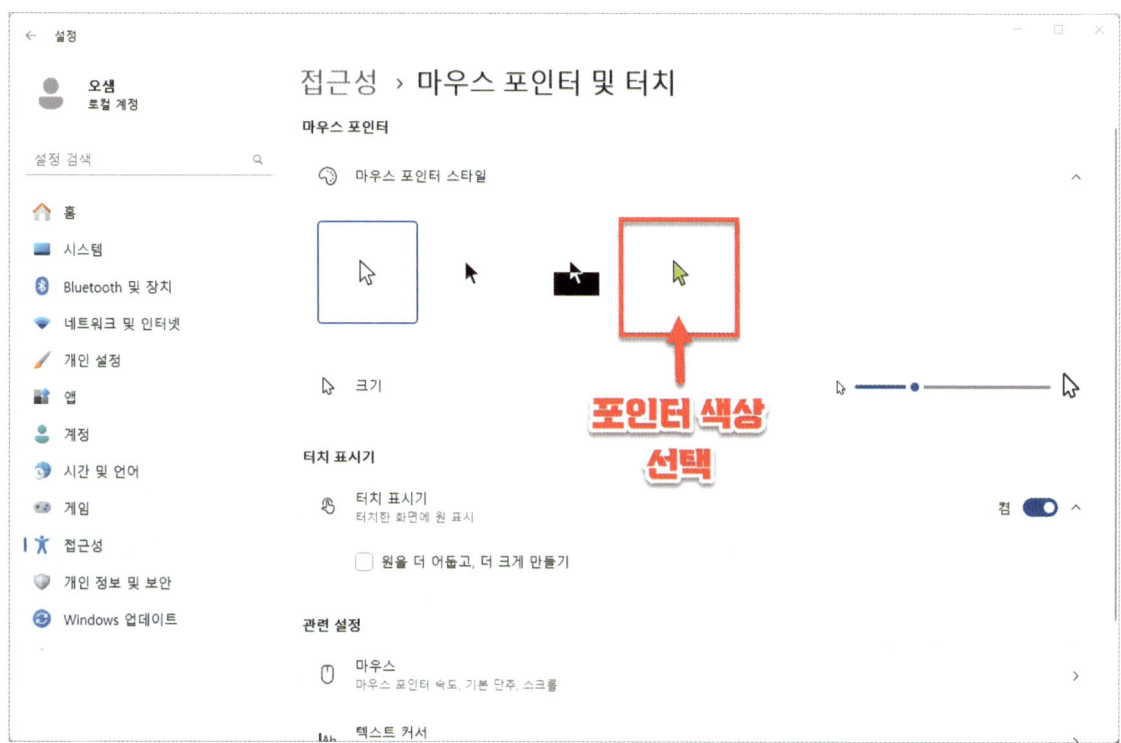

04 맞춤 색에서 **노랑**을 선택하면 마우스 포인터의 색상이 변경된 것을 확인할 수 있습니다. **창 닫기**를 클릭해서 바탕 화면으로 나갑니다.

STEP 4 ▶ 마우스 더블클릭 속도 설정하기

01 시작 ▶ 설정을 차례대로 클릭한 후 ❶접근성 ▶ ❷마우스를 선택합니다.

02 오른쪽 창에 상세한 마우스 관련 항목들이 나옵니다. 관련 설정에서 **마우스**를 클릭합니다.

03 원래는 Bluetooth 및 장치에서 마우스를 사용하면 되는데, 앞 과정과의 연계성으로 **접근성**에서 **더 많은 마우스 설정**을 사용합니다.

04 마우스 속성 대화상자가 나오는데, **두 번 클릭 속도**를 본인의 속도에 맞도록 설정한 후 **확인**을 클릭합니다. 클릭 속도가 늦어 더블클릭이 잘 안되는 사용자의 경우 유용하게 사용할 수 있을 것입니다.

CHAPTER 10 기타 윈도우 기능 활용하기 153

- MEMO

- MEMO

● MEMO

- MEMO